H. K. Iranschähr

WIE SOLLEN WIR MEDITIEREN?

H. K. IRANSCHÄHR

Wie sollen wir meditieren?

Verlag Hermann Bauer
Freiburg im Breisgau

Die Deutsche Bibliothek – CIP-Einheitsaufnahme

Kāẓimzāda Īrānšahr, Husain:
Wie sollen wir meditieren? / H. K. Iranschähr. –
5. Aufl., unveränd. Nachdr., Sonderausg. –
Freiburg im Breisgau : Bauer, 1999 (Bauer Classics)
ISBN 3-7626-0715-X

Die 5. Auflage von *Wie sollen wir meditieren?* ist ein unveränderter
Nachdruck der 3. Auflage, die 1964 im Verlag Hermann Bauer erschien.

5. Auflage 1999
ISBN 3-7626-0715-X
© 1964 by Verlag Hermann Bauer KG, Freiburg im Breisgau
Einband: Ralph Höllrigl, Freiburg im Breisgau
Druck und Bindung: Wiener Verlag GmbH, Himberg
Printed in Austria

Inhalt

EINLEITUNG

26 Jahre sind verflossen, seitdem die letzte Auflage dieser Schrift erschienen ist. Während dieser Zeit haben sich meine Kenntnisse und Erfahrungen auf diesem Gebiet stark vermehrt. Ich bin zum Teil durch meine persönlichen Forschungen, Erlebnisse, Beobachtungen und Übungen bereichert worden.

Dieses Werk ist ein Versuch, das Herz mit dem Gehirn, die Religion mit der Wissenschaft und den Glauben mit der Erkenntnis zu versöhnen und zu vereinen. Denn das Vollkommenwerden der Seele, welches der Sinn des Lebens ist, hängt von der Wiederherstellung der Harmonie zwischen beiden Polen des menschlichen Geistes, nämlich dem Wissen und dem Glauben oder dem Denken und dem Fühlen, ab.

Wir leben heute in einer Zeit, in der einerseits die äusserlichen Formen, Dogmen und Lehren der Religionen den intellektuell entwickelten Seelen keine geistige Nahrung mehr darbieten, die kräftig genug ist. Anderseits hat auch die auf dem kurzsichtigen und sich irrenden Intellekt aufgebaute Wissenschaft versagt und kann den leidenden und suchenden Seelen weder Frieden noch Freiheit und Glück schaffen und ihre Not aufheben. Daraus sind Gottlosigkeit, Mammonismus, Unglaube und Aberglaube entstanden, die die heutige Verwirrung, Trostlosigkeit, Unzufriedenheit, Verzweiflung, Furcht und damit das grosse Elend erzeugt haben.

Ich habe versucht, in dieser Schrift eine Brücke zwischen den beiden Gebieten, dem Verstand und dem Herzen, oder dem Wissen und dem Glauben, zu bauen und der leidenden Menschheit den inneren, spirituellen Weg zu zeigen, der zur Wahrheit und zur Erlösung führt.

Glaube, Erkenntnis und Tat bilden den dreizackigen Schlüssel zum Tore des Tempels der Wahrheit und der Glückseligkeit. Die Wege und Mittel können für jede Seele andere sein, das Ziel ist und bleibt aber für alle Seelen das gleiche.

Die Wege oder Methoden der Meditation sind verschieden. Der mystisch-esoterische Weg, den ich in dieser Schrift dargestellt habe, ist aber der sicherste und der leichteste Pfad, auf dem jeder ohne Gefahr gehen kann. Denn auf diesem Wege braucht man keine besonderen Fähigkeiten und strebt nicht nach okkulten Kräften, was besonders für die unerfahrenen Seelen immer mit grossen Gefahren verbunden ist.

Auf diesem Wege braucht man eine innige Sehnsucht nach Erlösung und Vollkommenheit, einen ernsten Willen und ein reines Herz. Dieser Weg birgt kein Geheimnis und hat keine gefährlichen Schluchten und Felsen. Er ist nur lang und erfordert grosse Geduld, Ausdauer und Langmut. Diese Bedingungen können aber nicht durch das blosse Lesen der Schriften über Meditation erfüllt werden, sondern man muss die angegebenen Betrachtungen üben, die erwünschten seelischen Zustände erringen und erleben und im täglichen Leben nach den erworbenen Erkenntnissen handeln.

Wer die drei erwähnten schöpferischen und kraftspendenden Eigenschaften besitzt, oder bereit ist sie zu erringen, der kann mit voller Zuversicht und Hoffnung diesen Pfad betreten und nach dieser Kunst streben. Er kann sicher sein, dass er sein Ziel erreichen wird. Denn erstens bilden *Geduld* und *Ausdauer* die zwei Flügel des Adlers der Seele, die ihr das Erreichen ihres Zieles sichern. Zweitens sind viele erfahrene und opferwillige Meister, welche diesen Weg gegangen sind, wie auch alle fortgeschrittenen Seelen, die noch auf diesem Weg wandern, gerne bereit, dem neuen unerfahrenen Wanderer ihre Hand zu reichen und ihn zu schützen und zu führen, denn dies ist eine ihrer heiligen Aufgaben.

Möge diese Schrift jenen, die auf diesem Wege wandern, die nötigen Richtlinien wie auch Kraft und Zuversicht geben und in denen, die diesen Weg noch nicht kennen, den heissen Wunsch erwecken, ihn mit Mut, Freude und Zielsicherheit zu betreten.

H. K. Iranschähr

9

Erstes Kapitel

BEDEUTUNG, ZWECK UND ZIEL
DER MEDITATION

Suchende Seele! Betritt im Schweigen
und mit Ehrfurcht meinen Tempel!
Grobe Schwingungen deiner Gefühle und
Gedanken dürfen die himmlische Melodie,
die von dem heiligen Altar meines
Tempels ertönt, nicht stören!

1. Die Bedeutung und die Vorteile der Meditation

Meditation bedeutet wörtlich Andacht, Nachdenken und Betrachtung.

Der Mystiker versteht darunter eine Verinnerlichung, ein geistiges Schauen, ein Erlebnis in der Tiefe der Seele, eine innere Versenkung, die zur Erleuchtung der Seele führt. Mit anderen Worten: Meditation ist die Kunst der *Selbstverwirklichung* der Seele.

Die Seele des Menschen, als Funken des Gottesgeistes, besitzt im Kleinen, aber noch schlummernd, alle schöpferischen Kräfte Gottes. Darum muss der Mensch die Bahn für die Entfaltung und Betätigung dieser Kräfte frei machen, d. h. das wahre Wesen seiner Seele zur Offenbarung bringen. Das ist das, was der Mystiker unter dem Worte Selbstverwirklichung der Seele versteht.

Die Meditation ist daher etwas Erhabenes und steht höher als das überlieferte, dogmatische Gebet.

Unter Gebet versteht man im allgemeinen: von einer höheren Wesenheit oder Macht, die *ausserhalb* des Menschen steht und die man Gott oder mit vielen anderen Namen nennt, etwas zu erbitten oder zu erflehen.

Diese Art von Gebet befriedigt den heutigen, geistig entwickelten Menschen nicht mehr, darum muss er lernen, tief *innerlich* im Geiste und in der Wahrheit zu beten und alles in sich selber zu suchen. Denn Gott ist allgegenwärtig und all-

13

umfassend und die Quelle alles Wissens, aller Macht und Seligkeit. Er durchdringt alles und wohnt sowohl im Herzen eines jeden Menschen wie auch im ganzen Weltall. Die wichtigsten Vorteile der Meditation können wie folgt dargestellt werden:

1. Die Meditation bringt den Menschen in unmittelbare Verbindung mit Gott, d. h. sie erhöht und erweitert den Horizont seines Bewusstseins bis zur Erfassung der Allgegenwart Gottes. Sie beseitigt die Hindernisse, die den Menschen von seinem Schöpfer trennen. Sie stellt das ewig bestehende und heute zerrissene Band zwischen Mensch und Gott wieder her. Sie lässt also die *Gotteserkenntnis* und die *Gottverbundenheit* erleben.

2. Die Meditation macht uns fähig, in das Heiligtum unserer Seele einzudringen, dort das Licht der Wahrheit zu empfangen und dadurch das wahre Wesen unserer Seele zu erkennen.

Sie führt uns also zur Selbsterkenntnis, zur Erkenntnis unseres Ursprungs, unserer göttlichen Abstammung, d. h. der Göttlichkeit unserer Seele.

3. Die Meditation befähigt den Menschen, einerseits die verborgenen Kräfte der Natur zu erkennen, sie zu beherrschen und für das Wohl der Menschheit zu gebrauchen, und anderseits aus dem unversiegbaren Quell des ewigen Lebens, der in der Tiefe seiner eigenen Seele fliesst, Heilkraft und Geisteslicht zu schöpfen und diese zu verteilen.

4. Die Meditation dient zur Herstellung der Harmonie zwischen Körper, Seele und Geist und bringt sie miteinander in Einklang. Dadurch sichert sie die einheitliche und harmonische Entwicklung des Menschen.

Sie ist darum ein wirksames und heilvolles Mittel gegen alle Bedrängnisse des heutigen rast- und ruhelosen Lebens, die sich auf unseren Körper, unsere Seele und unseren Geist so bedrückend auswirken. Sie schenkt uns inneren Frieden, seelische Ruhe, geistige Kraft und Klarheit, wie auch körperliche Gesundheit.

2. Die Verbindung der Meditation mit der Religion, der Kunst und der Wissenschaft

1. Die Meditation wird der Kult und die neue Gebetsform der kommenden Generation im neuen Zeitalter oder im Gottesreich auf Erden sein. Denn sie vereint in sich die Werte und Vorteile von Religion, Kunst und Wissenschaft. Diese Vereinigung, d. h. die harmonische Zusammenarbeit dieser drei Hauptfaktoren der Kultur, ist das besondere Merkmal und das Vorrecht des kommenden Zeitalters.

Als religiöser Faktor erfordert die Meditation die Reinigung und Verfeinerung der Sinne, die Veredlung des Charakters, die Läuterung des Herzens, des Gemütes, des Willens und des Verstandes. Dadurch erleichtert sie die Aneignung der Tugenden und die Vergöttlichung unserer Handlungen.

Sie erweckt und pflegt in uns die Gewissenhaftigkeit, die Ehrlichkeit und die Liebe zum Guten wie auch die Nachsicht gegenüber dem Bösen. Denn das Böse kann nur durch verständnisvolle Liebe in Gutes umgewandelt werden. Die Meditation befähigt uns also überall das Gute zu erkennen, zu lieben und zu verwirklichen. Dies ist die ethisch-moralische Grundlage und die segensreiche Auswirkung der Meditation.

2. Sie erfordert als künstlerischen Faktor die Entwicklung, die Pflege und die Beherrschung der Vorstellungskraft. Sie lehrt die Belebung und Gestaltung der seelischen Sinne und Kräfte, macht uns für die Gabe der Inspiration und der Intuition empfänglich und erweckt die schöpferischen Kräfte in uns.

Sie entfaltet die Flamme der Liebe zum Schönen in unseren Herzen. Wir lernen dadurch das Schöne überall, auch hinter allem Hässlichen zu schauen und zu lieben und so zu erkennen, dass das Hässliche auf dem Wege der Umwandlung zum Schönen ist.

3. Als wissenschaftlicher Faktor ist die Meditation die Technik der Sublimierung oder Verwandlung der grobmateriellen Substanzen oder Kräfte. Sie ist die Wissenschaft der geistigen Alchimie. Hier spielt die Kunst der Atmung, wie die Esoterik sie uns lehrt, die grösste Rolle. Gedanke, Vorstellung, Wille und Atem sind die wichtigsten Werkzeuge, die der Esoteriker in der Meditation gebraucht, wie wir in dieser Schrift gelehrt werden.

4. Die Meditation befähigt uns also, das *Wahre*, das *Schöne* und das *Gute*, die das Grundwesen unserer Seele bilden, zu erkennen, zu lieben und zu verwirklichen. Dadurch gelangen wir zur Gotteserkenntnis, denn Gott ist das ewig Wahre, Schöne und Gute.

Durch diese Gotteserkenntnis verwirklicht die Seele sich selbst, d. h. sie offenbart ihre göttliche Natur.

Diese Selbstverwirklichung führt uns zur Vollkommenheit, die der Sinn des Lebens, das Ziel unseres Daseins, unsere Bestimmung, d. h. der Wille Gottes, ist.

3. Die Meditation und die Lebensharmonie

1. Wahre Meditation bringt den Körper und das äussere Leben des Menschen mit dem wahren Wesen seiner Seele in Harmonie. Sie lässt ihn von der Existenz und der Unsterblichkeit seiner Seele überzeugt werden und ihre Mission erkennen und erfüllen.

2. Sie vertieft die Beziehung zwischen den im Herzen und im Gehirn befindlichen Bewusstseinszentren.

Sie macht also die Bahn frei und öffnet die Schleusen zwischen diesen zwei Polen der Erkenntnis. Sie lässt den

Strom des Gottesgeistes diese beiden Organe durchdringen und durchfluten. Sie bringt sie miteinander ins Gleichgewicht und in Harmonie.

Aus der Verbindung dieser beiden Organe entsteht jenes Erkenntnislicht oder jener spiritueller Funke den man göttliche Inspiration oder *Erleuchtung* nennt.

3. Wahre Meditation beseitigt zugleich alle Ungleichheiten und Missverständnisse zwischen den Veranlagungen, oder der angeborenen Eigenschaften der Seele und den Kräften und Funktionen ihres irdischen Körpers und Lebens. Sie bringt alle verschiedenartigen und gegensätzlichen Kräfte und Funktionen der Seele miteinander in Einklang.

4. Durch wahre Meditation bildet die Seele, gleich der Seidenraupe, eine feine spirituelle Hülle um sich, die man in der Sprache der Mystik Schutzmauer, geistige Wand, Kausal- oder Lichtkörper nennt, und die sie auch nach dem Tode beibehält.

Diese Hülle erleichtert ihr die Verbindung mit dem höheren göttlichen Geist, wie auch das Bewahren der erreichten höheren Grade des spirituellen Bewusstseins.

Einerseits schützt diese Schutzmauer die Seele gegen die Angriffe der bösen Geister und Elementarwesen und gegen fremde Einflüsse und zerstörende Kräfte. Anderseits bringt sie die Seele durch innere Erleuchtung und erhöhte seelische Schwingungen in Berührung mit den spirituellen Strahlen der «Geistigen Hierarchie», d. h. der geistigen Regierung der Menschheit auf Erden.

5. Eine solche erleuchtete Seele tritt dann unweigerlich in die Lichtsphäre dieser geistigen Hierarchie ein. Sie wird von diesem Lichtzentrum angezogen, gleich wie ein Meteor von einem Planeten angezogen wird, wenn er der Kreisbahn desselben zu nahe kommt.

Eine solche Seele wird allmählich als Werkzeug und Gefäss, d. h. als Vermittler oder Sendbote der Geistigen Hierarchie zur Führung und Belehrung der Menschheit gebraucht. Sie wird schliesslich zu einem eingeweihten vollkommenen Meister.

4. Die Wirkung der Meditation auf den Körper

1. Durch wahre Meditation gelangt der Mensch zum Konzentrieren seines Bewusstseins auf sein Gehirn oder auf sein Herz, je nach der Notwendigkeit und je nach dem Entwicklungsstadium seiner Seele, um dort die Kraftzentren zu erwecken.

Vermittelst seiner rhythmisch bewussten Atmung kann er dann den Heilstrom seines Bewusstseins oder seiner Seelensubstanz auf irgend ein Organ seines Körpers übertragen und ergiessen um es zu beleben, zu heilen oder zu beherrschen. Er kann auch befähigt werden, diesen Heilstrom seiner Seele auf andere Menschen zu übertragen oder ihnen zu senden.

2. Wahre Meditation ermöglicht die Umwandlung der schöpferischen Kraft oder Lebenssubstanz, die sich am unteren Ende der Wirbelsäule befindet, in Nervenkraft und geistiges Licht. Diese Lebenssubstanz nennt man das Schlangenfeuer oder «Kundalini» (bei den Hindus) oder auch Lebenselexier.

Sie befähigt den Meditierenden, diese schöpferische Energie auf alle Teile und Organe des Körpers zu verteilen, um deren gleichmässige und schnellere Entwicklung und Verfeinerung zu fördern.

Es ist diese Umwandlung, die in der Alchimie symbolisch durch die Verwandlung des Quecksilbers in Gold dargestellt worden ist und die in der Mystik die Kunst der Umwandlung genannt wird.

3. Wahre Meditation verfeinert durch diese Umwandlung den Empfindungsleib oder Astralkörper der Seele, indem sie ihn reinigt, seine gröberen Elemente einschmelzt und seine Schwingungen erhöht.

Dadurch wird ihr Gemüt oder ihr Herz für die feineren Ströme der höheren spirituellen Ebene, d. h. für die göttlichen Inspirationen aufnahmefähig.

4. Die Meditation befähigt uns aber auch die Leistungsfähigkeit unseres Körpers zu steigern, damit er den höheren spirituellen Schwingungen standhält ohne zusammenzubrechen. Sie gibt allen Zellen unseres Körpers und besonders unseren Sinnesorganen und den geistigen Zentren unseres Gehirns Festigkeit und Widerstandskraft.

Wie die Leibesübungen unsere Muskeln kräftigen und leistungsfähig machen, so wirkt die Meditation in höherem Masse auf die feineren Zellen unseres Körpers wie auch auf unsere seelisch-geistigen Organe und Kräfte.

Ohne diese Verfeinerung und Stärkung der Wahrnehmungsorgane und die Steigerung ihrer Schwingungsrate wird das Erreichen der geistigen Schau oder Erleuchtung, die das Ziel der Meditation ist, nicht möglich sein.

5. Die Meditation befähigt den Menschen, seinen schwankenden, kurzsichtigen Intellekt zum Schweigen zu bringen, denn dieser hochmütige und kritiksüchtige Intellekt ist ein grosses Hindernis für die innere geistige Schau. Der Meditierende kann sich dann auf irgend ein Ding oder Ereignis konzentrieren und die lange Kette der Wirkungen und Ursachen, welche jenes Ding oder Ereignis hervorgerufen haben, verfolgen, bis er zu der ersten Ursache desselben gelangt.

Auf diese Weise enthüllen sich allmählich vor seinen Geistesaugen die Geheimnisse des Lebens, der Natur und der Schöpfung.

Er verliert in solchen Augenblicken das Bewusstsein der Zeit, d. h. der Zeitbegriff schwindet und Vergangenheit und Zukunft werden für ihn zur erfass- und erlebbaren Gegenwart. Alles Geistige, das wir im Traumzustand, wo die Schranken von Raum und Zeit wegfallen, erleben können, kann der Meditierende mit vollem Bewusstsein und willkürlich im Wachzustand erleben.

Im höchsten Grade der Meditation bleibt also weder Raum noch Zeit, noch Form, Zustand und Eigenschaft bestehen, sondern nur das reine, göttliche und allumfassende Bewusstsein!

6. Die Meditation befähigt ferner den Menschen, sich an seine früheren Leben zu erinnern, wenn er sich auf sein eigenes Wesen, auf sein persönliches Ich und auf seine Seele konzentriert. Er unterscheidet zuerst zwischen dem, was er in diesem Leben als Erkenntnis und Charakter erworben und dem, was er als vererbte Veranlagung, sei es positiv oder negativ, mitgebracht hat.

Dann konzentriert er sich auf die Veranlagungen, die die Produkte seiner früheren Leben sind. Diese Veranlagungen sind die kristallisierten Erfahrungen, Erlebnisse, Eindrücke und Erkenntnisse aus den früheren Erdenleben.

Diese lösen sich durch die Macht der Konzentration in ihre Bestandteile auf und tauchen als Vorstellungsbilder an der Oberfläche seines erhöhten Tagesbewusstseins wieder auf.

Wie man heute mit einem grossen Fernrohr die Tiefen des Himmels erforscht und die für das blosse Auge unsichtbaren Gestirne erschaut und ihre Stellungen, Entfernungen und Grösse feststellt, so kann auch der esoterisch Meditierende sein hochschwingendes Bewusstsein auf die Tiefen seiner Seele konzentrieren und dort die Bilder seiner früheren Erdenleben entdecken.

7. Die Meditation gewährt dem Menschen durch die Erleuchtung, die in seinem Herzen das spirituelle Erkenntnislicht oder den Bewusstseinsfunke erzeugt, die Gabe des Fernsehens.

Wenn er sich auf dieses innere Licht konzentriert und sein

Bewusstsein bis zu diesem Licht erhöht, dann kann er mit Lichtgeschwindigkeit sein Bewusstsein in irgend eine Richtung hinaussenden, um die dort stattfindenden Ereignisse wahrzunehmen. Im höchsten Grade der Meditation fallen ja die Schranken von Raum und Zeit.

Auf diese Weise befähigt die Meditation den Menschen, das Gebiet des Denkens zu überschreiten und zu beweisen, dass es über der Denkkraft noch andere höhere Kräfte gibt, die undenkbar grösser und mächtiger sind als diese. Diese spirituellen Kräfte vermitteln uns höhere Erkenntnisse ohne die Zuhilfenahme der Sinne und des Intellekts. Sie verleihen uns jene Macht der Verwandlung der Materie in geistige Substanz, die ausserhalb des Bereiches der Denkkraft steht. Diese Verwandlung der Materie ist die eigentliche Mission der Seele auf Erden.

5. Die sittlich-ethische Auswirkung der Meditation

Die sittliche und moralische Auswirkung der Meditation ist aber viel höher und wertvoller, als alle ihre anderen Ergebnisse. Denn die sittliche und tugendhafte Lebensführung ist die unumgängliche Vorbedingung der Höherentwicklung und die Forderung der wahren Meditation.

Die Meditation birgt in sich auch einen grossen sozialen Wert, denn wenn wir das Meditieren richtig ausüben, wird dies nicht nur unser eigenes Leben harmonisch und friedvoll gestalten, sondern wir werden auch imstande sein, diesen Frieden und diese Harmonie in unsere Umgebung ausstrahlen und sich dort ausbreiten zu lassen, um so der Menschheit einen Dienst zu erweisen. Dies ist auch unsere heilige Pflicht.

Noch viele andere Fähigkeiten, geheime und gewaltige Kräfte, die jedoch nicht übernatürlich sind und nur in unserer Seele schlummern, können durch die esoterische Meditation erweckt und entfaltet werden, wenn wir uns dazu als reif und würdig erweisen. Eines muss ich aber hier besonders betonen, dass der bewusste Missbrauch einer Kraft, sei sie körperlich oder seelisch-geistig, zu selbstsüchtigen Zwecken, verhängnisvoll wirkt. Bei einem Jünger, der auf dem Pfade der Wahrheit und der Meditation wandelt, ist diese Verfehlung viel schwerwiegender als bei einem, der bewusst schwarze Magie treibt. Denn die Verfehlungen einer erwachten Seele wirken sich, wegen deren Verbindung mit der Geistigen Hierarchie, viel stärker aus, als diejenigen des Durchschnittsmenschen, und sie trägt dadurch eine viel grössere Verschuldung. Sie trägt diese grössere, schwerwiegende Verantwortung auch gegenüber allen jenen treuen Seelen, die ihr volles Vertrauen geschenkt haben, für die sie Vorbild ist und die ihr nachfolgen wollen.

Darum ermahnt der Meister seinen Jünger und sagt:

«Ohne Reinigung deines Herzens und deines Gemütes von allen Schlacken der Selbstsucht und der Neugier, suche nicht, o Jünger, nach Erweckung und Verwendung der schöpferischen Kräfte deines Körpers und deiner Seele, denn dies würde Spiel mit dem Feuer und dem Drachen bedeuten.

Erkenne, dass, wenn du alle Kräfte, die das Universum regieren, besässest, aber die Reinheit des Herzens nicht, alle diese Kräfte und deine Erkenntnisse nur ein Fluch für dich und die Menschheit bedeuten.

Die Reinheit des Herzens besteht in wahrer, göttlicher, selbstloser, allumfassender und opferfreudiger Liebe, die immer von göttlicher Weisheit begleitet ist.

Hüte dich darum, mit unreinem Herzen den heiligen Tempel der Wahrheit, in dem die göttliche Macht erteilt wird, zu betreten.

Du wirst auf deinem Wege viele gewaltige Kräfte kennenlernen und erwerben, du darfst dich aber von ihnen nicht verführen lassen. Sie werden dich oft als Mittel zur Versuchung und Prüfung verliehen. Das Besitzen dieser Kräfte darfst du nicht als Zweck oder Ziel deines Strebens und deiner Meditation betrachten. Du wirst sie erhalten, aber du darfst keinen Wert darauf legen, sondern du musst, wenn es nötig ist, auf sie verzichten, denn auch sie können schliesslich Fesseln für deine Seele sein und dich von deinem göttlichen Ziel fernhalten.

Wenn selbst die Engel zu dir kommen und dich verehren und anbeten würden, verliere dein Gleichgewicht und deine Demut nicht!

Dies alles ist nicht das Ziel einer vollkommenen Seele, der Zweck deines Strebens soll sein:

,Ein erlöster Erlöser und Diener der Menschheit zu werden!'

Lasst uns darum täglich über diese Gedanken meditieren und von Herzen anrufen:

Lass mich, o Gott, mit reinem Herzen
den heiligen Pfad des Dienens wandern!
Lass mich alle Prüfungen und Versuchungen
opferwillig und heldenhaft bestehen!
Ich will das Wahre, das Schöne, das Gute
überall suchen, erkennen und lieben!
Ich will die Früchte meiner Erkenntnis
auf dem Altar der Menschheit darbringen!
Lieben in Demut, Ringen mit Opfermut
ist meines Lebens Ziel und Segen!
Dein Heil und Dein Friede
allen Wesen im Weltenall!»

6. Der Zweck der Meditation

Da uns die Meditation eine heilige göttliche Macht vermittelt, müssen wir ihren Zweck heilig halten und sie als göttliche Gabe mit Ehrfurcht betrachten und ausüben.

Ihren Zweck können wir nur dann heilig halten, wenn wir alle Kräfte und Vorteile, die wir durch die Meditation gewinnen, als bescheidene Gabe unseren Mitmenschen darbieten, d. h. diese Kräfte nur zum Wohle der Menschheit verwenden.

Wir dürfen also die Meditation nicht zu selbstsüchtigen Zwecken ausüben, sondern nur dazu, um der Wahrheit und der Menschheit zu dienen.

Denn die Wahrheit allein kann die Menschen erlösen und glückselig machen.

Die Wahrheit offenbart sich aber nur dem, der sie sucht und liebt und ihr von Herzen dient.

Der Wahrheit zu dienen bedeutet aber, sich in den Dienst der Menschheit zu stellen. Im Dienen liegt fürwahr der grösste Segen und die höchste Seligkeit.

Ohne den Entschluss, den Zweck des Dienens mit aller Kraft zu erfüllen, werden wir den Heilstrom der Meditation nicht empfangen.

Der Gedanke des Dienens soll in der Übung der Meditation unser Leitmotiv, unser Beweggrund und unser alleiniger Zweck sein.

Der Weise lebt um zu dienen!

*

Wir müssen uns das grosse Naturgesetz immer vor Augen halten, dass jede Gabe eine Aufgabe bedeutet und dass, wo dem Eindruck kein Ausdruck folgt, auch keine Harmonie bestehen kann. Harmonie verlangt gleichzeitig äusseres und inneres Gleichgewicht im Leben. Dieses kann nur dort bestehen, wo der Einnahme die Ausgabe, dem Empfangen das Weitergeben folgt. Die meisten körperlichen und geistigen Krankheiten entstehen dadurch, dass die Menschen zuviel aufnehmen und zu wenig ausgeben, d. h. das Aufgenommene nicht genügend verdauen. Sie denken nur an das Sammeln und nicht an das Verteilen, an das Nehmen und nicht an das Geben. Wer aber viel verdienen will, der muss auch viel dienen und opfern. Je mehr ein Mensch freiwillig und freudig schenkt, desto mehr empfängt er! Dies ist das Gesetz durch das Gottes Gnade am besten zum Ausdruck kommt.

Wenn man die Lungen durch Ausatmen nicht entleert, kann die belebende, frische Luft nicht eindringen und man erstickt. Wie man bei vollem Magen keine neue Speisen aufnehmen darf, so ist es auch in geistiger und kultureller Hinsicht. Die unverdauten, geistigen Speisen sind die Ursache der geistigen Störung, der seelischen Verkrampfungen und Hemmungen, der Unruhe, Unzufriedenheit, Nervosität und Friedlosigkeit unserer Zeit. Diese und noch andere Kulturlaster sind die Plagegeister der heutigen Menschheit. Es muss also jeder Füllung ein Leermachen und jedem Einnehmen ein Ausgeben vorausgehen.

Dies ist das Gesetz der Schöpfung, das alle Phasen des Lebens beherrscht.

Die Menschheit leidet heute deshalb so sehr unter Elend und Not, weil sie dieses Gesetz verletzt hat.

Es muss mithin jede Erkenntnis in die Tat umgesetzt und auf diese Weise verdaut werden. Jede Gabe muss ausgegeben werden, um für neue Gaben Platz zu machen. Wahrlich: allein der gewinnt, der bereit ist, herzugeben und zu opfern!

Wenn wir immer an uns selbst denken, für unser eigenes Heil sorgen und nach unserer Erlösung streben, so ist dies erbärmlich, selbstsüchtig und ungöttlich. Wir müssen im Gegenteil das Denken an uns selbst aufgeben, müssen an die Gesamtheit denken und die Heilkraft und andere Gaben, die die Meditation uns schenkt, nur in reiner Absicht erringen, sie zum Wohle unserer leidenden Mitmenschen zu verwenden. Wir sollen uns freiwillig und freudig dem Willen Gottes unterwerfen und bei jeder Handlung aussprechen:

«Herr! Mache aus mir ein gewissenhaftes Werkzeug Deines Willens!»

Dann wird Gott sich unser annehmen. Lasst uns darum bewusste, bescheidene und würdige Werkzeuge Gottes und Diener der Wahrheit und der Menschheit werden!

Ja, wenn wir Pioniere der neuen Generation und Fackelträger des neuen Wassermann-Zeitalters sein wollen, so müssen wir vor allem lernen, selbstlos, dienstbereit und opferwillig zu leben und zu handeln. Denn, wie wir wissen, schöpft der Wassermann das Wasser aus dem Quell und gibt es weiter, er behält es nicht für sich. Nur derjenige erhält den ewigen Segen, der sein Leben für andere hingibt! Nur wer sich für die Erlösung anderer opfert, wird Erlösung erlangen!

Wenn wir in diesem Sinne und mit dieser göttlichen Absicht die Heilkraft der Meditation erwerben wollen, dann können wir sicher sein, dass diese Kraft uns bald durchfluten, beleben und unser Leben erneuern wird. Je nach dem Grad unserer Opferwilligkeit wird uns die Heilkraft der Meditation mehr oder weniger durchdringen.

Ferner müssen wir uns noch darüber klar sein und es nie vergessen, dass wir Teile der gesamten Menschheit sind, denn wir sind durch ein geschwisterliches Band mit allen Menschen, mit allen Geschöpfen verbunden und ihnen gegenüber zu Liebe und Hilfe verpflichtet.

Dieses göttliche Bewusstsein der Allverbundenheit müssen wir in uns wecken und immer lebendig erhalten.

Wenn wir an die ganze Menschheit denken und ihr dienen, dann haben wir zugleich an uns selber gedacht und uns gedient. Wer für die andern sorgt, für den sorgt auch Gott.

Nur auf diese Weise können wir würdige Werkzeuge Gottes werden, und Gott wird dann durch uns seine Liebe, Güte und Kraft über die Menschheit ergiessen und uns als geeignetes Werkzeug und reines Gefäss für seine Weisheit und seinen Willen gebrauchen.

Wir können nur dann tapfere Fackelträger des neuen Zeitalters und ehrliche Lichtträger der Wahrheit werden, wenn wir unser ganzes Leben wie eine Blume demutsvoll auf dem Opferaltar der Menschheit niederlegen.

Gottes Gnade sucht und verlangt nach solchen reinen Gefässen weitmehr, als wir nach göttlicher Gnade verlangen.

Der Zweck der Meditation soll also sein, aus uns bewusste Werkzeuge des göttlichen Willens und würdige Diener der Wahrheit und der Menschheit zu machen.

Welch erhabene und segensreiche Aufgabe für uns!

Lasst uns darum täglich und innig ausrufen:

«O Du lebendige Wahrheit!
Nimm mich auf in Deine Lichtschar!
Ich gelobe ein treuer,
opferfreudiger Lichtträger
und Lichtkämpfer zu sein!»

7. Das Ziel der Meditation

Wir müssen uns nun fragen: Welches Ziel verfolgen wir mit der Ausübung der Meditation, d. h. wenn wir alle Bedingungen und den Zweck der Meditation erfüllt haben, wohin werden wir gelangen?

Wir müssen erkennen, dass das Ziel der Meditation *Erleuchtung* der Seele ist, wonach sich alle Heiligen und Mystiker gesehnt und welche sie auch erlangt haben.

Diese Erleuchtung öffnet die Geistesaugen der Seele für

das Licht der Wahrheit und dieses Licht gibt ihr die Kraft, sich vollständig von ihren Fesseln zu befreien, sich zum Gottesgeist emporzuheben und mit ihm eins zu werden. Denn um dieses Endzieles willen befindet sich die Seele auf diesem Planeten.

Das Ziel der Meditation ist also dreifach, es heisst: *Erlösung, Erleuchtung* und *Einswerdung.* Diese drei Zustände der Seele bedingen einander und bilden eine Einheit. Die Erlösung befähigt unsere Seele, inmitten des irdischen Lebens die physische Welt mit vollem Bewusstsein zu verlassen und in die höhere geistige Welt zu wandeln. Die *Erleuchtung* gewährt Reinheit des Herzens, Klarheit des Verstandes und innere Schau. Dadurch erkennen wir die Kräfte und die Wesen der Geisteswelt und die Fähigkeit, die Erlaubnis dort zu wirken.

Die *Einswerdung* der Seele mit dem heiligen Geiste Gottes, mit dem in uns wohnenden Christus, lässt uns die Einweihung in das Mysterium der Schöpfung und des ewigen Lebens erlangen.

Dies ist das unbeschreibliche, herrliche und selige Ziel, wonach stets alle erwachten Seelen mit glühender Sehnsucht gestrebt haben.

Denn der Gottesgeist im Menschen ist die Quelle der Weisheit, der Herrlichkeit und der Macht. Darum wird die Seele durch ihre Einswerdung mit diesem Gottesgeist ihre Vollendung erreichen. Sie wird dann allwissend, machtvoll und gottähnlich, d. h. zum wahren Ebenbild Gottes.

*

In bezug auf die Erkenntnis und die Verwendung der Kraft dieser Wahrheit teilen sich die Menschen im heutigen Stadium der Entwicklung in zwei Gruppen.

Die erste Gruppe, welcher die Mehrheit der Menschen angehören, besteht aus denjenigen, die sich überhaupt nicht bewusst sind, dass Gott, der Schöpfer des Universums, in ihnen selbst wohnt und nicht ausser ihnen zu suchen ist.

Auch manche Heilige und Mystiker haben vor ihrer Erleuchtung an dieser gewaltigen Wahrheit gezweifelt, wenn sie sahen, mit welchem Schmutz, welchen Lastern ihr Herz beladen und mit niederträchtigen und dämonischen Trieben ihre Seele gefesselt war. Sie sagten dann zu sich: «Wie könnte der allmächtige, allreine und allherrliche Gott in mir Seinen Sitz haben?» Sie konnten sich nicht vorstellen, dass, wie ein Diamant, der im Schmutz verborgen liegt und dadurch seinen Wert nicht verliert, auch der allreine Gott in der Tiefe der äusserlich unreinen Seele wohnen kann, denn Er ist ja alldurchdringend und allgegenwärtig.

Diese suchenden Seelen konnten noch nicht erkennen, dass die Seele göttlichen Ursprungs und daher ganz rein ist und dass nur wie ein Schleier ihr göttliches Antlitz und ihre herrliche Schönheit verdeckt.

Dennoch sind diese Mystiker und Heiligen durch ihre Umkehr, Umwandlung und Erleuchtung schliesslich davon überzeugt worden, dass Gott wahrlich nicht nur in ihnen, sondern in jedem Geschöpf und auch in jedem Atom wohnt und wirkt, denn Er umschliesst, belebt und beseelt alles im Weltall. Sie haben dann die trostvolle, überwältigende Wahrheit Millionen Menschen verkündet, dass Gott in der Tat in uns selber wohnt und Seiner Offenbarung durch uns harrt. Wir brauchen Gott nicht ausser uns zu suchen.

Der iranische Mystiker Rumi, aus dem 13. Jahrhundert n. Chr., hat gesagt:

«Ich habe die ganze Welt auf der Suche nach Gott durchwandert und Ihn nirgends gefunden. Als sich wieder nach Hause kam, sah ich Ihn an der Tür meines Herzens stehen, und Er sprach: ‚Mein Kind, Ich warte hier seit Ewigkeiten!‘ Da bin ich mit Ihm ins Haus gegangen!»

Die zweite Gruppe von Menschen wird von jenen gebildet, die wohl daran glauben, dass Gott allgegenwärtig ist, folglich auch im Menschen wohnen muss und dort zu finden ist. Sie denken aber, dass der Mensch Gott niemals erreichen kann, denn sie sehen eine tiefe Kluft zwischen ihrem Willen und dem Willen Gottes liegen.

Sie stellen fest, dass im Menschen mehr das Dämonische als das Göttliche vorherrscht und denken, wenn Gott im Menschen wohnte, müsste dieser auch göttlich leben und handeln.

Sie sehen also die Menschen weltenweit von Gott und Seinem heiligen Geist entfernt. Darum sagen sie, dass Gott überhaupt unerkennbar und unerreichbar sei.

Der erleuchtete Mystiker, der die Gottinnigkeit und -einigkeit erlebt hat, widerlegt diese Behauptung, die nur auf der Unwissenheit des Menschen und auf der Kurzsichtigkeit und Begrenztheit seines Intellekts beruht.

Dies eben ist das Rätselhafte im Menschen, dass Gott ihm näher ist als sein Atem und dennoch fühlt er sich von Gott so entfernt, wie die Erde vom Himmel.

Dies ist wahrlich ein Geheimnis Gottes, das stets alle grossen Denker und Mystiker in ehrfürchtiges Staunen versetzt hat, so dass sie ausgerufen haben:

O Gott! Wie unergründlich ist Dein Geheimnis!
Du bist wahrlich unfassbar und doch
in allen Dingen und Welten offenbar!
Du bist wahrlich unschaubar und doch durchdringst
und erfüllst Du das Weltall mit Deiner Gegenwart!
Du bist unausdenkbar und verborgen und doch
können wir an Dich denken, nach Dir suchen und
Dich überall finden und erkennen!

Trotz der Unzulänglichkeit des menschlichen Verstandes, das Rätsel der Allgegenwart Gottes im Menschen lösen zu können, ist das menschliche Herz von dieser Wahrheit überzeugt. Darum sagt der erleuchtete Mystiker, dass alles im Weltenall Gott ist und ausser Gott nichts existiert. Alles was da ist erhält wahrlich von Ihm sein Dasein und kann ohne Seine Macht und Seinen Willen keinen Augenblick bestehen. Darum müssen auch wir davon überzeugt sein, dass Gott sowohl im Verbrecher und Mörder, wie auch im Heiligen wohnt, nur mit dem Unterschiede, dass Er bei dem ersteren noch nicht zur Offenbarung kommen kann. Die dämonische Natur dieser Menschen verschleiert noch Gottes Anlitz in ihnen.

Wenn aber die Stunde des Erwachens und der Erleuchtung für diese gefesselten Seelen schlägt und die Maske ihrer niederen Natur wegfällt, dann wird Gott auch in ihnen in Seiner Herrlichkeit offenbar werden.

Wir wissen ja, dass viele unter den Heiligen und den grossen Mystikern vor ihrer Umkehr und Erleuchtung Sünder, Verbrecher, Räuber und sogar Mörder gewesen sind.

Wir wissen auch, dass viele Heilige und grosse Mystiker die Gottes Gegenwart erlebt und ihn in sich selber erschaut und erkannt haben.

Wir müssen daher anerkennen, dass, wenn der allgegenwärtige Gott sich in uns und durch uns nicht offenbart, wir selber daran Schuld sind. Wenn ein Spiegel trübe oder verstaubt ist und unser Bild nicht klar widergeben kann, so liegt die Schuld nicht an unserm Bild.

Der iranische Dichter Hafis sagt:
«Das Antlitz des geliebten Gottes trägt keinen Schleier, o Freund! Du hast aber durch deine Begierden und Leidenschaften zwischen dir und Ihm einen dicken Schleier von Staub geschaffen. Beseitige diesen Staub und du wirst Sein Antlitz schauen.»

Wie überall unter der Erdoberfläche Wasser zu finden ist und wie, je nach der Beschaffenheit des Bodens mehr oder weniger tief gegraben werden muss, um zu diesem Wasser zu gelangen, so ist es auch mit dem Menschen.

In der Tiefe des Wesens eines jeden Menschen liegt ohne Ausnahme die Quelle der Wahrheit und der Seligkeit verborgen. Diese Quelle ist das wahre Selbst des Menschen, d. h. der Gottesgeist oder Christus in ihm. Diese Quelle ist nur verschüttet und versenkt, und daher bleibt dieser Innengott im Menschen noch verschleiert und verborgen.

Darum muss jede erwachte Seele im Grunde ihres eigenen Wesens so lange und so tief graben und alle Hindernisse und Hüllen beseitigen, bis sie zu jener Quelle gelangt, aus der die Wahrheit entspringt. Dort ruht auch jener erhabene Schöpfer, den wir Menschen Gott nennen und mit noch vielen anderen Namen anrufen.

Wie das Quellwasser wohl unter unseren Füssen im Schosse der Erde liegt, aber oft sehr weit von uns entfernt ist, so ruht auch unser Gott in uns selbst und dennoch sind wir so fern von Ihm.

Dies ist das Geheimnis und das Rätsel der menschlichen Seele. Darum sagt der Meister:

«Suche in dir selber, o Jünger, deinen geliebten Gott, die Wahrheit, die allein dich erlösen kann und die der Quell aller Seligkeit ist!»

Alles hängt also von uns selber ab, und es kommt nur auf das Suchen und Beschreiten des Weges an, der uns zu Gott führt.

Die Kunst der Meditation ist dieser Weg: sie ist jene Macht, die alle Hindernisse, die unsere Seele von dem in ihr selber wohnenden Gott trennen, beseitigt und nicht nur uns von der Gegenwart Gottes in uns überzeugt, sondern auch unsere Seele von den Ketten unserer niederen Natur erlöst. Sie gibt ihr die Kraft, sich zu Gott empor zu heben, Ihn von Angesicht zu Angesicht zu schauen und eins mit Ihm zu werden.

Diesen Zustand und dieses Ziel drückt ein iranischer Mystiker wie folgt aus:

32

«Gehe diesen Weg, o Wanderer, solange bis du die Zweiheit überwindest, so dass du und der Weg eins geworden sind. Wenn du das Ziel erreichst, so wirst du zwar nicht Gott werden, aber deine Ichheit wird verschwinden und die Trennung zwischen dir und Gott wird aufgehoben. Dann wirst du Gott in dir und dich in Gott finden.»

Doch liegt die höchste Seligkeit nicht in dieser Erlösung der Seele und in ihrer Einswerdung mit Gott, sondern in jener göttlichen Macht der Barmherzigkeit und der Selbstaufopferung, welche die erleuchtete Seele befähigt, zur Hölle der Erde zurückzukehren und ein Erlöser für die Menschheit zu werden!

Dies ist nun das höchste, heiligste Ziel unseres Lebens, das wir durch die Ausübung der Meditation am raschesten erreichen können. Dies soll auch das Ziel unserer Meditation und unseres Strebens sein.

Lasst uns darum den in uns selber wohnenden Gott um die Kraft bitten, dieses hohe Ziel und dieses göttliche Ideal schon in diesem Erdenleben zu erreichen:

Durchflute mich,
O du heiliger Strom der Sehnsucht!
Durchleuchte mich,
O du ewiges Licht der Wahrheit!
Durchdringe mich,
O du selige Glut der Liebe!
Auf dass ich mich auf ewig
Aus den Ketten der Unwissenheit löse,
Den Gott in mir in Seiner Macht
Und Herrlichkeit offenbare!
Und ein Erlöser werde
Für die leiderfüllte Menschheit!

Amen!

Zweites Kapitel

DIE HAUPTBEDINGUNGEN DER KONZENTRATION UND DER MEDITATION

Bevor wir die eigentliche Meditation kennen lernen und üben, müssen wir uns die Kunst der Konzentration aneignen, denn ohne diese Vorstufe ist die Übung der Meditation unmöglich oder sie bleibt unfruchtbar.

Konzentration bedeutet im gewöhnlichen Sinne des Wortes, seine volle Aufmerksamkeit auf einen bestimmten Gegenstand richten, mit anderen Worten, seine Gedanken, seinen Willen und sein Bewusstsein auf einen Punkt, auf ein Zentrum sammeln.

Ein jeder Mensch übt, bewusst oder unbewusst, diese Konzentration in seinem täglichen Leben, indem er seine Gedanken und seinen Willen mit ungeteiltem Herzen bei seiner Arbeit festhält.

Konzentration gewährt Festigkeit, Zusammenhang, Dauerhaftigkeit und Stabilität. Dadurch sichert sie den Fortschritt und das Wachstum.

Ohne diese Konzentration würden alle Kräfte vergeudet, jeder Fortschritt, jede Ordnung und Entwicklung würde unmöglich.

Die ganze Entwicklung des Universums ist nur ein Vorgang der Konzentration der schöpferischen Kräfte oder des Willens Gottes.

In der Kunst der Meditation bedeutet die Konzentration, als Vorstufe: sein Bewusstsein für längere Zeit auf einen Gegenstand, ein Vorstellungsbild oder einen Begriff, d. h. eine abstrakte Idee sammeln und festhalten.

Die Konzentration teilt sich in drei Stufen, die wir ersteigen und beherrschen sollen, wie folgt:

1. Die drei Stufen der Konzentration und die Beseitigung ihrer Hindernisse

1. Auf der ersten Stufe konzentriert man sich auf einen Gegenstand. Man schaut z. B. eine Blume für einige Minuten an. Dann schliesst man die Augen und stellt sich die Blume wieder im Geiste plastisch vor.

Wir müssen diese erste einfache Konzentration solange üben, bis wir jedes Ding auf diese Weise ganz genau mit allen Einzelheiten uns vorstellen und für beliebige Zeit vor unseren geistigen Augen festhalten können.

Bei dieser ersten Übung muss man auf zwei Punkte achten:

a) Mit den einfachen Dingen beginnen und allmählich zu den komplizierten und mannigfaltigen Gegenständen übergehen.

b) Bei der Beobachtung und Beschauung der komplizierten Gegenstände mit den offenen Augen, wie auch bei der Vorstellung ihrer Bilder mit geistigen Augen, muss man die Teile oder Glieder der Dinge, eins nach dem anderen, vornehmen und nach der Reihenfolge aufnehmen und festhalten.

Bei der Beobachtung und Vorstellung einer Blume z. B. muss man zuerst den Stiel, dann die grünen Blätter, dann die farbigen Blätter und zuletzt die Staubgefässe fixieren. Man kann auch mit den Staubgefässen beginnen und am Stiele endigen.

Bei der Konzentration auf das Gesicht eines Menschen oder auf sein Bild muss man vom Kinn beginnend bis zum

Haar oder umgekehrt alle Teile, eines nach dem anderen sich merken und sich vorstellen.

Diese einfache Methode erleichtert die Übung sehr und ist für die Anfänger unbedingt nötig und wichtig.

Durch ausdauernde Übung werden wir schliesslich dahin gelangen, gleich dem begabten Künstler, mit einem einzigen Blicke das Gesamtbild eines jeden Dinges mit all seinen Einzelheiten festzuhalten und es in seiner Gesamtheit uns vorstellen zu können.

Der Misserfolg der meisten Menschen in ihrer Übung der Konzentration liegt eben in dem Fehler, dass sie, ohne diese erste Stufe vollständig zu beherrschen, die nächsten höheren Stufen erreichen wollen.

Sie wissen nicht, dass diese erste einfache Übung die Grundlage für die nächsten höheren Stufen ist.

Aus dem Mangel an dieser Grundlage und Vorbereitung entstehen die Schwierigkeiten, die Misserfolge und die Verzweiflungen vieler nach Konzentration strebenden Menschen.

Darum kann man die Wichtigkeit und die Nützlichkeit dieser ersten Übung nie genug betonen.

2. Die zweite Stufe der Konzentration besteht in der Vorstellung der im Gemüte oder dem Bewusstsein aufbewahrten Bilder der Gegenstände, in Abwesenheit derselben.

Das Vorhandensein der Gegenstände in der äusseren Welt ist also hier nicht nötig. Man kann sich Dinge und Menschen vorstellen, die im Augenblick nicht vorhanden sind oder überhaupt nicht mehr existieren.

Dies ist zu vergleichen mit der Fähigkeit eines Musikers, der ohne Noten spielt, oder eines Künstlers, der ohne Vorlage malt. Wie dieser Künstler das Bild, das er malen will, schon in seinem Gemüte oder Bewusstsein vorhanden hat und sieht, so muss auch der Ausübende der Konzentration lernen, das Bild jedes erwünschten Gegenstandes vor seinen geistigen Augen erscheinen zu lassen und sein Bewusstsein darauf zu richten und festzuhalten.

Man kann klar ersehen, dass diese Übung ohne die vorherige unmöglich ist oder unvollkommen sein wird.

Durch die ausdauernde Übung wird man fähig sein, sich auch Bilder vorstellen zu können, die in der materiellen Welt überhaupt kein formhaftes Original haben, wie dies bei grossen Künstlern der Fall ist.

Hier arbeitet also der Geist oder Genius des Menschen schöpferisch und selbständig. Er kombiniert die verschiedenen Elemente und schafft daraus neue Formen.

3. Auf der dritten Stufe konzentriert man sich auf die Begriffe oder abstrakten Ideen, die rein geistig und sowie auf alle Eigenschaften, Zustände und Beziehungen, die unselbständig existieren.

Auf dieser Stufe sind keine Formen und Bilder vorhanden und darum ist sie am schwierigsten zu erreichen. In diesem Fall, da es sich um abstrakte Ideen und Begriffe handelt, kann man sich diese in symbolischen Bildern vorstellen. Wenn man sich z. B. auf Liebe konzentrieren will, kann man sich eine Mutter vorstellen, die ihr Kind umarmt und liebkost. Oder wenn man sich auf die Frömmigkeit konzentrieren will, kann man sich einen Menschen vorstellen, der vor einem Altar steht und in Ehrfurcht und Hingabe betet. Ohne die vollständige Beherrschung der beiden vorherigen Stufen ist die Übung dieser dritten Stufe unmöglich. Darum scheitern die Bestrebungen und Bemühungen vieler Menschen, weil sie versuchen, ohne die Beherrschung der zwei ersten Übungen diese dritte schwere Übung auszuführen.

Die besonderen Eigenarten der drei Stufen

Durch einige Eigentümlichkeiten lassen sich diese drei Übungen oder Stufen von einander wie folgt unterscheiden:
a) Für die zwei ersten Stufen sind die künstlerisch und dichterisch veranlagten Menschen, also jene, die reich an

Phantasie und Empfindsamkeit sind, sehr geeignet. Sie können diese Übungen viel schneller beherrschen als die anderen Menschen. Für die dritte Stufe, wo die abstrakten Begriffe in Frage kommen, sind die intellektuell begabten, die Philosophen und die denkerisch starken Menschen am befähigsten. Aber bei der Übung der eigentlichen Meditation haben es die letzteren viel schwerer als die Gefühlsmenschen, weil die Beherrschung der Gefühle viel leichter ist, als die der Gedanken.

b) Auf der ersten Stufe ist die Entfaltung und Schulung der *Beobachtungsgabe*, auf der zweiten die der *Vorstellungskraft* und innerhalb der dritten die des *Unterscheidungsvermögens* sehr nötig und wirksam.

c) Auf der ersten Stufe sind die Sinne als Wahrnehmungsorgane tätig und müssen geschult und beherrscht werden. Auf der zweiten Stufe ist das *Gemüt*, das Unterbewusstsein oder das Gedächtnisorgan als Widerspiegelungsboden der wahrgenommenen Bilder am meisten tätig. Hier ist die Beherrschung der Gefühle nötig.

Und innerhalb der dritten Stufe tritt das Denkorgan mehr in Tätigkeit. Hier müssen die Gedanken und der Wille geschult und beherrscht werden.

Auf allen drei Stufen muss aber der *Wille* gleichzeitig aktiv bleiben. Er ist der Wagenlenker und der Scheinwerfer des Bewusstseins oder der Seele.

d) Auf der ersten Stufe ist ein *sichtbarer*, materieller Gegenstand nötig. Hier braucht man ein formhaftes und mit den Sinnen wahrnehmbares Ding als Vorbild. Diese Stufe ist die Ebene der Formen und das Gebiet der *Naturwissenschaft*, welche sich mit den materiellen und formhaften Dingen beschäftigt.

Auf der zweiten Stufe braucht man keine materiellen Gegenstände, sondern nur Vorstellungsbilder, die im Geiste ihre subtilen Formen haben. Hier ist das Gebiet der schöpferischen *Kunst*. Dieses Gebiet entspricht der mathematischen

Wissenschaft, in welcher man ohne äussere Gegenstände nur mit den geistigen Bildern oder Zahlen, also mit Symbolen, operiert.

Innerhalb der dritten Stufe hat man mit den abstrakten, d. h. mit jenen unanschaulichen und rein gedanklichen Begriffen zu tun, die weder im äusseren eine materielle Form, noch im innern ein geistiges Bild haben. Hier steht das Gebiet der Geisteswissenschaft, der Metaphysik und der Esoterik im Vordergrund.

*

Diese dreifache Konzentration bildet die Grundlage der Meditation, obgleich in dem höheren Grade der eigentlichen Meditation, wie wir sehen werden, alle diese drei Vorgänge der Konzentration wegfallen müssen.

In der höheren Meditation sammelt man sein Gemüt oder seinen Geist überhaupt *auf keinen Begriff oder Bild*, sondern im Gegenteil, man schaltet alle Gedanken und Vorstellungsbilder aus.

Das Gemüt bleibt bei der höheren Meditation vollständig still und klar, damit es aufnahmefähig werde für das spirituelle Licht und für die innere Schau. Hier konzentriert sich das Bewusstsein auf sich selbst oder auf die Seele, welche stiller Zuschauer und Empfänger bleibt.

Wahre Meditation ist also ein gegenstandsloser Zustand der Seele, wo alle Vorgänge und Regungen des Gemüts verschwinden.

Hier muss der Himmel der Seele wolkenlos und klar und der See des Gemütes ganz ruhig und rein bleiben.

*

Bei allen drei Stufen und Übungen der Konzentration muss man die drei folgenden Punkte beachten und vollbringen:

a) Das Gemüt von fremden oder unerwünschten Gedanken und Bildern leermachen, denn ohne dieses Leermachen kann ja nichts aufgenommen werden, gleich wie man ohne auszuatmen nicht einatmen kann. Das Denken muss bereinigt und das Gemüt beruhigt werden. Mit anderen Worten, das Gemüt muss von seinem bisherigen, gewöhnlichen Inhalt leer gemacht werden.

Dies geschieht, wenn man alle auftauchenden Bilder oder Gedanken verneint und ablehnt, d. h. *wegdenkt*. Dieses Wegdenken kann man am besten vollbringen, wenn man beim Auftauchen eines unerwünschten Bildes oder Gedankens im Geiste einen von den folgenden Sätzen, je nach dem Zustand des Gemütes, einige Male ausspricht:

Du gehörst nicht zu mir!
Du bist mir unerwünscht!
Dich will ich nicht haben!
Hebe dich weg von meinem Gemüt!
Verschwinde von meinem Geist!
Wandle dich in einen reinen,
erwünschten Gegenstand um!

Dieses Verneinen und Wegjagen ist aber ein negatives Verhalten des Gemütes und muss daher mit grosser Vorsicht geübt und darf nur von stärkeren Seelen in schweren Fällen gebraucht werden. Die Anfänger der Kunst der Konzentration sollen das Hereinbrechen solcher unerwünschten Schmarotzergedanken einfach mit ihrem Willen wegjagen und innerlich aussprechen: «Ich brauche dich nicht.». Der Wille soll die Eindringlinge austreiben, wie der Scheibenwischer eines Autos die Wassertropfen wegwischt.

b) Die Vorstellung des erwünschten Gegenstandes oder Gedankens vor den geistigen Augen.

Wenn man diese Gegenstände der Konzentration richtig im Spiegel des Gemütes erscheinen lässt und festhält, dann verschwinden die fremden, unerwünschten Gegenstände oder Bilder von selbst, gleich wie die Dunkelheit beim Erscheinen des Lichtes verschwindet.

Um dieses Festhalten des Gegenstandes der Konzentration im Gemüt zu erleichtern, kann man am Anfang in folgender Weise einige Hilfsmittel gebrauchen.

Auf der ersten und zweiten Stufe, wo Formen vorhanden sind, kann man die Gegenstände im Geiste ununterbrochen in der Luft ausmalen. Wenn man sich z. B. auf das Vorstellungsbild einer Blume konzentrieren will, muss man sich die einzelnen Teile derselben, eines nach dem anderen, so vorstellen, d. h. erscheinen lassen, als ob man sie auf der Leinwand malen würde.

Wenn es sich um einen Spruch oder ein Gebet handelt, dann malt man in der Luft mit goldenen Buchstaben oder in Lichtschrift jedes Wort mit Ruhe, als ob man es auf dem Papier schriebe und abläse oder als ob sie in der Luft geschrieben stünden.

In diesen Fällen können die fremden Bilder oder Gedanken nicht mehr auftauchen oder eindringen.

Bei der dritten Übung, wo formlose Begriffe in Betracht kommen, wie Liebe, Reinheit, Weisheit usw., kann man sich diese als Licht vorstellen. Diesem Licht kann man dann, je nach dem Gegenstand, eine besondere Farbe, Stärke, Bewegung und Richtung geben, aber keine starre Form, denn sonst entstehen daraus formhafte Gegenstandsbilder.

Die Erfahrung und Ausdauer werden jeden Übenden noch andere individuelle Hilfsmittel finden lassen, die für ihn persönlich am besten und am nützlichsten sind.

*

Ein anderes Hilfsmittel besteht darin, dass man die Übung mit rhythmischem, ruhigem und bewusstem Atem verbindet, so dass man bei jedem Einatmen den Heilstrom des universalen heiligen Geistes empfängt und aufsaugt und ihn beim Ausatmen wieder in die Welt hinaus sendet. Wenn dies bewusst und rhythmisch vor sich geht, dann können keine unerwünschten Bilder oder Gedanken auftauchen und die Sammlung hindern oder stören.

c) Das Festhalten der vorgestellten Bilder oder des formlosen Zustandes für *längere* Zeit.

Hierzu kann nur Ausdauer und Geduld helfen und den Erfolg sichern. Im Laufe der Zeit und kraft der Ausdauer in der Übung werden aber alle diese und auch andere Hilfsmittel überflüssig sein. Man wird befähigt, das Gemüt sogleich durch einen einfachen Willensakt in Stille zu versetzen und den erwünschten Zustand hervorzurufen und ihn für längere Zeit festzuhalten.

Wir müssen uns immer daran erinnern, dass jeder Anfang schwer ist, dass die Übung den Meister macht, und dass die Beharrlichkeit den Schlüssel zum Erfolg bildet.

Die Beseitigung der Hindernisse

Nun möchte ich noch einige Worte über die Hindernisse oder Störungen der Konzentration sagen:

Eines der häufigsten Hindernisse der Konzentration besteht darin, dass oft, wenn man bei der Konzentration die Augen schliesst und ein erwünschtes Bild erscheinen lassen will, an seiner Stelle andere Sachen auftauchen. Dies sind jene Dinge oder Menschen, die am Tage unsere Augen und unsere Aufmerksamkeit am stärksten beeindruckt und in Anspruch genommen haben.

Wenn man sich am Tage z. B. mit dem Ausrotten des Unkrautes beschäftigt hat, taucht am Abend bei der Konzentration immer das Unkraut zuerst vor den inneren Augen auf.

45

Dies ist auch der Fall bei den meisten unserer Träume, wo sich vornehmlich die Bilder jener Dinge oder Menschen zeigen, mit denen wir uns am Tage intensiv beschäftigt haben, und die auf uns den stärksten Eindruck ausgeübt haben.

Dies beruht auf einem physikalischen Gesetz, welches bestätigt, dass die Bilder der frisch erlebten, starken Eindrücke noch für kurze Zeit auf der Oberfläche unseres Gemütes oder unserer Gedächtnistafel lebendig bleiben, bevor sie sich in die Tiefe des Sees unseres Unterbewusstseins hinabsenken.

Darum tauchen in unserem «inneren Blicke», bei der Konzentration wie auch im Traumzustand, zuerst diese frischen und lebhaften Eindrucksbilder oder die Tageserlebnisse auf. Diese hindern dann das Erscheinen der von uns erwünschten Bilder auf dem Spiegel unseres Gemütes oder sie trüben die Form und Gestalt derselben.

Wie können wir nun dieses Hindernis beseitigen?

Hier haben wir drei Methoden oder Mittel zu verwenden: Erstens können wir, wenn wir genug Zeit haben, vor der Konzentration einen reizvollen Gegenstand für einige Zeit mit unseren Augen ganz scharf und intensiv betrachten, so dass sein Geistesbild sich in unserem Gemüte einprägt und die Eindrucksbilder der Tageserlebnisse verschleiert oder sie in die tiefen Schichten des Gemütes verdrängt und hinabsinken lässt.

Dieses so gewonnene neue scharfe Bild nimmt dadurch den Platz der alten, unerwünschten oder hässlichen Bilder ein.

Wir können hierfür eine Blume, ein Bild, das Gesicht eines Kindes oder überhaupt den Gegenstand, worauf wir uns konzentrieren wollen, nehmen.

Zweitens können wir vor der Konzentration ein bestimmtes Problem, einen Begriff oder Gegenstand festlegen und uns einige Male sagen: Ich werde mich nur auf dieses Ding konzentrieren. Durch solche Selbstsuggestion oder Selbstbefehle können wir das Auftauchen fremder Bilder verhüten.

Drittens können wir in der Konzentration die auftauchenden unerwünschten Bilder umwandeln.

Hier müssen wir einem psychologischen Gesetz folgen, wonach jedes unerwünschte Geistesbild in etwas umgewandelt werden kann, das mit jenem Bild irgendwie in Beziehung steht und Ähnlichkeit hat. Mit anderen Worten: Man darf keinen grossen Sprung machen, sondern man soll Zwischenstufen bauen.

Wenn wir uns z. B. ein menschliches Gesicht vorstellen wollen, aber stets ein Unkraut vor unseren Augen auftaucht, dann müssen wir dieses Unkraut zuerst in eine Blume umwandeln.

Hierzu brauchen wir uns nur scharf vorzustellen, dass dieses Unkraut eigentlich eine Blume ist und die Blätter, Farbe und Form jener Blume hat. Durch Wiederholung und Beharrlichkeit wird diese Umwandlung unbedingt gelingen.

Wenn dies geschieht, dann können wir uns vorstellen, dass diese Blume allmählich welkt und schliesslich verschwindet.

Wenn in der Konzentration das Gesicht eines unerwünschten Menschen auftaucht, so können wir dies auch durch dieselbe Methode in das Gesicht eines Freundes umwandeln. Wir stellen uns also vor, dass dieses Bild das Gesicht unseres lieben Freundes ist. Dann bringen wir die Gesichtszüge unseres Freundes allmählich ins Blickfeld unseres Auges und halten es für einige Zeit darin fest. Dann nehmen wir Abschied von unserem Freund und so bleibt der Spiegel unseres Gemütes für das erwünschte Bild, nämlich den eigentlichen Gegenstand unserer Konzentration, frei.

Wir müssen also bei dieser Umwandlung einen Umweg machen und nicht unmittelbar und auf einmal das unerwünschte Bild aus unserem Gemüt wegjagen wollen.

Auf den höheren Stufen der Meditation, wo alle unsere Sinne beherrscht sind und wo unser Gemüt unter dem Befehl

47

unseres geistigen Willens steht, wird das Wegjagen der fremden Bilder blitzartig geschehen.

Die Praxis wird selbst einem jeden zeigen, wie er am besten und am leichtesten diese Umwandlung vollbringen und dieses Hindernis beseitigen kann, denn das Gemüt ist bei jedem Menschen anders veranlagt und das Unterbewusstsein oder Gedächtnis mit anderen Erlebnissen und Eindrucksbildern erfüllt und daher auch anders beeinflussbar.

*

Noch ein anderes Hindernis ähnlicher Art kommt manchmal bei der Konzentration vor, das gleichfalls beseitigt werden muss.

Dies besteht darin, dass inmitten der Konzentration negative, hässliche und auch abscheuliche Worte sich hören lassen, oder dass man, ohne es gewollt zu haben, das Gegenteil dessen spricht, was man eigentlich wollte, wie z. B.: Vergib mir meine «Unschuld», statt meine «Schuld».

Dieser Vorgang entsteht aus dreierlei Ursachen:

Entweder hat der Meditierende solche Worte am Tage sehr oft gehört, und sie sind noch lebhaft in seinem Gemüt verblieben und ertönen jetzt weiter, oder die Worte sind der Wiederhall der Worte, die er in seiner Kindheit und Jugend oft gesprochen oder gehört hat. Sie sind also in der Tiefe seines Gedächtnisses oder Unterbewusstseins aufbewahrt und noch nicht assimiliert und umgewandelt worden. Sie warten auf die Gelegenheit wieder aufzutauchen und die Meditation, bei der sich das Gemüt ganz still, klar und frei von äusseren Eindrücken verhält, bietet diesen verdrängten Worten die Gelegenheit, zu erscheinen und sich kundzugeben.

Ein dritter Fall ist auch möglich, und dieser besteht darin, dass diese hässlichen und negativen Worte Flüchtlinge sind, d. h. der Wiederhall jener Worte, die in unserer nahen Umgebung gesprochen worden sind, denn solche Worte bilden leider den grössten Teil der Gespräche der heutigen Menschen, und sie durchdringen und vergiften die geistige Atmosphäre der Menschheit.

Da, wie wir wissen, kein Ton verloren geht, wird in der Meditation unser Gemüt zu einem feinen Empfangsapparat für die Wellen dieser fremden, gröberen Töne, die unsere unmittelbare Atmosphäre erfüllen.

Darum ertönen unwillkürlich bei den Meditierenden manchmal solche hässlichen und oft beschämenden und zersetzenden Worte.

Dieser Fall kommt in unserer Zeit viel häufiger vor als man denkt, weil man dieses Gesetz nicht beachtet. Dies vollzieht sich besonders im Abendland, wo die Menschen zu dicht nebeneinander wohnen, zu viel sprechen und einander beschimpfen.

Denken Sie einmal daran, wieviel Schimpfworte die Menschen in den Grossstädten gegeneinander schleudern und miteinander austauschen!

Denken Sie daran, wieviel hässliche und schamlose Worte und Ausdrücke täglich in den Strassen, in den Weinstuben, Lustlokalen und auch in den sogenannten vornehmen Gesellschaften gesprochen werden!

Die Wirkung der negativen Gedanken ist aber noch schlimmer und gefährlicher als man sich vorstellen kann, denn dadurch wird viel Gift, Hass, Neid, Raubsucht, Verleumdung, Verfolgung, Verbrechen und Verrat täglich und stündlich in die geistige Atmosphäre der Kulturländer ergossen.

Wir alle atmen unbewusst diese vergiftete und verpestete Geistesluft, und wir stehen unter dem Einflusse des erstickenden Stromes dieser geistigen Giftgase der zersetzenden Gedanken unserer verirrten und unwissenden Mitmenschen.

Dann staunen wir noch, wenn alle Bestrebungen und Opfer, um den Völkerfrieden, die Lebensharmonie und das Glück der Menschen zu sichern, scheitern und fruchtlos bleiben.

Aus Mangel an Erkenntnis dieser erschütternden Tatsachen fragen sich viele, warum die wahren Meister und geistigen Führer der Menschheit nicht in das Abendland kommen und den leidenden Menschenkinder helfen und sie retten oder diese furchtbaren Missstände ändern.

Sie wissen nicht, dass diese erhabenen Meister und Vollstrecker des Planes und des Willen Gottes nicht einmal in unserer vergifteten, geistigen Atmosphäre *atmen* können. Und wenn sie ihre ganze Kraft und Macht daran setzen und dazu verwenden würden, zuerst eine freie reine Atmosphäre für sich zu schaffen, um hier zu wirken, so würde diese Atmosphäre schon am nächsten Tage wieder von uns Menschen vergiftet und verpestet sein. Denn die Menschen hören ja keinen Augenblick auf, mit ihren zerstörenden, teuflischen Gedanken, Worte und Taten die geistige Atmosphäre zu vergiften.

Und jene erhabenen Meister der Weisheit, des Friedens und des Mitleids haben ein viel höheres Bewusstsein und Verantwortungsgefühl als wir. Es verbietet ihnen, ihre göttliche Macht dort zu vergeuden, wo der Erfolg in keinem Verhältnis zu dem von ihnen geleisteten Opfer steht.

Ihre göttliche Barmherzigkeit und Liebe zur Menschheit treibt sie dennoch zu unermüdlichem Streben und zu undenkbaren Opfertaten, von denen wir Menschen uns keinen Begriff machen können.

Ohne ihre selbstlose und opferfreudige Hilfe und ohne ihren Rettungsanker wäre das Schicksalsschiff der Menschheit schon längst an den Felsen der Barbarei und des Verderbens zerschellt.

*

Durch Ausdauer in der Meditation und durch Erringen der tiefen Unterscheidung und höheren Erkenntnis werden wir immer fähiger festzustellen, auf welche Weise wir diese und andere Hindernisse der Konzentration beseitigen könne.

Wir dürfen uns aber durch solche Vorgänge nicht stören, betrüben oder erschrecken lassen, denn dies sind Schwierigkeiten, die auch die grossen Heiligen und Mystiker erlebt und überwunden haben.

Es sind zeitliche und vorübergehende Zustände, die auftauchen müssen, damit unser Gemüt vollständig gereinigt, stark und widerstandsfähig wird und damit alle unsere Seelenkräfte wach, entfaltet und tätig werden.

Zur Beseitigung der unerwünschten, negativen und hässlichen Worte, worin sie auch bestehen mögen, können wir erstens diese Worte verneinen und zurückweisen, wenn wir z. B. unwillkürlich anstatt Demut Hochmut gesprochen haben, müssen wir sogleich mit Ruhe sagen: «Nicht Hochmut, sondern *Demut*», usw., als ob wir unser Kind, das ein Wort falsch ausgesprochen hat, verbessern wollten.

Zweitens können wir hier wieder eine Umwandlung vornehmen, wenn diese Worte sich sehr oft wiederholen. Man muss ein ähnlich klingendes, aber positives Wort suchen und dadurch das negative Wort ersetzen. Wenn z. B. das Wort «hässlich» auftaucht, kann man es in «herrlich» verwandeln, indem man sogleich einige Male nach dem Hören des negativen Wortes den positiven Ersatz dafür ausspricht.

Diese Ähnlichkeit der beiden Worte in Ton und Silbenzahl verdrängt allmählich das unerwünschte Wort und setzt an seine Stelle das neue positive Wort. Jedesmal, wenn das negative Wort ertönen will, wird sogleich das positive ebenfalls erklingen, bis nach einigen Übungen das negative Wort vollständig verschwindet.

Das ist ein wichtiges, geheimnisvolles Mittel, das auf einem psychologischen Gesetz beruht und das im neuen Zeitalter mit grosser Einsicht und Aufmerksamkeit studiert, hochgeschätzt und angewendet wird.

Durch diesen Umwandlungsvorgang kann man auch alle anderen unerwünschten Töne und Worte und überhaupt alle negativen Erscheinungen in Form und Ton überwinden und beseitigen.

Hierzu braucht man aber unter allen Umständen eine scharfe Einsicht oder Unterscheidungskraft und einen starken Willen. Man muss sich in eine gebieterische und energische Haltung versetzen. Diese Notwendigkeit kann ein jeder selbst feststellen und sie weise in Anwendung bringen.

Wir müssen davon überzeugt sein, dass vor einem ernsten, starken Willen, der von Vernunft, Liebe und Geduld geleitet wird, kein Hindernis bestehen kann.

Mögen die folgenden Worte der Erleichterung der oben erwähnten drei Übungen der Konzentration dienen. Es ist zu empfehlen, diese positiven und bejahenden Worte vor dem Beginn der Übung, nachdem der Körper vollständig entspannt worden ist, drei bis sieben Mal leise oder im Herzen auszusprechen:

Mein Körper schweigt mit all seinen Sinnen!
Mein Wille und Verstand sind erleuchtet
Durch den Strahl der göttlichen Erkenntnis.
Ich atme den Odem des Friedens und des Heils!

Heiliger Geist der ewigen Wahrheit!
Dein Lichtstrom durchflutet mich ganz!
Ich bin durchdrungen und entzückt
Von Deinem göttlich herrlichen Glanz!

Das Meer meines Gemütes steht still!
Alles ruht und schweigt in mir!
Ich lausche der Symphonie der Weltharmonie.
Lass meine Seele, o Gott, schweigen vor Dir!

2. Die Herstellung und Bewahrung des Gleichgewichtes

Die Methode der wahren, schöpferisch-esoterischen Mystik unterscheidet sich von allen anderen Methoden hauptsächlich dadurch, dass sie auf die *Reinheit* des Herzens und auf die Herstellung und Bewahrung des *Gleichgewichtes* unter allen Funktionen des Lebens grossen Wert legt.

Sie vermeidet jegliche Übertreibung, jegliche Überanstrengung und Einseitigkeit, denn diese stören die innere Harmonie und verhindern die volle Entfaltung der schöpferischen Kräfte der Seele. Und ohne diese Harmonie bleibt jedes Streben unfruchtbar und kann nicht zur Vollkommenheit führen.

Herz und Gehirn sind die Geburtsstätte der schöpferischen Kräfte der Seele.

Das Herz ist der Offenbarungsort der Liebe, des Glaubens, des Gewissens und der Intuition.

Das Gehirn ist die Geburtsstätte des Denkens, des Verstandes, des Willens und des geistigen Erkennens.

Diese zwei Pole des Bewusstseins oder der Erkenntnis arbeiten bei den unreifen Menschen oder unerwachten Seelen getrennt und oft gegeneinander. Daher hindern sie gegenseitig ihre Wirkungen und zerstören ihre Werke. Daraus entsteht bei diesen Menschen innerer Kampf und Disharmonie.

Die Methode der wahren esoterischen Mystik besteht aber in der Bereinigung und gleichzeitigen und gleichmässigen Entwicklung dieser beiden Kraftzentren der Seele.

Die meisten Methoden der geistigen Schulen entwickeln das eine von diesen beiden Kraft- oder Bewusstseinszentren auf Kosten des anderen. Die Entwicklung bleibt also bei ihnen einseitig. Daher gelangen sie niemals zum Vollmenschen, zur Vollkommenheit.

Die Vollkommenheit, die volle Harmonie und Seligkeit bedeutet, fordert aber die volle Entfaltung und das harmonische Gedeihen *aller* schöpferischen Kräfte der Seele.

Die Methode der esoterischen Mystik, die dem Raja-Yoga der Hindus entspricht, sichert uns diese allseitige, vollkommene Entwicklung aller Kräfte und führt dadurch zur Vollkommenheit, zur Wahrheit und Seligkeit.

Darum müssen wir zuerst die wahre Erkenntnis über unser Wesen und über den Sinn und Zweck unseres Daseins erwerben sowie über die kosmischen Gesetze, die unser Leben leiten und lenken.

Alle diese Probleme habe ich in meinen anderen Schriften und besonders in dem Buch «Der Meister und sein Jünger» ausführlich dargelegt und erläutert.

Hier müssen wir nur die Beziehungen der verschiedenen Bestandteile unseres Wesens zueinander und ihre Aufgaben feststellen und uns bemühen, eine vollkommene Harmonie unter ihnen herzustellen und zu bewahren.

Dies ist eine seelische Kunst, die Selbsterziehung und eine geistige Schulung, die die Meditation allein uns geben kann.

*

Um die göttliche Kunst der Meditation am schnellsten zu erlernen und erfolgreich zu gestalten, müssen wir die allereinfachsten und dennoch wichtigen Bedingungen erkennen und erfüllen.

Auf diesem Gebiet, in bezug auf die Einzelheiten dieser Schulung, darf kein Punkt unklar und kein Problem ungelöst bleiben. Dennoch wird und muss ein jeder selbst persönliche Erfahrungen sammeln, die für ihn besonders mass-

54

gebend und wichtig sein werden, denn ein jeder Mensch ist eine Welt für sich!

Da der Mensch aus Körper, Seele und Geist besteht, ist es der Zweck der Meditation, für diese drei Teile unserer Individualität Ruhe, Frieden und Harmonie zu schaffen. Denn sonst werden wir nicht fähig sein, die göttlichen Gaben der Meditation zu empfangen.

Die Hauptbedingungen hierfür sind:

1. Die Entspannung des Körpers.

2. Die Läuterung des Gemütes oder des Herzens.

3. Die Reinigung des Intellektes oder der Gedanken.

Diese drei Bedingungen müssen aber gleichzeitig erfüllt werden, denn wie wir wissen, durchdringen Körper, Gemüt und Verstand einander und stehen zu einander in Wechselwirkung. Die richtige Tätigkeit des einen hängt von der Tätigkeit der anderen ab.

Wenn z. B. der *Körper* keine Ruhe und Entspannung besitzt, wird auch das *Gemüt* trübe sein; man befindet sich dann in schlechter Laune und unfreundlicher Stimmung. Dadurch wird auch der Verstand unruhig und unklar. Man wird negative Gedanken, falsche Vorstellungen haben, an Verzweiflung leiden und immer nur grübeln. Ebenso wirkt sich auch das Gegenteil und Umgekehrte aus! Denn Körper, Gemüt und Verstand bilden eine Einheit!

Was wir unter diesen drei Bedingungen zu verstehen und zu üben haben, will ich hier kurz erwähnen und in den folgenden Abschnitten ausführlich erklären:

1. Die *Entspannung des Körpers* besteht darin, dass wir unseren Körper so beherrschen lernen, dass auf unseren Wunsch kein äusserlicher Lärm und keine innere Regung in

unserem Körper eine Erschütterung hervorruft und seine Ruhe und Gelassenheit stört. Unser Körper soll also jedesmal, wenn wir es *wollen*, so ruhig, gelassen und friedvoll bleiben, als ob er nichts von der Aussenwelt verspürte und wahrnähme.

2. Unter der *Läuterung des Gemüts oder des Herzens* verstehen wir folgendes: keine Empfindung und kein Eindruck, mag er aus der Aussenwelt oder aus unserem Innern kommen, darf imstande sein, den Frieden unseres Herzens zu stören. Sowohl die positiven Gefühle, wie Liebe, Entzückung, Freude, Heiterkeit usw., als auch die negativen Gefühle, wie Hass, Neid, Eifersucht, Zorn usw., dürfen, besonders während der Meditation, keinen Einfluss auf unser Gemüt ausüben. Dies bedeutet aber nicht, dass wir auf *Liebe, Freude* usw. verzichten oder gefühllos, steif und gleichgültig werden sollen, sondern dass wir unsere Gefühle *beherrschen*, was bedeutet: *Gleichgewicht* und *Gleichmut* allen Umständen und Ereignissen gegenüber bewahren.

Wir müssen also *empfindsam* bleiben, aber nicht *empfindlich*. Die *Meister* der *Weisheit* und des *Mitleides* oder die erleuchteten Weisen sind für das Wohl und Wehe der Menschheit und aller Geschöpfe tausendmal empfindsamer als wir, sie *leiden* aber *selbst nicht darunter*, weil sie die Herrschaft über ihre *Gefühle* und *Empfindungen* errungen haben und die waltenden Gesetze der Schöpfung erkennen.

3. Die Reinigung des Verstandes bedeutet, dass man seinen Verstand für negative Gedankenschwingungen zu jeder Zeit verschliesst und ihn nur auf dem erwünschten Gegenstand oder Begriff, oder auf dem im Gemüt aufbewahrten Vorstellungsbild festhält, so, dass seine Sammlung und Klarheit von keinem fremden oder eigenen Gedanken gestört wird.

Diese Bedingungen bilden gleichzeitig den Weg zur wahren *Meditation*. Wie sie daraus erkennen, ist wahre Meditation kein blosses Nachdenken und Sichversenken in Schweigen oder ein Hersagen von Gebeten und Sprüchen und auch keine blosse Andacht, sondern eine erhabene und herrliche Kunst und eine tiefe, aufbauende Wissenschaft.

Deshalb lernt man im Orient *diese königliche Kunst* in jahrelanger Mühe. Man gelangt dadurch zu jener Höhe des Gleichgewichtes, der Harmonie und der Gelassenheit, des Friedens und der geistigen Kraft, welche die Quelle der Vollkommenheit und der Weisheit ist und die fünf Säulen des Tempels der Weisheit und Glückseligkeit bilden. *Diese Kunst* zu erlernen ist wahrlich der Mühe wert, und kein Preis ist dafür zu hoch.

Lasst uns darum so oft wie möglich die folgende Meditation üben:

Sei still und ruhig,
du mein Körper!
Sei klar und rein,
du mein Gemüt!
Sei aufbauend und heilvoll,
du mein Verstand!
Seid alle gehorsam
dem höheren Willen
meiner göttlichen Seele!

3. Die Entspannung des Körpers

Ich werde nun versuchen, erst die drei Bedingungen der Meditation theoretisch und praktisch zu schildern, um dann über die eigentliche Meditation mit ihren sieben Stufen zu sprechen.

Zunächst wollen wir die erste Bedingung, *die Entspannung des Körpers*, erlernen und üben. Wir werden uns davon überzeugen, dass diese einfache Übung auf unseren Körper und unser Gemüt beruhigend und *heilvoll* wirkt und uns undenkbar grosse Kraft gibt.

Ich muss aber vorausschicken, dass die Entspannung und das Stillhalten des Körpers nicht Schläfrigkeit oder Schlummer bedeutet und sie darf auch diese Zustände nicht hervorrufen. Schlummer ist keine Meditation und Träume sind keine innere Schau! In der Konzentration und der ersten Stufe der Meditation sollen Verstand, Bewusstsein und Wille wachsam und tätig bleiben. Der Verstand soll den Körper beobachten und kontrollieren. Die Schläfrigkeit tritt zumeist dann ein, wenn der Magen überlastet ist oder wenn die Nerven ermüdet sind.

Darum möchte ich Ihnen den Rat geben, die Meditation am besten frühmorgens nüchtern oder einige Stunden nach der Mahlzeit vorzunehmen oder ganz leichte Speise zu geniessen, damit der Magen frei und die Nerven unbelastet bleiben. Dann werden Sie bemerken, um wieviel stärker «*die Meditation*» auf Ihren Körper und auf Ihr Gemüt wirken wird.

Ich möchte noch, bevor ich die Übung angebe, klar darlegen, dass die vollständige Entspannung des Körpers in drei Stufen zu erreichen und durch drei Merkmale festzustellen ist:

1. Wenn alle unsere Organe, deren Bewegung von unserem Willen abhängt, wie Kopf, Arme, Beine, Füsse usw., so still und gelassen bleiben, dass wir ihr Dasein nicht verspüren.

2. Wenn die willkürliche Bewegung eines Organes die Ruhe der anderen Organe nicht stören wird. Wenn wir z. B. eine Hand bewegen oder Husten, dürfen alle anderen Organe des Körpers diese Bewegung nicht spüren und ihre Entspannung nicht verlieren, sich also nicht stören lassen.

3. Wenn kein Wunsch mehr übrig bleibt, dass die Entspannung noch grösser und besser sein könnte.

Solange ein solcher Wunsch oder Gedanke noch besteht, solange ist die Entspannung noch nicht vollkommen.

Es ist aber selbstverständlich, dass mit einigen Tagen und mit einigen Malen diese vollständige Entspannung nicht eintreten kann. Aber *Ausdauer siegt* immer und Geduld führt stets zum Erfolg! Gar gewaltig ist *die Macht der Gewohnheit*, die nichts anderes ist, als kristallisierte Ausdauer und Beharrlichkeit.

Durch Ausdauer in der Übung können Sie jene Stufe erreichen, in der Ihr Körper durch ein einziges Wort, wie *ruhig, still* usw., sich einem gehorsamen Kinde gleich, in vollständige Entspannung versenken und Ihren Wunsch erfüllen wird.

*

Obwohl die *Atem-* und *Körperübungen* im Anfang für die Meditation sehr nützlich sind, gebe ich hier doch keine solche Übungen an, weil diese Übungen, je nach der körperlichen Beschaffenheit, nach Beruf, Alter, Geschlecht und der geistigen Einstellung eines jeden Menschen individuell ausgewählt und angewandt werden müssen.

Heute gibt es verschiedene Methoden der Atem- und Körperübungen, und ich kann nur empfehlen, dass ein jeder selbst nach dieser oder jener Methode diese Übungen vornimmt. Ich möchte aber kurz erwähnen, dass es bei allen Atemübungen nur darauf ankommt, dass man lernt, *rhythmisch, tief und bewusst* zu atmen!

Rhythmisch Atmen bedeutet, dass das Einatmen, das Anhalten des Atems und das Ausatmen regelmässig und harmonisch vor sich gehen sollen und dass keines von ihnen auf Kosten der anderen übertrieben werden darf, ausgenommen in besonderen Fällen, für bestimmte Zwecke, die der Arzt verordnet. Im allgemeinen muss bei den *Anfängern* das Anhalten des Atems vor und nach dem Ein- und Ausatmen viel kürzer sein, als das Ein- und Ausatmen. Wenn z. B. diese letzteren zehn Sekunden dauern, dann darf das Anhalten zwei bis drei Sekunden dauern. Bei den Fortgeschrittenen kann allmählich das Anhalten die gleiche Dauer haben, wie das Ein- und Ausatmen.

Unter *bewusstem Atmen* versteht man, dass man beim Atmen davon überzeugt sein und daran denken muss, dass man durch das Atmen *die Nähr- und Heilkraft* der Sonnenenergie oder den Lebensodem, wie auch den Heilstrom des göttlichen Geistes in sich aufnimmt und damit seinen Körper durchfluten und seinen Verstand läutern lässt. Die Fortgeschrittenen dürfen jedoch nicht mehr an ihren Körper denken, sondern sie müssen sich vorstellen, dass sie beim Einatmen das schöpferisch spirituelle Licht des Geistes aufnehmen und es beim Ausatmen in die Welt zurücksenden.

Daher üben im Orient die Jünger der Mystik *das bewusste Atmen* am leichtesten, indem sie beim Ein- und Ausatmen aussprechen oder denken:

Ich atme Ruhe ein –
ich atme Ruhe aus!

Ich atme Frieden ein –
ich atme Frieden aus!

Ich atme Kraft ein –
ich atme Kraft aus!

*

Bei der körperlichen Entspannung kommt es in der Ausübung der Meditation darauf an, dass man lernt, seinen Körper möglichst locker und gelassen zu halten, damit alle krampfhaften Starrheiten und Hemmungen aufgelöst und beseitigt werden. Dadurch wird sowohl das Blut, als auch die Sonnenenergie und der kosmische Magnetismus ohne Hindernis in alle Teile des Körpers eindringen.

Singen und *Musizieren* sind wertvolle Mittel, um die inneren Hemmungen zu beseitigen und den Körper und das Gemüt von allen krankhaften Elementen zu befreien. *Fröhliche* und *aufbauende Gesänge*, besonders beim Aufwachen und vor dem Schlafengehen, geben grosse Kraft und Lebensenergie. Doch hier, wie auch auf allen Gebieten des Lebens, kann die Übertreibung das Gegenteil hervorbringen und statt Ruhe, Erregung und Aufregung erzeugen. Darum müssen wir jede Übertreibung vermeiden. Als Beispiel will ich nur eine einfache und dennoch wirksame Übung angeben. Wir setzen uns ganz bequem, entspannen und lockern unseren Körper ganz und sprechen leise aus:

Mein Körper ist ganz still,
ganz ruhig – ganz entspannt!
Alles schweigt in mir.
Die Heilkraft der Liebe
durchdringt meinen Körper.
Ich fühle mich ganz gesund,
stark und tatkräftig
und erfüllt von Gottes heiligem Geist!

Ich habe oft beobachtet, dass manche Menschen bei ihrer Konzentration unbewusst oder willkürlich ihre Gesichtszüge und besonders ihre Augenbrauen zusammenziehen, so dass viele Falten und sogar kluftartige Vertiefungen entstehen. Dies bedeutet aber Verkrampfung und Überanstrengung.

Sie glauben vielleicht, dass sie sich dadurch besser und schneller konzentrieren werden. Dies ist aber falsch und diese krampfhafte Haltung muss vermieden werden.

Da keiner sein eigenes Gesicht mit geschlossenen Augen sehen kann, ist es ratsam, dass diejenigen, welche die Möglichkeit haben, zusammen zu meditieren, im Anfang einander kontrollieren und verbessern.

Es darf also keine Veränderung in den normalen Gesichtszügen vorkommen, im Gegenteil, die Gesichtszüge müssen ganz gelassen und friedlich gehalten werden.

Diejenigen, die ihren Körper, sei es bei der Konzentration oder überhaupt, nicht leicht entspannen können, müssen im Anfang die Glieder oder Teile des Körpers einzeln entspannen. Sie können z. B. aussprechen: Mein Kopf ist ganz entspannt, meine Nerven, meine Arme sind ganz entspannt usw. bis zu den Füssen. Am Schluss müssen sie den oben angegebenen Spruch nochmals aussprechen.

Durch Ausdauer in dieser Übung wird die volle Entspannung bei jedem Übenden ganz leicht zustande kommen.

Nun wollen wir prüfen, ob unser Körper ganz entspannt ist. Wir heben ganz langsam unsere rechte Hand bis zu unserem Kopf hoch und halten sie eine Minute lang ganz *angespannt*. Wir lassen dabei aber alle anderen Organe unseres Körpers so still, ruhig und *entspannt* bleiben, wie sie jetzt sind. Wir bringen unsere Hand wieder in ihre frühere Stellung zurück.

Jetzt sprechen wir ein zweites Mal:
«Mein Körper ist ganz still, ganz ruhig, ganz entspannt» und heben nun beide Hände eine halbe Minute hoch und halten sie *angespannt*, aber dabei den Körper noch immer *entspannt*.

Wir atmen jetzt einmal tief ein und aus und senken die Hände langsam zurück.

*

Die Entspannung des Körpers ist besonders für diejenigen, die an Schlaflosigkeit und an Müdigkeit des Gehirns leiden, sehr nützlich und heilvoll.

Um schnellen Schlaf hervorzurufen, legt man sich zum Einschlafen hin und nach einigen ruhigen und tiefen Atemzügen entspannt man seinen Körper, indem man zuerst laut und dann allmählich leiser ausspricht:

«Mein Körper ist ganz ruhig, ganz still, ganz entspannt.
Mein Körper wird sofort ganz ruhig einschlafen,
ganz fest einschlafen, ohne Bewegung und Regung.
Am Morgen werde ich ganz frisch, heiter und munter
erwachen,
sogleich aufstehen und den ganzen Tag
gesund, stark, kräftig, froh und glücklich bleiben.»

Bei dieser Entspannung und beim Aussprechen der Worte muss man zwei Punkte beachten:
a) Im ersten Teil sagten wir: *Mein Körper* ist ganz ruhig, entspannt usw. anstatt: «Ich bin ruhig», denn unser Körper ist nicht wir selbst, sondern er ist gleichsam *unser Kind*, und darum müssen wir *von ihm* wie von einem zweiten Wesen sprechen. Wir teilen ihm also unseren Wunsch mit.

Im letzten Teil kommt aber der Körper, d. h. das persönliche «Ich» in Betracht und zum Vorschein und es spricht dann: «Ich werde am Morgen ganz frisch usw. erwachen und aufstehen.»

b) Man soll den ersten Teil mehrere Male hintereinander mit immer leiserer und gedämpfterer Stimme aussprechen und den zweiten Teil nur einmal und viel leiser, als ob man schon schlummere.

Bei richtiger Anwendung dieser Übung schläft man auch wirklich bei den letzten Worten ein. Wenn Sie einige Wochen lang in dieser Weise *üben*, werden Sie Wunder erleben und eine grössere Kraft in sich spüren, als Sie es je erwartet hätten. *Ihr Leben* wird ganz erneuert, und Sie werden sich froh und glücklich fühlen, und Kraft, Gesundheit und Jugendfrische werden Ihnen zuteil!

Wenn ein Mensch an schlechter Laune oder an irgend einem Laster leidet, welches er gern überwinden möchte, dann muss er den Gegensatz seines Lasters, d. h. die erwünschte Eigenschaft oder Tugend in der angegebenen Übung wählen und z. B. sprechen: «Ich werde den ganzen Tag über zufrieden, dankbar, sanftmütig usw. bleiben!»

Diese Übung kann man auch bei anderen Menschen und besonders bei den Kindern verwenden, wenn man eine schlechte Gewohnheit beseitigen oder eine gute Eigenschaft erwecken möchte. Zu diesem Zweck sollen wir aber nur im tiefen Schlaf das Kind mit seinem Namen leise anrufen und wie folgt zu ihm sprechen:

«Mein Kind! Du wirst von morgen an ganz artig, fleissig, gehorsam usw. werden.»

Die Wirksamkeit dieser Behandlung liegt darin, dass im Tiefschlaf nur das Unterbewusstsein des Kindes im Körper wach und tätig ist und es nimmt diesen Wunsch oder diese Suggestion auf und übermittelt sie den geeigneten Organen und Zellen des Körpers. Diese letzteren gehorchen ihm und führen den ihnen gegebenen Befehl aus. Es ist derselbe Vorgang, den wir erleben, wenn wir beim Einschlafen uns sagen, dass wir zu einer bestimmten Stunde erwachen möchten.

Auf diese Weise kann man auch den Erwachsenen, wie z. B. Trunksüchtigen usw., viel helfen. Überall wo es sich um das Abgewöhnen einer schlechten Gewohnheit, einer Leidenschaft oder Veranlagung handelt, können wir durch diese Behandlung grossen Erfolg erzielen und heilvolle Dienste vollbringen.

In allen diesen Handlungen und besonders bei der Beeinflussung der Erwachsenen, bei denen die niedere Natur und der triebhafte Wille noch sehr stark sind und die Oberhand haben, hängt der volle Erfolg von der Erfüllung folgender Bedingung ab:

1. Die Behandlung muss mit grosser Geduld und Ausdauer ausgeführt werden. Je nach der Stärke des Widerwillens der zu behandelnden Personen und je nachdem, wie tief die schlechte Gewohnheit oder Leidenschaft verwurzelt ist,

muss auch dementsprechend lange Zeit mit der Behandlung fortgefahren werden, wie es bei der Behandlung der organischen Krankheiten der Fall ist.

2. Der Ausübende und Behandelnde muss selbst von derselben Gewohnheit oder Leidenschaft frei sein, denn sonst können seine Worte und Gedanken keinen heilvollen Einfluss ausüben, wie wir aus unseren täglichen Erfahrungen und Erlebnissen immer wieder feststellen können.

3. Der Behandelnde muss überhaupt ein reines Leben führen, damit nur reine, heilvolle Schwingungen von ihm ausströmen.

4. Wenn der Behandelnde selbst mit einer schlechten Gewohnheit oder Leidenschaft behaftet ist, dann muss er zugleich den Entschluss fassen, diese Gewohnheit oder Leidenschaft zu überwinden, denn sonst macht er sich lächerlich und verliert jede Achtung und Ehre. Je mehr er sich bemüht, seine eigenen Laster zu überwinden, desto mehr und leichter wird auch sein Erfolg bei dem anderen sein. Er muss beten und sagen:

«O Gott, wie Du mir geholfen hast, diese Leidenschaft in mir zu überwinden, so gib auch jedem Menschen die nötige Kraft, seine Leidenschaft oder Schwäche zu überwinden!»

5. Er darf vor allem seine Behandlung nicht aus Herrschsucht und Selbstinteresse, sondern nur aus Mitleid und Liebe ausüben, um anderen zu helfen und zu dienen.

Auch muss er sich hüten, in die gottgewollte Entwicklung der durch leid- und freudvolle Erfahrungen wachsenden und reifenden Seele durch suggestive Beeinflussung einzugreifen und dadurch ihre freie Selbstbestimmung und Selbständigkeit zu hindern.

Aus diesem Grunde muss die Behandlung mit einem reinen Herzen, in sorgender, selbstloser Liebe geschehen.

Reine, selbstlose Liebe ist wahrlich die grösste umgestaltende, umwandelnde und schöpferische Kraft.

Lasst uns darum Gott um diese Kraft bitten und ausrufen:

O Heilkraft der göttlichen Liebe!
Erlöse mich aus meiner Schwäche!
Erhelle meine düstere Unwissenheit
und hebe mich zum heiligen Lichthort
der Wahrheit und der Kraft empor!

4. Die Körperhaltung, der Ort und die Zeit der Meditation

Wie schon gesagt, muss ich mich in dieser Schrift auf die Angabe der allgemeinen, für alle Stufen gültigen Regeln, die ein jeder erfüllen kann, beschränken.

Betreffs der Körperhaltung müssen wir vor allem darauf achten, dass keine Verkrampfung oder unbehagliche Stellung vorkommt.

Der Körper muss während der ganzen Zeit der Meditation vollkommen ruhig, locker und gelassen bleiben, so dass man ein Gefühl wohltuender Ruhe verspürt, als ob sein Körper von Luft oder Wasser getragen würde.

Wir sollen den Kopf, die Brust, die Schultern und das Rückgrad gerade halten, aber ohne Starrheit und Überanstrengung. Der Kopf muss ein wenig nach vorn geneigt sein.

Im Anfang kann man seinen Rücken auf ein weiches Kissen oder einen ähnlichen Gegenstand lehnen, bis man später auch ohne das richtig sitzen kann.

Der Sitz oder Stuhl darf weder zu hoch noch zu niedrig sein, damit die Gelassenheit und die Ruhe des Körpers nicht gestört werden.

Man muss dann die Hände mit der Handfläche nach oben auf die Knie legen, ohne jedoch einen Druck auf die Knie auszuüben, sei es bewusst oder unbewusst. Dies erleichtert einerseits die Zuströmung der Heil- und Geisteskraft und andererseits bezeichnet es symbolisch den vollkommenen Gehorsam, die tiefe Ehrfurcht und Hingabe der Seele an den Willen Gottes. In den höheren Stufen der Meditation werden die Hände eine andere Haltung bekommen, je nach dem Motiv und Ziel der Meditation.

In jeder Hinsicht muss alle Steifheit und Krampfhaftigkeit vermieden werden.

Wenn der Körper müde oder der Magen überfüllt ist, kann die Konzentration oder Meditation nicht leicht und fruchtbar werden. Denn im ersten Falle wird man sehr leicht von Schläfrigkeit überwältigt, und im zweiten Falle wird die Sammlung sehr schwer, weil die Gase der Speisen die Zentren des Gehirns benebeln und unerwünschte, negative Gedanken und Vorstellungsbilder auftauchen lassen. Der volle Magen erschwert auch die volle, tiefe und rhythmische Atmung. Die bewusste Kontrolle der inneren Vorgänge wird auch in beiden Fällen gehindert.

Darum muss die Übung ganz nüchtern oder einige Stunden nach den Mahlzeiten unternommen werden, oder man darf nur ganz wenig Speise zu sich nehmen.

*

Das Aussprechen der Gebete oder Sprüche muss im Anfang wenn möglich laut geschehen, so dass man seine eigene Stimme deutlich hört, als ob man mit jemandem, der neben uns sitzt, spräche.

Dieses Lautsprechen wirkt sehr beruhigend und erleichtert und befruchtet die Konzentration. Denn dadurch spricht die Seele oder der Gottesgeist zum persönlichen Ich, gleich wie ein Meister zu seinem Jünger oder umgekehrt, gleich wie ein Kind seine Wünsche vor seinem Vater ausspricht. Man muss aber nur an den Sinn der Worte denken und nicht an etwas anderes.

Später wird man durch die Ausdauer fähig sein, alles nur im Geiste oder im Herzen auszusprechen. In dem höchsten Grad der Meditation fällt natürlich auch dieses innere Aussprechen weg.

*

Der Ort der Konzentration und der Meditation spielt eine grosse Rolle bei dem Erfolg der Übung, besonders bei den Anfängern.

Es ist selbstverständlich, dass die Meditation besser wirken kann, je ruhiger und ungestörter der Ort ist.

Es ist aber wichtig, dass man möglichst immer an demselben Ort und Platz meditiert, denn die Gewohnheit erleichtert einerseits die Übung und anderseits bereiten die an demselben Ort gesammelten geistigen und positiven Schwingungen eine angenehme, positive und heilvoll wirkende Atmosphäre vor.

Wie beim Essen schon durch das blosse Sitzen am Tisch, vermag die Kraft der Gewohnheit, die Magendrüsen und die Verdauungsorgane regsam zu machen, so erwachen auch beim Sitzen an dem gewohnten Ort der Meditation sogleich die teilnehmenden Organe und verlangen nach ihrer Nahrung, d. h. sie machen sich für die Aufnahme neuer Schwingungen bereit. Man kann sich dadurch besser und schneller sammeln und entspannen, als in einem anderen Raum oder auf einem anderen Sitz.

Dies ist auch einer der Gründe, warum die Bethäuser, wie Tempel, Kirchen, Moscheen usw., bei allen Völkern zum Zweck der Sammlung und des Betens errichtet worden sind und am besten für diesen Zweck dienen.

*

Aus demselben Grunde muss man auch für seine Meditation möglichst eine bestimmte Zeit festlegen und innehalten.

Da es der Hauptzweck der esoterischen Meditation ist,

sich für den Dienst an der Wahrheit und der Menschheit vorzubereiten, sind die Stunden nach Mitternacht die beste Zeit für diesen Zweck, besonders für die Abendländer.

Denn erstens herrscht in dieser Zeit mehr Ruhe und Stille, als in den anderen Stunden des Tages. Da die meisten Menschen in dieser Zeit schlafen und ihre Seelen einigermassen von den Fesseln der Sinne befreit sind, werden sie für die Aufnahme der höheren Schwingungen unserer Gebete und Meditationen zugänglicher und empfänglicher, als zu den anderen Stunden des Tages. Aus diesem Grunde benützen die grossen Meister die Nachtzeit für die Belehrung ihrer Fernschüler und Jünger, inspirieren sie im Traum oder in den Stunden ihrer nächtlichen Meditation.

Drittens ist es auch das Unterbewusstsein der Menschen in diesen Stunden, wo der Verstand oder das Bewusstsein samt seinen Werkzeugen sich zurückgezogen hat, viel leichter beeinflussbar als in den Tagesstunden.

Und wir wissen, dass dieses Unterbewusstsein der gehorsame Leiter und der Chef aller Arbeiter in der Werkstatt unseres Leibes ist, und dass er alles ausführen lässt, was wir ihm empfehlen, wie dies auch pünktlich geschieht, wenn wir zu einer bestimmten Stunde erwachen wollen.

Aus diesem Grunde wirken unsere Worte und Gebete in diesen Stunden auf unseren eigenen Organismus, wie auch auf das Gemüt unserer Mitmenschen viel besser und nachhaltiger, als zu anderen Zeiten.

Selig wer in diesen stillen Stunden erwacht und für den Weltfrieden und für die Erleuchtung der Menschheit betet.

Wenn die erleuchteten Seelen, die noch auf dieser Erde im menschlichen Körper weilen, sich in diesen heiligen Stunden nicht in Meditation versenken und die segensvollen Ströme ihrer göttlichen Liebe und Barmherzigkeit in die vergiftete Atmosphäre der Menschheit nicht hinaussenden und ergiessen würden, bliebe unsere Erde wahrlich eine ewige Hölle.

Ihre heilvollen Atemzüge und die Schwingungen ihrer wohlwollenden Wünsche und Gedanken reinigen und entgiften ununterbrochen die geistige Luft der Erde.

Da es aber für die Mehrheit der Menschen, besonders im Abendland, sehr schwer ist, diese Stunden festzuhalten, müssen wir uns den Mittag und die Morgen- und Abendstunden wählen. Es ist deshalb besser, wenn wir jeden Morgen nüchtern und jeden Abend vor dem Schlafengehen meditieren.

Die geistigen Führer der Menschheit haben festgestellt, dass für die Allgemeinheit die Zeit von 12 Uhr mittags und von 9 Uhr morgens und abends eine sehr günstige Gelegenheit zum Meditieren ist.

Wir können uns in diesen Stunden durch Meditation mit Millionen von erwachten Seelen in allen Erdteilen verbinden.

Dadurch können wir an dem Segens- und Heilstrom der Geistigen Hierarchie unserer Erde teilnehmen[1].

Ich möchte aber betonen, dass alle diese Regeln in bezug auf Raum und Zeit der Meditation nur Hilfsmittel sind, um dem Meditierenden seine Sammlung und seine Aufgabe zu erleichtern und seinen Erfolg zu beschleunigen und zu sichern.

In den höheren Stufen der Meditation, wie bei den Yogis, den Meistern und Mystikern, fallen alle diese Schranken von Raum und Zeit weg. Bei diesen erleuchteten Seelen wird jeder Atemzug zu einer segensreichen Meditation. Denn sie leben im Schosse der Heiligkeit und der Ewigkeit. Dies ist auch unser Ziel, das wir mit Eifer und Hingabe befolgen wollen.

---

[1] Darüber siehe in meiner Schrift: «Bärg Ssäbs» (Grüne Blätter) das Kapitel: Die Macht der gemeinsamen Meditation.

Hebe Du, o machtvoller Gott,
mit Deiner Gnade gütiger Hand
den Schleier von Raum und Zeit
von meinem Geistesauge weg!

Weile bei mir, o göttlicher Friede,
und schenke mir selige Ruhe,
dass ich mich geborgen fühlen möge
im heiligen Schosse der Ewigkeit!

5. Der Gebrauch von Symbolen und Kultgegenständen

Nach der erreichten Erkenntnis über die schöpferische
Macht des Wortes oder des Tones können wir verstehen,
warum man in allen Religionen einige Symbole und Gegenstände bei den religiösen Handlungen und Kulten gebraucht
und worin ihre wohltuende Wirkung beruht.

Diese Gegenstände haben immer einen hochgeistigen
Sinn oder das spirituelle Leben. Hinter jeder Form, die nur
ein Gleichnis ist, steht und wirkt der schöpferische Geist.

Die Kultgegenstände stellen abstrakte Wahrheiten dar, die
nur durch plastische, sichtbare Formen erfassbar gemacht
werden können.

Zweitens werden sie mit den heilvollen Strömungen der
hingebungsvollen Seelen und mit den gesprochenen Worten
und Gebeten durchtränkt und durchdrungen und wirken
dadurch heilvoll. Sie saugen diese heilvollen Ströme ein und
gleich den radioaktiven, d. h. rückstrahlenden Elementen,
geben sie diese aufgenommenen Ströme wieder ab und be-
strahlen dadurch ihre Umgebung und vor allem die Körper
der Teilnehmer.

Deshalb üben solche Kultgegenstände eine magische und heilvolle Wirkung aus, die von allen Völkern erkannt und erlebt worden ist.

Je mehr nun diese Gegenstände von dem heilvollen Segenstrom vieler reiner Seelen durchdrungen sind, desto wirksamer werden die Schwingungen sein, die sie auf alle diejenigen übertragen, die mit ihnen in Berührung kommen und für ihre Schwingungen aufnahmefähig sind.

Die Menschen wissen nicht, dass, wenn ihre Kultstätten, wie Tempel, Kirchen, Moscheen usw., heilvoll und beruhigend wirken, der Grund darin liegt, dass die Menschen selber diese Stätten mit ihrem eigenen Seelenstrom erfüllt haben und dass dieser Strom jetzt auf sie rückstrahlt und rückwirkt.

Der Mensch ist wahrlich ein Schöpfer, ohne es zu wissen, und missbraucht oft aus Unwissenheit seine Kraft und Macht und leidet selbst darunter.

Die heilende und erlösende Wirkung der religiösen Kulte, wie Messen, Weihehandlungen, Gebete, Anrufungen, Hymnen, Litaneien und aller Sakramente, hängt also von der Reinheit und Stärke des Seelenstromes der Menschen selber ab.

Die Heiligkeit und der seelische Zustand der Vermittler oder Priester, wie auch der Empfänger, spielen hier eine wichtige Rolle.

Alle Menschen, die sich mit der Heilung und Seelsorge beschäftigen oder irgend eine religiöse Handlung ausüben, müssen daher erstens ein heiliges Leben führen und zweitens eine einfache Gabe von Aufnahmefähigkeit und Ausdrucksfähigkeit, d. h. die Fähigkeit, das Empfangene auf andere zu übertragen, erworben haben.

Sie müssen also würdig und fähig sein, den Heilstrom des Heiligen Geistes zu *empfangen* und ihn zugleich in seiner ursprünglichen Reinheit auf andere zu übertragen.

Für diese Aufnahmefähigkeit ist der feste *Glaube* und für die Übertragungsfähigkeit die selbstlose reine *Liebe* nötig. Ohne diese werden alle religiösen Handlungen ohne Segen bleiben.

Dies gilt auch für diejenigen, die nach dem Segen der Meditation und der Erlösung verlangen und streben.

Der Meditierende muss daher in erster Linie fähig sein, den Heilstrom aufzunehmen und zu assimilieren. Dazu muss er ein heisses *Verlangen* und einen festen *Glauben* in sich tragen. Darum sagte Christus immer bei seinen Heilungen:

«Dein Glaube hat dir geholfen!»

Aus Mangel an diesen zwei Bedingungen, nämlich der Aufnahmefähigkeit, d. h. aus dem Mangel an wahrem Glauben und reiner Liebe, sowohl bei dem Vermittler als auch bei dem Empfänger, bleiben die religiösen Handlungen oft wirkungslos und ohne Segen.

Dieser Glaube und diese reine selbstlose Liebe können nur durch das Reinhalten des Herzens von allen Schlacken der Laster erworben werden.

Darum sagte Christus:

«Selig sind die reinen Herzens sind, denn sie werden Gott, die Wahrheit, schauen können.»

Durch diese Reinheit des Herzens, welche die reine göttliche Liebe vom Herzen ausströmen lässt, wird auch der Körper mit dem Heilstrom des Gottesgeistes im Menschen geheiligt und durchflutet.

Darum wirkt die Anwesenheit eines Heiligen so beruhigend, erlösend und segensvoll auf seine Umgebung. Und alles, was er berührt, wird von dem Heilstrom seiner gottverbundenen Seele durchtränkt und gesegnet.

Die magische und wundertätige Wirkung der Kultgegenstände beruht also auf dem unleugbaren Gesetze der schöpferischen Macht des menschlichen Geistes.

In solchen Kultgegenständen und auf den von Propheten und Heiligen gebrauchten Reliquien sind auf diese Weise die Heilströme oder die Schwingungen ihrer Seele gesammelt und aufgespeichert worden.

Dass solche Seelenströme oder Geistesschwingungen jahrtausendelang bestehen und wirksam bleiben können, ist bei allen Völkern bekannt und bestätigt worden. Die Ereignisse bei der Ausgrabung der ägyptischen Pharaonengräber in unserer Zeit haben dies auch wissenschaftlich bewiesen.

Wir müssen uns aber immer daran erinnern, dass bei allen diesen segenspendenden Kultgegenständen nicht die Dinge an sich, sondern ihr Inhalt, d. h. der göttliche *Geist* des Menschen, der wirkende Faktor ist. Es kommt also nur die reine geistige Schwingung in ihnen in Betracht.

Darum dürfen wir nicht diese Dinge an sich verehren, sondern nur den schöpferischen Geist, der sie mit einem heilvollen Strom durchdrungen hat.

Und dieser schöpferisch heilige Geist wohnt in jedem von uns, ja wir sind selber dieser Geist.

Darum sagt der Meister:

«Erkenne, o Jünger, dass du selber der heilbringende Geist bist, der hinter allen Kultstätten und Kultgegenständen steht und wirkt. Deshalb erwarte alles Heil und allen Segen von dir selber, von dem Gottesgeist in dir.

Strebe immer danach, diese Quelle des Heilstromes, die in der Tiefe deiner eigenen Seele liegt, zu entdecken und zu gebrauchen. Schöpfe aus diesem Born das Lebenswasser der Wahrheit und schenke es der nach Frieden und Harmonie schmachtenden Seele der Menschheit.

Sei mehr Erzeuger und Verteiler des Heilstromes, als Empfänger desselben. Mache aus deinem gereinigten Herzen eine Heilstätte für alle leidenden Menschen und Wesen!»

Die bei allen Völkern und Religionen gebrauchten Kultgegenstände haben also, wie ich schon sagte, einen symbolischen und esoterischen Sinn.

Die am meisten gebrauchten Gegenstände und ihre sym-
bolische Bedeutung möchte ich ganz kurz wie folgt erklären:
1. Die *Bilder* der Götter, der Engel, der Propheten und
der Heiligen versinnbildlichen die schöpferischen Eigenschaften Gottes, wie Macht, Herrlichkeit, Liebe, Barmherzigkeit,
Heiligkeit, Schönheit usw., die sich durch die Träger dieser Eigenschaften offenbart haben.

Man stellt also diese göttlichen Eigenschaften plastisch
als Bilder dar und nimmt sie als höhere Ideale an, wonach
man zu streben verlangt.

Mit der Verehrung dieser Bilder verehrt man eigentlich
den alleinigen Gott in seinen verschiedenen höheren Offenbarungen, denn hinter allen diesen Bildern schaut die Seele
nur Gott an, obgleich die physischen Augen nur das Äussere,
nur die Formen der Dinge ansehen. Es ist aber die Seele, die
ihren Durst nach göttlichen Idealen durch diese äusseren
Mittel zu stillen sucht.

Wie die Märchen für die Kinder lebendige Wirklichkeiten
darstellen und, die geistigen Ideale veranschaulichend, ihrem
seelischen Wachstum dienen, so sind auch die symbolischen
Bilder für viele Seelen, die daraus Kraft und Trost schöpfen
können, unbedingt nötig und nützlich. Diese Seelen, die noch
im Kindesalter stehen, werden sicher wachsen und reifen und
von selbst diese Formen und Bilder verlassen und nur das
erfassen, erkennen und anbeten, was hinter ihnen und über
allem steht. Sie werden nach immer höheren Idealen suchen
und diese in sich selber und überall erfühlen und erleben.

Die Wahrheit oder Gott offenbart sich aber in mannigfachen Formen, in niederen und höheren Graden, damit ein
jedes Geschöpf, eine jede Seele ihn auf ihrer eigenen Stufe
wahrnehmen kann.

Das Absolute und das Ewige lässt sich also durch die

relativen und vergänglichen Dinge offenbar machen und erkennen.

Darum dürfen wir diejenigen, die in der Verehrung der Bilder der Götter, der Propheten und der Heiligen, Trost, Kraft und Heil finden, nicht verachten und beleidigen. Denn solche Seelen gleichen jenen Menschen, die für kürzere Zeit eine Krücke gebrauchen müssen. Deswegen verdienen sie nicht, getadelt oder gar verachtet zu werden. Wir müssen daher ihnen gegenüber nachsichtig und gütig sein und auf das Aufgehen ihrer geistigen Augen geduldig warten.

Wie der iranische Dichter Hafis sagt:

«In dem Eckstein des Götzentempels und der Kaaba (des heiligen Schreins der Mohammedaner in Mekka) ruht wahrlich ein und derselbe Funke der Wahrheit!»

Aus diesem Grunde sagt auch der Meister:

«Hüte dich, o Jünger, das geistige Gewebe eines religiösen Ideals zu zerreissen, mit dem ein Mensch oder ein Volk seine Seele bekleidet hat.

Gib keinen Anlass, dass seine Hoffnung und sein Gottvertrauen erschüttert oder begraben werden. Dies ist die grösste Sünde, die du begehen kannst! Denn ein jeder hat sein religiöses Ideal durch seine tiefe innige Liebe belebt, es mit den Fasern seines Herzens bekleidet und mit der Glut seiner Sehnsucht erleuchtet. Dieses Ideal bedeutet für ihn alles: Licht, Leben, Hoffnung, Kraft, Trost, Macht, wenn es auch den anderen nichts bedeuten und ohne Interesse oder Sinn erscheinen kann.

Erkenne, dass jedes religiöse Ideal, ob es Gott als Person oder als reinen Geist darstellt und betrachtet, jeweilig die notwendige und kräftigende Speise für jene Seelen bildet, die es als Quelle der Kraft, der Hoffnung, des Trostes und der Glückseligkeit anerkennen. Raube darum diesen Menschen ihre Seelenspeise nicht.

Wenn du glaubst, dass dein Ideal höher steht und dass deine Seelenspeise köstlicher, nahrhafter und kräftiger ist als die der anderen, dann biete sie ihnen an, aber nötige sie nicht dieselbe anzunehmen. Denke überhaupt nicht daran, die anderen zu bekehren. Wer nach den geistigen Speisen hungert, der wird von selbst nach ihnen verlangen, sie suchen und seine Seele davon ernähren. Denke auch daran, dass die köstlichste Speise, die du dir vorstellst, dem Munde eines anderen nicht schmecken und Widerwillen erwecken kann. Ein edler Gastgeber bietet seinen Gästen seine besten Speisen an, aber er nötigt niemanden sie zu nehmen, sondern er lässt jedem volle Freiheit, diese oder jene Speise zu kosten oder überhaupt nichts zu berühren. Er denkt auch nie daran, dass seine Speisen die einzig köstlichen und die wertvollste Nahrung für alle Menschen seien.

Die religiösen Ideale sind die geistigen Speisen, an welche die Seelen der Menschen allmählich gewöhnt worden sind und die ihnen nur allmählich abgewöhnt werden können.

Alle Menschen erschauen in ihrem Ideal das Antlitz eines und desselben ewigen Schöpfers, den auch du durch *dein Ideal* erschaust und anbetest.

Die Menschen geben sich mit voller Hingabe ihrem religiösen Ideal hin und diese Hingabe veredelt ihren Charakter und erhebt ihre Seele zu diesem Ideal empor.

Wie ein Kunstmaler, der ein Gemälde kopieren will, bedacht sein wird, alle Einzelheiten des Originals ganz genau nachzubilden, so versuchen auch die Seelen, sich alle Eigenschaften ihres Ideals anzueignen!

Diese Eigenschaften sind für diese Menschen auf ihrer jetzigen Entwicklungsstufe die höchsten Offenbarungen des machtvollen, erhabenen Schöpfers des Weltalls.

Entheilige nicht durch deine Verachtung, deinen Hochmut, deine Intoleranz und Lieblosigkeit dieses Ideal, das für diese suchenden Seelen die Manifestation des Höchsten ist.

Erschüttere ihren Glauben nicht, sondern schenke ihnen mehr geistige Kraft, damit sie sich zu noch höheren Idealen erheben können.

2. *Blumen* sind Symbole der Reinheit des Herzens. Wie die Seele der Blume sich durch ihren Duft und ihre Farbe offenbart, so kann auch die Menschenseele sich in ihrer Herrlichkeit durch ein reines Herz am schönsten offenbaren.

Der Gläubige, der einem Altar, einem Heiligen oder einem Meister Blumen darbringt, huldigt dadurch der Reinheit des Herzens, die er im Altar, in dem Heiligen oder dem Meister erschaut und verehrt.

Seine Seele spricht dabei also:

O Herr! Lass meine Seele durch meinen Körper
ihre Schönheit offenbaren, wie die Seele
dieser Blume sich durch ihre Farbe, Form
und ihren Duft offenbart!

3. Das *Feuer* ist das Symbol für die alles verzehrende und reinigende Kraft des Gottesgeistes im Menschen.

Das Feuer versinnbildlicht also den Geist. Darum sagte Christus, als er von der Wiedergeburt der Seele sprach: «Es sei denn, dass sie wiedergeboren werde aus Wasser und Geist.»

Der Geist ist in der Sprache der Mystik, wie auch in den Mysterientempeln der alten Ägypter und Griechen, durch das Feuer dargestellt, denn er ist gleich Feuer, verzehrend und erleuchtend. Der Neophyt oder Jünger hatte in diesem Mysterientempel drei Prüfungen oder Taufen zu bestehen und drei Einweihungen zu empfangen. Die dritte Prüfung hiess Feuerprobe und die dritte Einweihung hiess Erleuchtung durch den Heiligen Geist. Die Kreuzigung war für den Menschensohn Jesu die Feuertaufe oder -prüfung, wie er es angedeutet und gesagt hat: «Aber ich muss mich zuvor taufen lassen mit einer Taufe; und wie ist mir so bange, bis sie vollendet werde.» (Luk. 12, 50.)

Die Jünger Christi haben diese Feuerprobe durch den

Tod Jesu erlebt und ihre Einweihung und Erleuchtung durch den Heiligen Geist zu Pfingsten empfangen.

Das Feuer ist wiederum das Symbol der Sonne auf Erden, und die Sonne ist für den Menschen das grösste sichtbare Zeichen der Herrlichkeit des Urlichtes oder Gottes. Wenn der Mensch das Feuer verehrt und es mit Opfergaben ernährt und brennend erhält, so tut er damit seine Sehnsucht wie folgt kund:

> O Du Heiliger Geist Gottes in mir!
> Wie dieses Feuer alle Unreinheiten
> verzehrt, so verzehre auch Du alle
> gröberen Triebe und Leidenschaften
> in meinem Herzen durch Dein Licht!

4. Die *Kerzen* in jeder Form stellen symbolisch die Sehnsucht, die *Hingabe* und die Selbstaufopferung dar. Wie die Flamme der Kerze emporsteigt, so steigt auch die Sehnsucht von der nach Erlösung erwachten Seele zum Himmel empor.

Wie die Kerze durch ihre Flamme ihre Umgebung erleuchtet, so wird auch eine jede erleuchtete Seele, durch die Flamme ihrer reinen, göttlichen Liebe, die Herzen ihrer Geschwister-Seelen erleuchten.

Der Entzünder und Betrachter der Kerze spricht also im Herzen:

> Lass, o Gott, das Licht der Wahrheit
> in meinem Herzen entzündet werden!
> Lass mich wie diese Kerze mein Leben
> für die Wahrheit und für die Menschheit
> in freudiger Liebe opfern!

5. Die *Sterne* sind einerseits Symbole des Gehorsams und der Treue, die sie durch ihre unermüdliche Laufbahn erweisen, und anderseits stellen sie die Erhabenheit und die Selbstlosigkeit dar.

Sie geben das empfangene Licht weiter und erfüllen unsere Herzen mit Ehrfurcht, Wonne und Seligkeit. Sie erwecken im Herzen des Betrachtenden das berauschende Gefühl der Erhabenheit und der Ewigkeit. Sie sind silberne Marksteine auf dem unendlichen Wege der Vollendung. Sie schenken uns innere Kraft und Gottvertrauen. Sie zeugen von der Allmacht und von der Herrlichkeit des Schöpfers des Universums.

Die Seele des sie andächtig Betrachtenden hebt sich zu ihnen empor und verkündet ihnen ihre insbrünstige Sehnsucht nach Erlösung und spricht:

Ihr meine erleuchtenden Geschwister!
So herrlich und erhaben möchte
ich sein wie ihr!
Ihr seid meine treuen Wegweiser,
mein Trost, meine Wonne und Seligkeit.
Euer Glanz gewährt mir die Kraft
des Friedens und der Harmonie!

6. Das *Wasser* ist das Symbol der Bescheidenheit, der Reinheit, der Einfalt, der Ausdauer und der Geduld. Es stellt auch die Veränderlichkeit und die Vergänglichkeit dieser Welt dar. Sein ewiges Fliessen und sein Rauschen verkünden uns das Geheimnis des Lebens, die allewige Bewegtheit des Weltalls. Es zeigt uns, wie alles in dieser Welt entsteht und dahinfliesst, wie alles, Leid und Glück, Freude wie Schmerz, Armut wie Reichtum, Herrschaft wie Knechtschaft, keine Dauer hat.

Es belehrt uns, wie wir demütig, pflichtgetreu, opferwillig, selbstlos und beharrlich sein sollen.

Es beweist uns, wie wir inmitten der Bewegtheit und Tätigkeit des Alltags innerlich still und friedlich sein können.

Es ist das lebendige Beispiel der Ausdauer, des Fleisses und der Zielstrebigkeit.

Beim Anblick dieses Vorbildes der Reinheit und der Bescheidenheit versinkt unsere Seele in tiefe Betrachtung und ruft aus:

Ich grüsse dich, du Bruder Wasser!
Wie geheimnisvoll ist dein Wesen!
Wie magisch wirkt dein Rauschen!
Sei mir ein Vorbild der Bescheidenheit!

7. Der *Weihrauch* ist das Symbol der Sehnsucht der Seele nach dem Emporsteigen in die Atmosphäre der Freiheit, der Erlösung und der Wahrheit.

Gleich dem Weihrauch steigt aus dem Herzen der erwachten Seele der Hauch der brennenden Sehnsucht zum Himmel empor, bis zum Throne des Schöpfers des Weltalls.

Gemartert von der Qual der Trennung und der Gebundenheit, im Kerker des irdischen Körpers, sehnt sich die erwachte Seele nach der belebenden Luft der Freiheit und gibt ihrem inbrünstigen Verlangen mit folgenden Worten Ausdruck:

Erhabener Schöpfer des Universums!
Wie lange soll ich noch in diesem
dunkeln Kerker sitzen und leiden?
Wie lange soll ich noch nach dem Labsal
der Erlösung und Vollendung suchen?
Doch Dein Wille allein geschehe!
Denn Dein Wille ist wahrlich
Weisheit, Erlösung, Güte und Gnade,
Er führt zur höchsten Seligkeit!

Wir müssen aber erkennen, dass vor den Augen der Seele, die durch das göttliche Licht der Wahrheit und durch die Meditation sehend geworden sind, ein jedes Ding, sei es ein

Grashalm, ein Sandkorn oder eine Sonne, ein Symbol und ein Gleichnis der Wahrheit, ein Zeuge der göttlichen Weisheit und Allmacht ist.

Darum liebt und verehrt eine solch erwachte Seele alles in der Welt als Wunderwerk Gottes, ihres geliebten Vaters. In allem was sie schaut und wahrnimmt, wird ihr die Allweisheit und die Herrlichkeit Gottes offenbart.

Alles erfüllt ihr von Gottesliebe durchflutetes Herz mit der Wonne der Bewunderung, der Ehrfurcht und der Dankbarkeit.

Fürwahr, alles in der Welt kann der erwachten Seele als Mittel dienen, um sich zum Throne des allewigen Gottes emporzuheben.

Lass mich, o Gott, für Deine allumfassende
und allerlösende Liebe
empfänglich und würdig werden!
Lass mich für Deine Führung und Weisheit
von Herzen und ewig dankbar bleiben!

6. Die Lebensführung

Wir müssen uns immer daran erinnern, dass kein Ideal ohne Opfer erreicht und verwirklicht werden kann.

Da die göttliche Kunst der Meditation uns befähigt, das höchste Ideal des Lebens, die *Erlösung*, die *Gottähnlichkeit* oder *Vollkommenheit* zu erreichen, so ist sie auch mit grossen Opfern verbunden.

Diese göttliche Wissenschaft erfordert daher eine *Lebensumwandlung*, und diese ist ohne heroischen Opfermut unmöglich und undenkbar.

Dennoch müssen wir erkennen, dass *erstens* Gott von keinem Menschen etwas verlangt, das über seine Kraft, hinausgeht, und *zweitens*, dass die menschliche Seele ungeahnte, noch schlummernde Kräfte besitzt, die alle Hindernisse beseitigen und das Unmögliche möglich machen können und von denen der heutige Weltmensch sich noch keine richtige Vorstellung machen kann. Ist die menschliche Seele nicht das Ebenbild Gottes?

Drittens beweist schon das Leben der vollkommen gewordenen Seelen, der Propheten, der Heiligen, der Weisen und Mystiker aller Völker und aller Zeiten, dass dieser Pfad der wahren Meditation für alle Menschenseelen da ist, und dass alle dieses Ziel der Erlösung und der Erleuchtung erreichen können.

Viertens müssen wir davon überzeugt sein, dass im ganzen Universum nichts verloren geht. Dies ist ein kosmisches Gesetz, wonach keine Mühe, kein Gewinn und kein Opfer ohne Lohn bleibt. Es ist nur Entschlossenheit, Tapferkeit, Entsagung, Opferwilligkeit und Ausdauer nötig, um dieses erlösende und beglückende Ziel zu erreichen.

Wer daher noch keine brennende Sehnsucht nach Wahrheit und Erlösung in sich fühlt, der darf diesen Pfad der Meditation nicht betreten.

Er muss zunächst dieses heisse Verlangen in sich erwecken und entfalten. Denn diese Flamme der Sehnsucht allein kann alle Gespenster des Zweifels, der Angst, des Schwankens, der Unentschlossenheit und der Selbstsucht verzehren und die Bahn für die suchende Seele freimachen.

Es ist diese göttliche Flamme der Sehnsucht, die alle schlummernden spirituellen Kräfte der Seele erweckt und entfaltet und die dem Herzen des Wanderers die bergversetzende Kraft des Glaubens schenkt.

Darum ruft der erleuchtete Weise täglich aus:

O du alles verzehrende und belebende
heilige Flamme der Sehnsucht!
Mögest du in meinem Herzen ewig
entfacht und lodernd bleiben!

O du alles erweckende, entfaltende
und ernährende Macht der Sehnsucht!
Mögest du in meiner Seele den Heldenmut
freudiger Opferwilligkeit erwecken!

Für den, der die göttliche Kunst der Meditation erwerben will, ist darum eine reine Lebensführung unbedingt nötig. Diese Reinheit des Lebens bezieht sich gleichzeitig auf den Körper, das Herz und den Verstand, d. h. auf unsere körperliche Tätigkeit und Handlungen, wie auch auf unsere Empfindungen und Gedanken.

Der Meditierende muss also seinen Verstand, sein Gemüt und seinen Körper gesund erhalten, sie richtig pflegen und mit reinen Elementen ernähren.

Der Körper muss möglichst mit fleischloser Kost ernährt werden. Jeder, der ernst danach strebt, wird dies ohne Gefahr vollbringen können.

Wer sich aber dazu noch zu schwach fühlt oder den Mut zu dieser Entsagung nicht aufbringen kann, der braucht nicht plötzlich seine jahrelang eingewurzelte Gewohnheit an einem Tage zu verlassen. Er kann sich allmählich umstellen. Und auch wenn er wieder in die alte Gewohnheit zurückfällt, darf er den Mut nicht verlieren, sondern er muss sich wieder erheben und von neuem beginnen. Es wird dann schliesslich doch gelingen.

Wir müssen uns die Wahrheit vor Augen halten, dass der gute starke Wille immer Sieger sein wird.

Für die höheren Stufen der Meditation ist aber die reine vegetarische Ernährung unbedingt nötig.

*

Die normale mässige Lebensweise widerspricht aber nicht dem Geist der Meditation. Darum braucht man keine Askese zu treiben, man braucht sich auch nicht vom Berufsleben und von der Gesellschaft zurückzuziehen und in Wälder oder Berghöhlen zu fliehen.

Einer der Vorteile der wahren esoterischen Mystik ist der, dass sie den mittleren Weg der Mässigkeit und des Gleichgewichtes empfiehlt. Sie ermöglicht darum das Erringen der göttlichen Kunst der Meditation inmitten des täglichen Lebens.

Darum darf der nach Meditation Strebende seine Lebensaufgaben und seine Pflichten gegenüber seiner Familie, seiner Nation und seinen Mitmenschen niemals vernachlässigen.

Wer seinem Schicksal entflieht und nur nach Selbstbefriedigung oder Selbstbefreiung sucht, der ist unwürdig, in die Lichtschar der Diener der Wahrheit und der Menschheit aufgenommen zu werden. Und die Vorbereitung für diese heilige Dienerschaft ist ja das Ziel der wahren Meditation.

Man kann also inmitten des Lärmes und des Getöses des täglichen Lebens innerlich in Versenkung, in Harmonie und Gottverbundenheit bleiben und seinen Frieden bewahren.

Dies ist gerade das, was die Kunst der Meditation uns schenkt und sichert.

In bezug auf die Pflege und *Ernährung der Seele* und des Geistes muss der nach dem Segen der Meditation verlangende Mensch ebenfalls grosse Sorge tragen. Er muss reine, geistige Speisen zu sich nehmen, d. h. seine Gefühle, Wünsche und Gedanken rein, aufbauend, wohlwollend und heilig erhalten. Diese dreifache Ernährung des Körpers, der Seele und des Geistes habe ich ausführlich in meinen anderen Schriften erklärt.

Über die Läuterung des Gemütes und die Reinigung der Gedanken werden wir im nächsten Kapitel noch tiefere Betrachtungen und praktische Unterweisungen vorfinden. Hier möchte ich noch erwähnen, dass, um den höheren Grad der Meditation, welcher zur vollen Erlösung und Erleuchtung führt, zu erreichen, auch vollständige Enthaltsamkeit, d. h. ein heiliges Leben unbedingt erforderlich ist.

Darum sagte auch Christus zu dem reichen Mann, der nach dem Reiche Gottes verlangte und behauptete, dass er alles schon getan habe, was von den Jüngern Christi gefordert wurde:

«Wenn du *vollkommen* sein willst, gehe hin, verkaufe alles was du hast und folge mir nach, d. h. führe ein heiliges Leben wie ich!»

*

Vollkommen werden, bedeutet die Gottähnlichkeit erlangen, denn Gott allein ist vollkommen. Gott ähnlich zu werden, erfordert aber vollständige Reinheit und Heiligkeit.

Diese zwei göttlichen Eigenschaften kann man aber ohne die Kraft der Entsagung, der Enthaltsamkeit und der Opferwilligkeit nicht erringen.

Die Enthaltsamkeit in körperlicher, seelischer und geistiger Hinsicht macht den Menschen erst aufnahmefähig für die höheren Schwingungen oder Kräfte und Gaben des heiligen Geistes Gottes und der grossen erleuchteten Seelen.

Sie gibt dem Gemüt Widerstandskraft, verfeinert die Wahrnehmungsorgane, erhöht den Bewusstseinsgrad der Seele und beseitigt den Nebel der niederen Triebe und Gedanken.

Auf diese Weise wird der Spiegel der Seele ganz klar und rein. Dann werden sich alle Herrlichkeiten der Geisteswelt, der Wahrheit und auch Gott selbst darin offenbaren können.

Der nach dem Heil und Segen der Meditation Verlangende muss also alle seine Taten, Wünsche, Gefühle, Worte und Gedanken heiligen und vergöttlichen. Aus allen seinen Blikken, Atemzügen und Herzschlägen müssen heilvolle Ströme der erlösenden, göttlichen Liebe ausstrahlen und seine Umgebung erleuchten.

Lasst uns darum um die Gnade und Kraft bitten, diese höchst zu ersehnende und beseligende Stufe der Vollkommenheit und der Gottähnlichkeit durch die Macht und den Segen der Meditation zu erreichen und den heiligen Augenblick der unbeschreiblichen Wonne und Seligkeit erleben zu dürfen:

Am Ufer der Vergänglichkeit stehend,
sehnt sich meine Seele inbrünstig
nach dem heiligen Land der Freiheit!
Führe mich, o Gott, zu Deinem Reich!

Fern von Deiner Gnade heiligem Schoss
dürstet meine schmachtende Seele
nach der Erlösung himmlischem Trank!
Stille mit Deiner Liebe meinen Durst!

Inmitten der Dunkelheit der Unkenntnis
verlangt meine Seele nach Deinem Licht!
Lass meine Seele ihren Weg finden
zum Heilquell Deiner ewigen Wahrheit!

7. Drei wichtige Punkte

Bevor ich zur Schilderung der zwei anderen Vorstufen der Meditation, nämlich der Läuterung des Gemüts und der Reinigung der Gedanken übergehe, möchte ich auf drei wichtige Punkte hinweisen, welche die Grundlagen für alle Stufen der Konzentration und der Meditation bilden.

Erstens müssen wir davon überzeugt sein, dass, um eine wirksame und erfolgreiche Meditation zu erreichen, eine *strenge Sittlichkeit* und *Tugendhaftigkeit erforderlich* ist.

Dies heisst, dass unsere moralische Einstellung und Lebensweise im Einklang stehen muss mit unserem Ziel, weil sie eine grosse Wirkung auf unseren Körper ausüben, und wie wir schon gelernt haben, ist das Reinhalten der drei Teile unserer Persönlichkeit, Körper, Gemüt, Verstand, die *Hauptbedingung der Meditation.*

Wer sich, die moralischen Prinzipien nicht achtend, Untugenden erlaubt und ein unreines, vernunftloses Leben führt, dem hilft keine Meditation, auch wenn er sich Tag und Nacht in Meditation versenkt.

Wie kann ein Kranker Besserung seiner Leiden erhoffen, wenn er alle Verbote des Arztes verwirft und gerade die Speisen zu sich nimmt, die seiner Gesundheit schädlich und vielleicht gar die Ursache seiner Krankheit sind?

*

Die heutigen Menschen sind noch weltenweit entfernt von der Erkenntnis, dass eine enge *Beziehung zwischen ihren Untugenden* oder *Lastern* und ihren *körperlichen Leiden* und *Schicksalsschlägen* besteht[1].

Wenn man z. B. einem bemitleidenswerten Menschen, der von dem Wahn der Eitelkeit und Selbstüberhebung behaftet

---

[1] Siehe darüber meine Schrift: «Die Ursachen des Leides».

ist, sagen würde, dass seine Not und sein Elend oder seine körperlichen Leiden aus diesem Wahne entstanden sind und dass, solange er diesen giftigen Keim nicht aus seinem Herzen beseitigt hat, ihm keine Arznei und kein Gebet helfen kann, so würde er dies gar nicht glauben, denn er ist *geistig noch zu unreif, um diese feine Verbindung zwischen seiner Eitelkeit und seiner Krankheit* oder Not feststellen zu können. Er weiss nicht, dass die Natur oder das Schicksal gezwungen ist, ihn durch diese Mittel zu ermahnen, um ihm zur Befreiung seiner Seele zu verhelfen.

In der kommenden Zeit wird dem Menschen diese Verbindung zwischen den moralischen Ursachen und den physischen Leiden oder seiner wirtschaftlichen Not ganz klar werden und *diese Wahrheit* wird auch als wissenschaftliche Tatsache anerkannt werden.

Wir wissen schon, dass im ganzen Weltall keine Kraft und keine Schwingung verloren geht und auch nicht ohne Wirkung und Rückwirkung bleibt.

Wir wissen auch, dass die Art dieser Wirkung von der Art der Impulskraft und der geistigen Schwingung abhängt.

Wir müssen aber auch erkennen, dass alle unsere Taten, Gefühle, Wünsche, Worte und Gedanken letzten Endes nur Schwingungen sind, die wir bewusst oder unbewusst erzeugen und an unsere Umgebung aussenden. Sie müssen daher umbedingt, je nach unseren Beweggründen, heilvoll oder unheilvoll, zu uns selbst zurückkehren.

So wie die Astronomen festgestellt haben, dass die Flekken der Sonne einen gewaltigen Einfluss auf unsere *Erde* und dadurch auch auf die *Menschen* haben und ungeheure Katastrophen hervorrufen, so erzeugen auch die moralischen Flecken, d. h. die Laster eines Menschen in seinem Körper, verborgene Keime der Leiden. Sie beeinflussen unbewusst sein Leben und verdunkeln seinen Schicksalsstern!

Daraus können wir erkennen, dass eine *vernünftige, gesunde Lebensweise,* eine *moralische Gesinnung* und eine *tugendhafte Lebensführung* mit dem Bestreben nach wahrer Meditation Hand in Hand gehen müssen.

Wir müssen begreifen lernen, dass wir mit schmutzigen Füssen und mit beflecktem Herzen keinen Eintritt erhalten können in das *Heiligtum* der *Meditation*, die uns zur Vereinigung mit dem *Innengott* führen soll.

Darum sagt auch der Meister zu dem Jünger, der nach dem Eintritt in das Heiligtum der Meditation verlangt: «Bevor du an die Tür des inneren Tempels des Gottesgeistes in dir, wo der Segen der Meditation erteilt wird, anklopfst, wasche, o Pilger, dein Herz von allen Schlacken der Laster und der Begierden rein, denn ohne diese Reinheit wird die Tür dieses Tempels für dich verschlossen bleiben.»

Der *zweite Punkt*, den wir uns immer vor Augen halten müssen, ist das beständige *Wachhalten* des *Willens* und des *Bewusstseins* in der Konzentration und in den unteren Stufen der Meditation, wie ich es schon angedeutet habe.

Hier haben wir einen wichtigen und feinen Kunstgriff zu üben! Denn einerseits müssen wir *den Körper* möglichst ohne gewaltsamen Eingriff unseres Willens locker und entspannt halten, ihn aber andererseits *dem Impuls unseres geistigen Willens unterwerfen und gehorsam machen.*

Da der menschliche *Körper* gemäss dem physikalischen Gesetz der Trägheit oder des Beharrungsvermögens, wonach jedes Ding bestrebt ist, seinen Zustand möglichst lange beizubehalten, leichter und schneller zu Müssigkeit, Apathie und Trägheit neigt, muss man daher sehr vorsichtig sein und keinen Anlass geben, dass die erwünschte und erzielte Entspannung des Körpers sich in Schlaffheit und Starrheit verwandelt.

Darum muss der *geistige Wille wachsam und rege bleiben,* und die Organe unseres Körpers müssen, ihm gehorchend, auf *seinen Befehl* warten und sich auf *seinen Wink entspannen oder anspannen!* Dies ist besonders auf der ersten Stufe der Meditation wichtig und nötig.

Diejenigen, deren Körper von selbst sehr apathisch, unregsam und träge ist, müssen ihn immer vor und nach der Entspannung in die rechte Spannung versetzen, damit der Körper gegen seine gewohnte Stumpfheit reagiert und die nötige Vitalität und Kraft erwirbt. Hierzu kann das *tiefe Atmen* einen grossen Dienst leisten.

Mit anderen Worten: Unser *geistiger Wille* muss Herr über unseren Körper bleiben und so muss es sich auch mit dem *Bewusstsein* verhalten. Wahre Meditation erfordert Geistesklarheit und scharfe Wachsamkeit, Beobachtung und Unterscheidung.

Die *Regsamkeit des Willens* und des Bewusstseins oder Verstandes ist der beste Schutz gegen die Gefahr der bewusstlosen Mediumschaft, der hilflosen Untertänigkeit und der geistigen Versklavung.

Wenn man sagt, dass auf den höheren Stufen der Meditation, wo der Meditierende in Ekstase (Samadhi) verfällt, das Bewusstsein und der Wille vollständig verschwinden, so bedeutet dies nur, dass diese beiden Geisteskräfte *die normale Ebene des Tagesbewusstseins verlassen* und sich auf eine höhere, rein spirituelle Ebene emporheben. Dort bleiben sie aber *bestehen* und bereit, zu wirken, denn wenn sie den Körper vollständig verlassen würden, müsste ja der Tod eintreten.

Ohne Tätigkeit des Bewusstseins und des Willens auf der höheren Ebene würde der in Ekstase Versunkene nach dem Erwachen sich an nichts erinnern und die Wonne seiner Meditation nicht nachfühlen und sie nicht auf das Tagesbewusstsein übertragen können.

Das Gegenteil ist aber der Fall und dies macht den Unterschied zwischen dem Mystiker und dem Medium.

Wir müssen darum immer danach trachten, *bewusst*, *selbständig* und *tatkräftig* zu handeln, zu leben und zu meditieren.

Der *dritte* und *wichtigste Punkt* ist die *Beharrlichkeit*, die das Siegel des Erfolges in allen Lebenslagen ist. Ich muss aber von vornherein bemerken, dass die Beharrlichkeit *nicht mit Überanstrengung* und Hartnäckigkeit zu verwechseln ist. Überanstrengung ist Übertreibung und Übertreibung ist in jeder Hinsicht schädlich und muss vermieden werden. Mässigkeit ist der Schlüssel zur Weisheit und Beharrlichkeit.

Da die Menschen in ihrer geistigen Reife sehr verschieden sind und verschiedene Veranlagungen, Temperamente und Schicksale besitzen, so können sie, trotz ihrer gleichartigen Bestrebungen, in derselben Zeit nicht denselben Fortschritt machen.

Deshalb wird bei einigen der Erfolg in der Meditation in einigen Monaten erzielt werden, während bei den anderen jahrelange Übung erforderlich sein wird. Darum muss der Strebende grosse Geduld und Ausdauer pflegen und dem Zweifel niemals zu seinem Herzen Einlass geben.

Aus diesem Grunde werden auch die Prüfungen und Versuchungen, die für die Erleuchtung und Einweihung nötig sind, für jeden Menschen verschieden sein.

Deshalb wohnen die Jünger im Osten bei ihrem Meister, damit ein jeder, gemäss seiner Veranlagung und Reife, eine besondere Belehrung und Führung, die für ihn am geeignesten ist, empfangen und dadurch schneller vorwärts kommen kann.

Man darf also nicht von heute auf morgen einen Erfolg erwarten. Da die Meditation eine *spirituelle* Kunst ist, muss man mehr Zeit dafür opfern, als für eine materielle Kunst.

In der Meditation geht langsam eine völlige, geistig-seelische *Umwandlung* vor sich und diese verlangt Zeit und grosse Ausdauer und Geduld.

Der iranische Dichter Hafis sagt:

«Geduld und Sieg sind zwei alte Freunde, die einander nie verlassen. Wohin sich die *Geduld* begibt, dahin folgt ihr auch der Sieg.»

Der Meditierende nimmt sich vor, seinem Geistesleben eine neue Richtung, ja eine vollständige *Umkehr* zu geben, mit deren Hilfe die negativen und groben Schwingungen seiner Leidenschaften und Laster in positive, geistige Schwingungen oder Tugenden umgewandelt werden. Und dies verlangt eine längere Zeit, als das Erlernen einer Wissenschaft, eines Berufes oder das Vollbringen einer körperlichen Übung.

Man muss hierbei überhaupt den Begriff Zeit beiseite lassen und dieselbe in dieser Hinsicht völlig vergessen, d. h. zeitlos denken und leben.

Der Mystiker *lebt in der Ewigkeit*, er baut und übt für die Ewigkeit.

Wenn man keine Ausdauer und Geduld besitzt und seiner Beharrlichkeit nicht sicher ist, dann soll man sich erst diese Tugendkräfte und Eigenschaften aneignen, denn sonst wird man nur Misserfolg ernten.

Neugier, Zweifel und Unbeständigkeit sind die Gefahren des Weges und müssen vor allem beseitigt werden.

Der Jünger der Mystik oder der Meditierende darf überhaupt *nie an Misserfolg denken*, und wenn er auch mehrere Male fällt, so muss er mit gesteigertem Mut wieder aufstehen und weiter wandern.

Er muss sich nur *das göttliche Ziel* vor Augen halten, demselben mit Glaubenseifer folgen und in der Erkenntnis beharren, dass keine Mühe ohne Lohn bleibt und dass die Ausdauer endlich siegt!

*

Zum Schluss dieses Kapitels möchte ich aus meiner Schrift: «*Die Heilkraft des Schweigens*» noch die übrigen Bedingungen einer wirksamen Meditation anführen:

Der Meister sagt:
1. Betrachte immer *den* Raum, *wo* du gemeinsam oder allein betest oder meditierst, als einen *heiligen Tempel*, einen Zufluchtsort für deine Seele!

2. Betritt ihn immer mit Ehrfurcht und Schweigen und bringe nichts von deinem Alltagsleben mit hinein!

3. Betrachte alles, was du hier hörst oder wahrnimmst, als geistige Gabe der treuen Diener des Tempels!

4. Schweige so lange du kannst!

5. Halte deinen Körper entspannt, lausche mit Andacht und lasse die *Schwingungen der Heilkraft* bewusst in dich eindringen.

6. Halte die Luft des Tempels durch den Weihrauch deiner schönen, aufbauenden und liebesspendenden Gedanken rein und heilsam!

7. Verlasse ihn dann stets im Schweigen und nimm die Heilkraft des Tempels mit nach Hause und mit in deinen Schlaf!

Wenn du diese Gebote sorgsam und bewusst erfüllst, wirst du in kurzer Zeit eine *gewaltige Änderung* in deinem Innenleben verspüren! Du wirst durchflutet werden von der Welle der *Heilkraft,* und du wirst das Geheimnis der *Gottes-Weisheit* und Liebe erleben! Dann wirst du ein *neuer Mensch,* ein wahres Gottesebenbild!

Hier möchte ich noch betonen, dass die *Dankbarkeit* das heilvollste Labsal ist für alle Seelen, die auf dem steilen und langen Weg der Weisheit zum Tempel der Erlösung und der Wahrheit wandern wollen.

Lasst uns darum unsere Seele täglich mit der himmlischen Speise der Dankbarkeit nähren und anrufen:

O Du Schöpfer und Ernährer aller Wesen!
Der Du meine Seele mit Deiner Liebe ernährst;
Der Du mich ewig liebst und geduldig belehrst!

O Du, der Du mich aus der tiefen Finsternis
der Unwissenheit und der Gebundenheit
zum Lichte der Wahrheit und Freiheit führst!
Nimm meinen innigsten Dank entgegen!

Drittes Kapitel

DIE LÄUTERUNG DES GEMÜTES

O suchende Seele! Hüte dich, mit
beflecktem Gewand den Tempel der
Erlösung zu betreten! Wasche zuerst das
Gewand deines Herzens in dem heiligen
Bach der Läuterung, der im Vorhof des
Tempels fliesst, von allen Flecken der
niederen Triebe rein.

1. Das Gemüt und die innere Harmonie

Im ersten Kapitel haben wir gelernt, was das wahre Wesen
der Meditation ist und wie sie in unserer rast- und friedlosen
Zeit aufbauend und kraftspendend wirken kann. Wir
haben erkannt, dass die Meditation gleichzeitig die *Wissenschaft*, die *Kunst* und die *Religion* erfasst und diese drei Hauptfaktoren der Menschheitskultur in sich vereinigt.

Die erste Vorstufe der Meditation, nämlich die Konzentration, wie auch die Reinigung und Entspannung des Körpers,
haben wir bereits theoretisch gelernt und praktisch geübt.

Jetzt wollen wir die zweite Vorbereitungsstufe der Meditation kennenlernen, die aus der *Läuterung des Gemütes* besteht.

Vorher wollen wir uns innerlich so einstellen, dass wir
die negativen Strömungen der Aussenwelt von uns fernhalten,
und um die Liebe aller Geschöpfe zu gewinnen und sie auf
uns wirken zu lassen, wollen wir einen Weltallgruss aussprechen:

Ihr erwachten Seelen!
Ihr Kinder der Erde!
Ihr Wesen der Natur!

Ihr wogenden Ozeane!
Ihr ruhenden Berge!
Ihr ziehenden Wolken!

Ihr leuchtenden Sterne!
Ihr erloschenen Planeten!
Ihr glühenden Sonnen!

Ihr führenden Mächte!
Ihr unsichtbaren Welten!
Ihr werdenden Universen!

Seid herzlich gegrüsst von mir!
Ich fühle mich eins mit euch
und schliesse euch in mein Herz ein!

Ein solcher Weltallgruss *schützt* uns gegen die üblen Einflüsse der Aussenwelt und zieht die heilvollen Ströme der *Liebe* aller Wesen zu uns heran. Darum ist es sehr zu empfehlen, jede Meditation mit einem solchen Weltallgruss zu beginnen.

Doch wir dürfen nicht vergessen, dass ein solcher Weltallgruss nur dann wirksam wird, wenn er nicht nur mit den Lippen, sondern von ganzem Herzen und aus der Tiefe der Seele gesprochen wird, so wie ein Jünger seinen Meister oder ein Kind seinen Vater und seine Mutter grüsst!

Was versteht man unter dem Wort Gemüt?

Das Gemüt ist das *Sammelbecken* aller menschlichen *Gefühle*. Es ist sinnbildlich gesprochen der Offenbarungsort oder der Spiegel unseres Seelenlebens. In der Mystik ist das Gemüt gleichbedeutend mit Unterbewusstsein und man betrachtet das Herz als physikalisches *Organ* oder Zentrum für die Offenbarung der Zustände des Gemütes[1].

---

[1] Siehe ausführliche Erklärungen in meiner Schrift: «Das Mysterium der Seele». 2. Auflage 1949.

Das Gemüt oder Unterbewusstsein ist mithin das *Labora-torium* unserer Empfindungen und seelischen Ströme. Hier hinein strömen unsere Gefühle, Triebe, Begierden, Wünsche und Empfindungen, seien sie gut oder schlecht, hoch oder niedrig in ihrer Art. Sie mischen und verbinden sich miteinander, schaffen neue Formen und wandeln sich in mehr oder weniger *starke Triebkräfte* um[2].

Man gebraucht oft fälschlich das Wort «Seele» an Stelle des Gemütes und ich werde auch notwendigerweise manchmal diesen Ausdruck gebrauchen. Man wird aber schon verstehen, was ich damit meine. Das Wort Gemüt kann überall durch Unterbewusstsein oder Herz ersetzt werden.

Bevor ich die Bedeutung, die Wichtigkeit und die Bedingungen der Läuterung des Gemütes erkläre, möchte ich nochmals betonen, dass alle drei Vorbedingungen der Meditation, nämlich:

die Entspannung des Körpers,
die Läuterung des Gemütes
und die Reinigung der Gedanken

gleichzeitig und gleichmässig, d. h. ohne Übertreibung und Einseitigkeit erworben und erlebt werden müssen. Wir wissen bereits, dass diese drei Aspekte des irdischen Lebens, nämlich Körper, Gemüt und Denken, d. h. des physischen, astralen und mentalen Körpers, eine *Einheit* bilden und nie von einander getrennt sind, sondern einander durchdringen und ergänzen, d. h. in Wechselwirkung zueinander stehen.

Die volle *Gesundheit* besteht in der harmonischen Zusammenarbeit dieser drei Aspekte des Menschen.

Wer sich deshalb nur einseitig um seinen Körper, um sein Gemüt oder sein Denken kümmert und nur für *eines* von

[2]) Siehe darüber meine Schrift: «Der Weg zur Lebensweisheit und Glückseligkeit: Kapitel: Die Kraft des Wünschens und der Sehnsucht».

diesen dreien sorgt und die anderen vernachlässigt, der verliert bald das *innere Gleichgewicht* in seinem Leben und verhindert das natürliche Wachstum seiner Seele. Er bleibt trotz seiner körperlichen Gesundheit, seiner künstlerischen Begabung oder seiner schöpferischen Intelligenz immer einseitig und unvollkommen.

Die Vollkommenheit, die Gesundheit und die Harmonie des Lebens beruhen also im Schaffen und Bewahren des *Gleichgewichtes* zwischen Körper, Gemüt und Denken, und die Meditation lehrt uns diese Harmonie zu verwirklichen.

Die Grundursache vom Leid und Elend der heutigen Menschheit ist der Mangel an diesem so notwendigen Gleichgewicht auf allen Gebieten des Lebens. Übertreibung oder Mangel sind immer die schlimmsten Feinde des menschlichen *Glückes* und *Friedens* gewesen und werden es auch immer bleiben. Eines von diesen beiden liegt vor, wenn die Lebensharmonie bei einem Menschen oder einem Volke durch unvernünftige Lebensführung zerstört und dadurch sein Dasein gefährdet wird.

Die Natur oder die *Vorsehung Gottes* wird darauf reagieren und versuchen, mit allen möglichen Mitteln und Massnahmen, wie Krankheit, Not, Schicksalsschläge und Katastrophen, die gestörte Harmonie wieder herzustellen.

Von diesem geistigen Standpunkt aus betrachtet, sind solche Geschehnisse Weckrufe, Heilmittel und Rettungsmassnahmen der allgütigen Vorsehung Gottes.

Darum ist die Bewahrung des Gleichgewichtes in allen Phasen und Funktionen des Lebens, besonders für diejenigen, die durch die Meditation nach Weisheit und Vollkommenheit streben, unentbehrlich.

Für dieses Gleichgewicht braucht man *Gleichmut* und dieser kann nur durch Selbstbeherrschung gewonnen werden. *Selbstbeherrschung* im Leid wie im Glück sichert uns das Gleichgewicht.

100

Den Sinn und die Macht der Harmonie und die Notwendigkeit der Reinigung des Gemütes hat die englische Mystikerin Mabel Collins in einem Hymnus zum Ausdruck gebracht, den ich für die tägliche Meditation empfehle und hier anführen möchte.

Harmonie!

Vor allem aber trachte nach Harmonie!
Denn deiner Seele Harmonie ist eine Macht,
die bewahrt von dir,
auf alle andern sich ergiesst!
Gewaltiger sind ihre Wirkungen
und weitreichender als du dir denkst!

In liebender Hingabe, nur sorgend für
das Werk,
gib auf das Denken an dich selbst!

Den Ehrgeiz töte, den Argwohn,
den Neid und die Eifersucht in dir!
Sie bringen Missklang in die Melodien,
die dir im Herzen tönen!

Dem gewaltigen Sange der Liebe lausche,
dem ewigen Liede erbarmender Milde
und zärtlichen Mitleids!
Darin verloren, vergiss diese
vergänglichen Schatten!

In Eintracht verbunden kennt keine Grenzen
unsere Macht! – Eintracht allein
macht unsere Hilfe möglich!

Sieh zu darum, dass rein und klar dein Ton
erschalle im grossen Welteninstrument!
Es darf kein Missklang entstehen!

Hinter unseren Leiden und Schmerzen allen,
die nur Schatten sind,
liegt aber der Wahrheit göttliche Harmonie!
Die suche, und was du findest, das halte fest!

Mabel Collins

2. Körper, Gemüt und Geist

Ich muss den Leser daran erinnern, dass das Wort Geist
in dieser Schrift in den meisten Fällen im wissenschaftlichen
Sinne gebraucht werden muss, nämlich im Sinne von
Intellekt, Verstand, Gedanke, das denkende Ich oder die
Intelligenz. Deshalb ersetze ich ihn durch eines dieser Worte.

Man fragt sich oft, welches von den drei Aspekten des
Menschen, nämlich Körper, Gemüt oder Gefühl und Gedanke, den grössten Einfluss auf die übrigen Teile und dadurch auf unser Leben ausübt, und welcher von diesen
dreien am schwersten zu beherrschen ist?

Zur Beantwortung dieser Frage müssen wir das Gesetz
der Relativität heranziehen. Danach ist infolge der körperlichen, seelischen und geistigen Beschaffenheit bei dem
einen Menschen der Körper, bei dem andern das Gemüt
und bei einem dritten der Intellekt oder Gedanke am
schwersten zu beherrschen.

Wenn man des Lebens normalen Lauf beobachtet, erkennt man, dass Körper, Seele und Intellekt oder Verstand
von einander abhängig und zwecks *gegenseitiger Hilfe* auf
einander angewiesen sind[1].

[1] Um den wahren Sinn der Worte «Seele und Geist» zu unterscheiden
und die Beziehung dieser beiden zu einander und zum Körper zu
verstehen, siehe mein Buch: «Das Mysterium der Seele», 2. Auflage.

Aber wenn wir das menschliche Leben tiefer erforschen und betrachten, werden wir finden, dass das *Gemüt*, als Sammelbecken aller unserer Gefühle, Wünsche und Triebe, feiner, wichtiger und einflussreicher ist, als der Körper und wiederum, dass der Verstand als Quell unserer Denkkraft noch feiner, wichtiger und einflussreicher ist, als das Gemüt. Denn unsere Gefühle herrschen zwar über unseren Organismus, aber sie selbst werden von unseren Gedanken beherrscht. Anders ausgedrückt: wir können mit scharfem inneren Auge feststellen, dass der Körper zugleich das Werkzeug des Gemütes und des Intellektes ist. Und was ist der Intellekt selbst?

Der Intellekt oder Verstand im Sinne von Denkprinzip oder Verstandesvermögen ist das Werkzeug unserer Seele, die wiederum eine Ausstrahlung dieser Werkstatt, die wir «Mensch» nennen, ist; aber ein *jedes* von diesen Werkzeugen auch ein mehr oder weniger selbständiges Dasein besitzt und seine *eigene* Tätigkeit und Verrichtung hat. Dennoch wirken alle ineinander und die Arbeit des einen ist von der Arbeit der beiden andern abhängig. Dies gleicht den verschiedenen Ministerien eines Staates, von denen ein jedes seine Selbstständigkeit und sein eigenes Wirkungsfeld besitzt und dessen richtiges Funktionieren dennoch von der reibungslosen Funktion aller anderer abhängt. Deshalb müssen wir die drei Werkzeuge, Körper, Gemüt und Intellekt, möglichst rein und gesund erhalten, damit der Gottesgeist in uns sie für seine Zwecke verwenden und sich durch uns offenbaren kann.

Unser Intellekt soll also der Spiegel unseres höheren Selbstes, d. h. des Geistes Gottes in uns werden, dann wird unser Gemüt der Spiegel unserer Seele und unser Körper der *Spiegel* unseres Geistes werden. So werden alle drei geläutert, geheiligt und miteinander so harmonisch vereinigt, dass wir der Offenbarungsort der göttlichen Harmonie, Weisheit und Vollkommenheit werden.

Um das Verhältnis des Körpers, des Gemütes und des Verstandes zueinander ganz klar zu machen, will ich noch einen Vergleich bringen:

Der Körper entspricht der *Erde*,
das Gemüt entspricht dem *Monde*
und der Verstand dem Strahl der *Sonne!*

Alle drei gehören zueinander und sind voneinander untrennbar, solange sie Teile desselben Systems oder Organismus bleiben. Doch es gibt auch grosse Unterschiede zwischen ihnen in jeder Hinsicht. Der Verstand als Strahl der Geistessonne erleuchtet das Gemüt und den Körper. Das Gemüt als Mond bestrahlt seinerseits wieder den Körper als Erde mit dem Licht, das es von der Geistessonne empfangen und umgewandelt hat. Ohne Sonne wären keine Erde und kein Mond vorhanden. Ohne Mond wiederum hätten unsere Erde und unser Organismus einen ganz anderen Aspekt, und ohne Erde, Mond und der anderen Planeten bliebe die Sonne wie eine Mutter ohne Kinder.

Man könnte auch den Menschen mit einer wundertätigen Harfe vergleichen:

Der Körper entspricht dem Grundriss der Harfe, also ihrer sicht- und greifbaren materiellen Gestalt.

Das Gemüt stellt, als Gesamtheit der Gefühle, die Saiten der Harfe dar. Und der Verstand oder das denkende Ich versinnbildlicht den darauf spielenden Künstler. Ohne das Instrument kann der Künstler sein Talent nicht beweisen. Ohne Seiten kann die Harfe nicht gespielt werden und ohne Künstler bleibt die schönste und vollkommenste Harfe nur ein toter Gegenstand. Erst wenn alle drei harmonisch zusammenwirken, d. h. wenn die Harfe die Töne der Saiten richtig wiedergibt und die Saiten dem Anschlag der Finger des Künstlers treu folgen und ihnen gehorchen, dann werden jene herrlichen Töne entstehen, die aus einer Symphonie erklingen.

So verhält es sich auch mit unserem Körper, unserem Gemüt und unserem Verstand. Erst wenn sie einander gehorchen und dienend im vollständigen Gleichgewicht stehen, bringen sie die *vollkommene Melodie des Lebens* hervor. Die Folge einer solchen harmonischen Melodie des Lebens sind ohne Zweifel: *Friede, Freude und Glückseligkeit.*

Die Läuterung des Gemüts, die wir in diesem Kapitel studieren wollen, bedeutet in ihrem *tiefsten Sinn* nichts anderes, als die Reinigung des Gemütes von negativen und zerstörenden Gefühlen, Begierden und Regungen, damit dasselbe ein klarer Spiegel und ein geeigneter Empfänger für die Schwingungen unseres göttlichen Geistes wird und unter dessen Führung harmonisch wirken kann.

Erst dann werden wir die Gegenwart Gottes «in uns» wahrnehmen können! Und dies wird uns die Wonne einer unsäglichen Glückseligkeit schenken!

Solange aber unser Gemüt wie ein Wasserspiegel ist, der durch den Strudel des aufgeregten, gehetzten Lebens dauernd aufgewühlt wird, und wenn wir vor allem unser Gemüt durch wogende Gefühle und Regungen nie zur Ruhe kommen lassen, werden wir das Bewusstsein der Gottesgegenwart und der daraus entstehenden *Glückseligkeit* nicht erleben können.

Aufregung, Unruhe, Disharmonie und Missstimmung sind die Ursachen unserer Friedlosigkeit und Abgespanntheit, wie auch von Krankheit, Müdigkeit und Mutlosigkeit. All das entkräftet und entnervt uns.

Ein solcher Zustand beweist, dass wir über unsere Gefühle nicht Herr sind, sondern uns im Gegenteil von ihnen beherrschen und unterjochen lassen. Dies ist der Grund vieler Leiden und Qualen und all unseres Unglückes.

So wie wir gelernt haben, unseren Körper zu entspannen und ihn zur Stille und Ruhe zu bringen, so müssen wir auch lernen, unsere Gefühle zu beherrschen.

Die schlimmsten Feinde unseres Glückes und unserer Gesundheit sowie überhaupt unseres Lebens sind die negativen und zerstörenden Gefühle, die wir bewusst oder unbewusst in unserem Herzen beherbergen und ernähren. Die gefährlichsten von ihnen sind: Furcht, Hass, Neid, Habgier, Eitelkeit, Zorn und Rache. Und diese alle sind Kinder der *Ichsucht.*

In der Schrift «Heilkraft des Schweigens» habe ich die Mittel dargelegt, die erforderlich sind, um unsere Laster zu überwinden und in Tugenden umzuwandeln. Die medizinische Wissenschaft hat bewiesen, dass Zorn und andere negativen Gefühle im menschlichen Körper richtige Gifte erzeugen.

Diese harmonieverzehrenden Auswirkungen unserer Laster zernagen die Zellen unseres Gehirns, schwächen unsere Nerven, zerrütten unser Herz und vergiften unseren Organismus.

Solange wir die *Selbstbeherrschung* nicht erreicht haben, solange werden wir Knechte unserer Gefühle, Begierden und niederen Leidenschaften sein und dadurch des Segens des Friedens und der Harmonie beraubt bleiben.

Lasst uns darum täglich um die Selbstbeherrschung ringen und so oft wie möglich wie folgt meditieren:

Ich habe die Wahrheit erkannt:
Innerer Friede und Lebensharmonie
hängen von der Selbstbeherrschung ab!

Seid still, ihr meine Begierden,
folget meinem göttlichen Willen
und wandelt euch in edle Ideale um.

Ich habe nun Macht über meine Gefühle,
Ich beherrsche sie vollkommen!
Ich lebe nunmehr in Frieden und Harmonie!

3. Wie läutern wir unser Gemüt

Ein Mystiker ist ein solcher, der sich von allen Giften und Schmarozern der negativen Gefühle und Triebe zu befreien gelernt hat. Um das zu erreichen, müssen wir die Gesetze, die unseren Körper, unser Gemüt und unseren Intellekt und überhaupt das Leben beherrschen, erkennen. Die auf Autorität gegründeten moralischen *Gebote* und *Verbote* genügen heute nicht mehr, um den Menschen auf die richtige Bahn des Lebens zu führen, weil der kultivierte Mensch geistig so entwickelt ist, dass sein Intellekt alle Gebote und Verbote erst *ergründen* und begreifen will, bevor er sie annimmt. Nur durch *verständnismässige* Erkenntnis lässt sich der Kulturmensch von der Wahrheit überzeugen. Auf dem Wege des Verstandes kann man ihm die Probleme des Lebens am besten erklären und fassbar machen.

Darum müssen wir stets nach geistiger Erkenntnis trachten, so dass wir die Gesetze des Lebens mit dem Verstande erfassen können.

Unser Verstand muss sich einerseits von der Gerechtigkeit und *Notwendigkeit* allen Geschehens überzeugen und anderseits erkennen, dass in uns selbst die *Wurzel* unseres Glückes liegt. Ja, in uns selbst schlummert jene gewaltige Kraft, die allen Schwierigkeiten Trotz bietet und alle Hindernisse wegräumen kann. Sie muss nur *erweckt* werden! Durch richtiges Erkennen der göttlichen Gesetze kann der Mensch wahrlich zur Selbstbeherrschung, zur Glückseligkeit und Vollkommenheit gelangen.

Um den Weg zur Läuterung des Gemütes zu zeigen, will ich hier zwei Beispiele anführen. In dem einen werde ich erklären, wie der Mystiker oder der erleuchtete Weise das negative Gefühl der *Furcht* überwindet. Und im anderen möchte ich zeigen, wie er die positive und aufbauende *Gottesliebe* in sich erweckt und dann lebendig erhält:

Der wahre Mystiker kennt überhaupt keine *Furcht!* Denn die Furcht widerspricht der göttlichen Liebe und Weisheit.

1. Er fürchtet vor allem den *Tod* nicht, weil er weiss, dass dieser für die Seele eine notwendige Ruhepause ist, ein Wechsel des Kleides, ein Hinübersetzen über den Ozean des Daseins von einem Ufer zum andern. Er weiss, dass er als göttliche Seele unsterblich ist. Der Tod ist wahrlich ein gütiger Führer, ein Freund und kein Feind. Darum liebt der erleuchtete Weise den Tod und diese Liebe verwandelt die Schrecken des Todes in Freude und Segen[1].

2. Er fürchtet die *Krankheit* nicht, denn er weiss, dass diese ein Läuterungsmittel der Natur ist, eine Mahnung zur Wiederherstellung der zerstörten Harmonie. Sie ist ihm ein Ansporn zur Überlegung und Weisheit, eine Veranlassung zur Sühnung der verletzten Gesetze des Lebens, also eine gütige Vorsehung Gottes. Er versucht daher, die Lebensgesetze zu erkennen und sie zu erfüllen und damit die Ursachen der Krankheit zu beseitigen.

3. Er fürchtet die Schicksalsschläge nicht, denn er weiss, dass diese die Auswirkung selbstgeschaffener Ursachen sind und dass er diese Auswirkungen verwandeln und sein Schicksal überwinden kann. Das *Leid* ist für ihn nur eine *Leiter,* auf der er zur Höhe der Entwicklung und Vollkommenheit emporsteigt. Ja, das Leid ist oft die einzige Hilfe für den Menschen, der dem Gesetze Gottes *ungehorsam* bleibt. Der Erleuchtete weiss aber, dass es auch unverdientes Leid gibt, das unbedingt belohnt wird[2].

Das Leid soll ihm ein Ansporn sein, für die Entfaltung der in ihm verborgenen Kräfte. Wer kein Leid durchgemacht

---

[1]) Siehe darüber: «Der Meister und seine Jünger», 3. Aufl. in 2 Bänden.

[2]) Ueber die ausführliche Erklärung des Problemes des Leidens siehe meine Schrift: «Die Ursache des Leides».

hat, der kann wahrlich den Segen der Glückseligkeit und des Friedens nicht empfinden. Darum dankt der Weise für seine Leiden und ruft aus:

Ich grüsse euch von Herzen, ihr meine Leiden!
Ohne euern Impuls hätte ich
die Selbstbeherrschung nicht errungen.

Ohne euer Geleit hätte ich den Weg
zur Wahrheit und Seligkeit nicht gefunden.
Wahrlich, ich bin meine Erlösung
eurer Hilfe und Führung schuldig!

4. Er fürchtet die *Armut* und das *Elend* nicht, denn er weiss, dass der Reichtum des Herzens, der wahre Reichtum ist. Derjenige, der an Güte und Liebe reich ist, kennt kein Elend. Er kennt den Segen der Genügsamkeit und Zufriedenheit, und er weiss, dass es Menschen gibt, die viel ärmer sind als er. Darum bleibt er zufrieden und dankbar und ist trotz seiner Armut edel und hilfreich.

5. Er fürchtet die begangenen *Sünden* nicht, denn dadurch beseitigt er sie nicht, sondern er bereut sie und strebt danach, dieselben durch gute Taten zu sühnen. Er weiss, dass es oft in seiner Hand liegt, die bösen Taten gut zu machen, dass er dies darf, betrachtet er als eine Gnade und Liebe Gottes.
Er erkennt die Wahrheit, dass die Sünde aus bewusstem, willkürlichem Ungehorsam gegen den Willen Gottes besteht und dass Gott die unbewussten und unwillkürlichen Fehler der gehorsamen und reumütigen Menschen in Segen *verwandelt*.
Er weiss auch, dass Gott ihm jene Sünden und Missetaten vergibt, deren Wiedergutmachung ausserhalb seiner Macht steht. Darum spricht er folgendes Bekenntnis mit voller Inbrunst aus:

Ich habe als Mensch zwar gesündigt,
Erwacht nun zum Lichte der Wahrheit
Wasche ich mich durch edles Fühlen
Und reines Denken von allen Sünden rein!

Durch göttliche Gedanken, Worte und Taten
Verwandle ich die Rückwirkungen meiner Sünden
Und schaffe mir ein friedlich schöpferisches Leben
Im Schosse der göttlichen Liebe und Weisheit.

Befreit von den Ketten der Sünden und Laster
Rüste ich mich mit Opfermut und Hingabe aus,
Um der geistigen Wiedergeburt der Menschheit
In tiefer Demut und Dankbarkeit zu dienen!

Dass ich dies vollbringen darf und kann,
Nehme ich als Geschenk der göttlichen Gnade an!

6. Er fürchtet die *Zukunft* nicht, denn er weiss, dass die Zukunft von seinem gegenwärtigen Tun abhängt, er weiss, dass ein jeder in der Zukunft das erntet, was er jetzt sät. So streut er Samen guter Taten und Gedanken aus und ist einer guten Ernte, also einer herrlichen Zukunft gewiss.

7. Er fürchtet auch Gott nicht, denn er weiss, dass Gott All-Güte, All-Liebe und All-Gerechtigkeit ist und dass die Furcht vor einem solchen Gotte sinn- und grundlos wäre. Er weiss, dass er sich selbst die Hölle oder das Paradies in seinem eigenen Herzen schafft. Er fühlt Gott gegenüber nur *Ehrfurcht*, und diese ist aufbauend und nicht zerstörend wie Furcht.

Er fürchtet einzig und allein sein niederes, persönliches *Ich*, das ihn so leicht täuscht, betrügt und verführt. Deshalb strebt er danach, dasselbe richtig und gründlich zu erziehen und zu zügeln und in einen gehorsamen Diener zu verwandeln.

Wie wir aus dieser Darlegung erkennen können, überwindet der Weise oder der Mystiker durch seine *Erkenntnis* die Furcht, die der gefährlichste Feind des menschlichen Glückes und Friedens ist, in allen ihren Erscheinungsformen.

Von aller Furcht befreit, wandert der Weise oder der Mystiker seinen Weg mit frohem Gemüt, mit hoffnungsvollem Herzen und mit starkem, unermüdlichem und erkenntnisreichem Geist weiter.

Der Weise steht auch den negativen und zerstörenden Gefühlen wie folgt gegenüber:

1. Ein wahrer Meister oder Mystiker kann nichts *hassen*, denn erstens ist sein Herz so von göttlicher Liebe erfüllt, dass darin für den Hass kein Platz übrig bleibt[1]. Er erkennt auch das geistige Gesetz, dass Hass nur Hass gebiert und dass der giftige Strom seines Hasses gestärkt auf ihn selber zurückfliessen und sein Herz und seine Seele vergiften wird.

2. Er kennt den *Neid* nicht, denn er weiss, dass der Neid das Zeichen der Herzensarmut ist. Er aber ist an Herzensgüte reich. Mit heldenhaftem Opfermut überwindet und besiegt er dieses tückische Laster und verwandelt es in Wohlwollen und Güte.

3. Er kennt die *Habgier* nicht, denn er weiss, dass die weltlichen Güter vergänglich sind und für ihn nur so weit Wert haben, als er damit der Menschheit helfen kann. Darum gibt er seine Besitztümer schon zu seinen Lebzeiten weiter, um der Menschheit zu dienen und sich zu entlasten. Er weiss ferner, dass *Habgier* die Wurzel aller anderen Laster und Übel ist. Darum rottet er opferwillig diese Wurzel in seinem Herzen aus.

4. Er kennt die *Eitelkeit* nicht, denn er weiss, dass Eitelkeit die Frucht von Selbstwahn und Selbstbetrug und die

---

[1]) Darüber lies in meiner Schrift: «Der Weg zur Lebensweisheit und Glückseligkeit», den Abschnitt: Die göttliche Liebe und der Hass.

Brutstätte vieler unheilvoller Eigenschaften ist. Er weiss, dass die Eitelkeit zur Folge hat, dass ihn viele seiner Freunde meiden und er sich so ihrer Hilfe beraubt. Eitelkeit verletzt das Herz der Vertrauten, macht Freunde zu Feinden und verhindert oft den Menschen eine nützliche, selbstlose Arbeit vorzunehmen, weil diese ihm erniedrigend erscheint.

5. Er kennt den Zorn nicht, denn dieser ist ein Zeichen der Unwissenheit und Verknechtung der Seele, seine Seele ist aber frei. Er weiss, dass der Zorn die Lebensenergie zerstört und im Körper zersetzende Gifte erzeugt.

6. Er kennt die *Selbstsucht* nicht, denn er fühlt sich eins mit allen Menschen und Wesen. Er lebt nicht für sich allein, sondern für die andern. Er schaut die Welt mit göttlichen Augen an und kennt die Gesetze des Weltalls. Freudiger Opfermut und Freigebigkeit begleiten ihn auf seinem Pfade zur Glückseligkeit.

7. Er kennt die *Feindschaft* nicht, denn die Glut seiner flammenden Liebe verzehrt alle Schlacken der Feindschaft in seinem Herzen. Er hat weder innere noch äussere Feinde, denn er hat sie alle besiegt und in Freunde verwandelt. So kann er in Frieden mit allen Menschen leben.

Er betrachtet alle Menschen als seine Brüder; die bösen als seine blinden, erbarmungswürdigen und unerfahrenen und die guten als seine reiferen, erleuchteten Brüder.

Er hat den Guten und Erhabenen gegenüber die Pflicht des Gehorsams, der Nachfolge und des Dankes, da sie ihm als Vorbild vorangehen. Er hat seinen bösen Brüdern gegenüber die Pflicht der Erziehung und Belehrung, der Hilfe und der Führung. Diese Pflichten erfüllt er mit selbstloser Liebe, Opferwilligkeit und Geduld.

Er betrachtet alle Menschen als Freunde, selbst wenn sie ihn als ihren Feind betrachten würden. Er hat nur einen Feind und dies ist die *Unwissenheit*, aber auch diesem gegenüber fühlt er Dankbarkeit und spricht:

112

«Die Unwissenheit ist mein einziger Feind!
Ihr bin ich jedoch den grössten Dank schuldig.
Sie hat mich in Irrtum und Sünden geführt,
und diese haben Leid und Schmerzen gebracht.

Durch Leid und Schmerzen wurden meine Geistesaugen
allmählich dem Lichte der Erkenntnis geöffnet
und ich habe die Wahrheit erschaut und erkannt.

Tiefes Elend und unsägliche Qual
haben meiner Seele schöpferischen Kräfte geweckt,
und mit Hilfe dieser Kräfte habe ich jetzt
die Unwissenheit und das Leid überwunden.

Ich ruhe nun im Schosse der Wahrheit
und im Heiligtume der Gottesweisheit
in Frieden, Harmonie und Seligkeit.»

4. Wie üben wir die Läuterung des Gemütes?

Wir wissen aus eigener Erfahrung, dass uns das *blosse
Wissen* um die Notwendigkeit und die Vorteile einer Handlung nichts hilft. Das Wissen muss gelebt und *in die Tat* umgesetzt werden.

Wenn wir theoretisch den Weg zur Läuterung des Gemütes erkannt haben, so müssen wir diesen *Weg gehen*.
Dies ist der praktische und wichtigste Teil der Läuterung.

Die Praxis der Läuterung des Gemütes ist aber weiter
nichts anderes, als die Ausübung der *Tugenden*. Denn wie
wir wissen, sind die Untugenden oder Laster im Grunde
genommen nichts anderes, als die missbrauchten Tugenden,
oder wie der Mystiker sagt, die verdorbenen und verkehrten

Tugenden. Wenn wir die Tugend hegen und pflegen, dann verschwinden die Laster von selbst, d. h. sie verwandeln sich in positive Kräfte, wie der Schatten zum Licht. Es sind aber diese Untugenden und Charakterfehler, wie Antipathie, Unfreundlichkeit, Angst, Eitelkeit, Hass, Kritiksucht, Unduldsamkeit, Ehrgeiz, Rechthaberei, Neid, Eifersucht, Intolleranz, Zorn, Grübelei, Nörgelei, Unzufriedenheit, Undankbarkeit usw., die das Gemüt vergiften und aufregen und den inneren Frieden rauben[1].

Viele Menschen wissen bereits, dass dem so ist und dass diese negativen Eigenschaften sehr gefährlich sind. Sie möchten sich gern von diesen zerstörenden Keimen der Disharmonie und der Schwäche *befreien*. Trotzdem begehen sie immer wieder dieselben Fehler und tun das Gegenteil von dem, was sie zu tun wünschen. Der Geist ist also rege, der Wille aber träge. Sie wissen letzten Endes, dass es bei dieser inneren Reinigung auf die Verwirklichung ihres reinen Wunsches ankommt.

Bei solchen Menschen handelt es sich um Mangel an *Erkenntnis*, an *Willensenergie* und *Ausdauer*. Diese drei Kräfte sind die wirksamsten Mittel zur Läuterung des Gemütes und überhaupt zur *Selbstüberwindung*. Um diese Läuterung in uns zu vollbringen, müssen wir unermüdlich die folgenden Übungen ausführen:

1. Wir müssen uns über die Gefahren der Untugenden und über die Vorteile der Tugenden ein *klares Bild* und eine weitgehende Überzeugung verschaffen. Wir müssen über das, was im vorhergehenden Teil dieses Kapitels gesagt wurde, nachdenken, in unserem Leben Beispiele dafür suchen und uns die Vorteile unserer Tugenden und die Nachteile unserer

---

[1] Über die Entstehung und Überwindung der Untugenden oder Laster, siehe meine Schrift: «Der Weg zur Lebensweisheit und Glückseligkeit».

Laster plastisch vorstellen, damit eine unerschütterliche Überzeugung in uns geboren wird, dass diese Gedanken über die Läuterung des Gemütes auf *Wahrheit* beruhen. Dies ist die *Übung* der *Erkenntnis* oder der *Unterscheidung*, welche von nun an die Triebkraft unseres Wissens und Handelns sein soll.

2. Nachdem wir erkannt haben, dass alle Untugenden oder Laster und alle Schwächen aus unserem kleinen persönlichen Ich kommen, müssen wir den *Entschluss* fassen, von nun an dieses niedere, persönliche und selbstsüchtige Ich zu erziehen und zu zügeln. Am Anfang müssen wir den Mut haben, gerade das Gegenteil von dem zu tun, was unser kleines Ich wünscht, um es zum Gehorsam zu zwingen und zu gewöhnen.

Dieses kleine persönliche *Ich* in uns müssen wir genau so betrachten, als ob es ein unerzogenes, aber erziehbares Kind wäre. Wir müssen, wie eine Mutter, unser kleines Ich manchmal für seinen Gehorsam belohnen und ein anderes Mal für seinen Ungehorsam bestrafen.

Diese Belohnung besteht in der Erfüllung seiner harmlosen und vernünftigen *Wünsche* und die Strafe im Ablehnen seiner eitlen Wünsche und in einem Verzichten-müssen[2].

3. Durch Beharrlichkeit in der Ausübung dieser Methode und durch die gemachten Erfahrungen wird für uns die Arbeit der Erziehung unseres kleinen Ich von Tag zu Tag leichter und freudebringender. Unser kleines Ich wird sich allmählich an Gehorsam gewöhnen und lernen, auf seine unedlen Wünsche zu verzichten und dieses Opfer wird ihm und uns grosse *Freude* schaffen.

Wenn wir einen Fehltritt gemacht oder eine Missetat oder Untugend verübt haben, müssen wir sobald wie möglich

---

[2]) Über die anderen Methoden der Erziehung des Ichs, siehe: «Die Heilkraft des Schweigens», das Kapitel: Wie man die Laster in Tugenden umwandeln kann».

unser kleines Ich, das allein dafür verantwortlich ist, richten, verurteilen und bestrafen.

Dieses Selbstrichten geschieht am besten und wirksamsten abends vor dem Schlafengehen. Wir müssen uns unserem kleinen Ich gegenüber liebevoll und dennoch energisch und hart verhalten und ihm den gleichen Fehltritt streng verbieten.

4. Reue, Tadel, Drohung und Entbehrung genügen aber nicht, um die Auswirkung der Missetat zu verhindern. Die negative Auswirkung muss durch eine *positive* Tat beseitigt werden. Wir müssen also die verübte Missetat sobald als möglich wieder gut machen. Dies ist das wirksamste und gleichzeitig das schwerste Mittel, um unserem kleinen Ich seine Untugenden abzugewöhnen.

Hier kann nur die *Macht* eines geschulten, starken *Willens* den Sieg erringen.

Um dieses Ziel zu erreichen, müssen wir unseren *Mut* und die *Opferwilligkeit* zu Hilfe nehmen. Wenn z. B. unser kleines Ich aus Eitelkeit jemanden beleidigt hat, so müssen wir es zwingen, zu jenem Menschen zu gehen und ihn um Verzeihung bitten. Dieser erste Schritt und dieses erste *Opfer* wird unserem kleinen Ich sicher sehr schwer fallen und es wird möglichst zögern und widerstreben. Aber der Kampf gegen diesen Widerstand muss *auf jeden Fall* gewonnen werden. Denn von diesem ersten Sieg über unser persönliches Ich hängt der weitere *Erfolg* ab. Heilig und göttlich ist ein solcher Wille. Durch eine solche Heldentat bricht die Widerstandskraft des hartnäckigen kleinen Ichs für immer zusammen. Es wird sich von nun an unterjochen lassen. Die *Glückseligkeit*, die darauf folgt, ist unbeschreiblich und himmlisch.

5. Wenn eine Untugend nicht aus einer Handlung, sondern aus einer *unreinen* Empfindung oder einem *unedlen* Gedanken geboren wird, dann müssen wir diese Untugenden gleichfalls überwinden und umwandeln, um ihre Aus-

wirkungen zu neutralisieren. Denn unsere Gefühle und Gedanken sind dynamische Kräfte und verursachen, je nach ihrer Art, gute oder verderbliche *Wirkungen* ebenfalls bei uns, wie auch bei anderen Menschen und Wesen. Wenn z. B. unser kleines Ich über jemanden etwas Böses gesprochen oder denselben verleumdet hat oder auch nur hässliche Gefühle und unreine Gedanken gegen ihn hegt, selbst wenn dieselben noch nicht ausgesprochen wurden und die betreffende Person davon nichts weiss, müssen wir dieselbe dennoch um Verzeihung bitten. Hierzu sammeln wir unsere Gedanken und sprechen folgendes aus:

«Lieber Bruder (oder liebe Schwester), verzeihe mir meine unreinen Gefühle und Gedanken die mein kleines Ich gegen dich gehegt hat.»

Dies muss man mehrere Male wiederholen, damit das Gemüt und die Seele von der Last der falschen Gefühle und Gedanken des niederen Ichs befreit werden.

Man muss auch den Mut haben, seine Fehler vor der betreffenden Person und auch vor Freunden einzugestehen und um Verzeihung und deren geistigen Beistand zu bitten. Man darf aber dieses Eingestehen oder diese Beichte nicht als Mittel zur Selbstüberhebung und Prahlerei oder zu materiellem Profit ausnützen; denn das würde zu einem neuen gefährlichen Laster führen. Auf diese Weise müssen wir auch alle anderen Untugenden und Missetaten unseres kleinen Ichs behandeln. So werden wir Schritt für Schritt vordringen und die Festungen eine nach der anderen, in denen die niederen Triebe unseres kleinen Ichs lauern, erobern, reinigen und das niedere Ich erlösen.

6. Wir müssen allmählich dahin kommen, dass wir unsere Gefühle und Gedanken *ständig* kontrollieren, wie eine vernünftige Mutter alle Lebensäusserungen ihres Kindes beob-

achtet und seine unrichtigen Handlungen sofort zu verbessern trachtet.

Durch Beharrlichkeit, scharfe *Beobachtung, Selbstkontrolle* und *Selbstprüfung* wird es bald gelingen, die unerwünschten Gefühle und Gedanken, noch ehe sie entstehen, vorauszufühlen und zu unterdrücken oder richtiger gesagt, zu *veredeln* und zu verwandeln.

Im Anfang werden wir uns einige Zeit *nach* der vollbrachten Tat unseres Fehltrittes bewusst, und wir werden ihn bereuen, aber von Tag zu Tag wird es uns leichter fallen, und dieses Bewusstsein erwacht schon *beim* Ausüben der Tat, aber es ist noch zu schwach, um die Tat zu verhindern. Hier werden das Bewusstsein und die Reue bereits mit der Missetat geboren. Nach einiger Zeit ausdauernder Übung, wird dieses Bewusstsein schon kurz *vor* der Versuchung erscheinen und uns warnen. So tritt die Versuchung von Tag zu Tag mehr zurück, bis sie schliesslich völlig verschwindet.

Wir müssen uns daran gewöhnen, *vor* jeder unerwünschten Handlung und vor jedem bösen Wort und Gedanken, uns zu fragen: soll ich es vollbringen und ausdrücken oder nicht? Dies ist das beste Mittel zur Selbstbeherrschung und dies gewinnt man durch die Heilkraft des Schweigens, d. h. durch Besinnung und Überlegung in Ruhe.

Wir müssen also wie ein treuer Wächter vor der Tür unseres Seelentempels stehen und mit dem Wunderstab des Willens den unreinen Gefühlen und Gedanken den Eintritt in das Heiligtum des Tempels verwehren.

7. Das letzte und göttlichste aller Mittel, um die Läuterung des Gemütes und die Selbstüberwindung zu vollbringen, ist das *innige Gebet.*

Über die *Macht* des reinen Gebetes brauche ich weiter nichts zu sagen. Diese Betrachtungen über die Meditation sind schon Beweise genug für die wunderbaren Wirkungen des wahren Gebetes.

Ich will nur ein für die Läuterung geeignetes Gebet als Beispiel und Übung anführen:

Ich flehe Dich von Herzen an,
O Du in mir verborgener Gott!
Ich will Deinen Willen erfüllen,
Deiner Liebe und Weisheit folgen,
Ich will so denken und handeln, wie Du willst!

Erleuchte mich mit Deinem Geist!
Stärke mir Glauben und Mut!
Gib, dass die Flamme Deines Willens
Alles Unreine in mir verbrenne,
Und schaffe in mir Frieden und Harmonie!

5. Die Übung der Gottesliebe

Neben den in den vorhergehenden Seiten angegebenen Mitteln zur Läuterung des Gemüts kennt der erleuchtete Mystiker noch ein höheres Mittel, das er Gottesliebe nennt und als Krone der Läuterungsmittel betrachtet.

Wir wollen nun erforschen, wie er diese *Gottesliebe* in sich verwirklicht und wie er durch sein geläutertes Gemüt mit schöpferischer *Kraft* erfüllt.

Wie eine kluge und erfahrene Mutter die schädlichen und unreinen Dinge mit denen ihr Kind spielt und mit denen es sich ernähren will, wegnimmt und ihm dafür etwas Gutes und Bekömmliches in die Hand gibt, ebenso handelt auch der mit Erkenntnis und Vernunft begabte Weise oder Mystiker seinem kleinen persönlichen Ich, seinem unerfahrenen Geisteskind gegenüber.

119

Wenn er in seinem kleinen persönlichen *Ich* alle unedlen Triebe und Wünsche vernichten und ihm seine lieben, aber gefährlichen Gewohnheiten nehmen will, so schenkt er ihm etwas Höheres, Schöneres und Wertvolleres dafür und dies ist die *Gottesliebe.*

Wie ein Mensch sich einem anderen Menschen, der seinem Ideal entspricht, in Liebe hingibt, so gibt sich auch der Mystiker Gott in Liebe hin, denn Gott ist das Ideal aller Ideale und besitzt den höchsten Grad aller Vollkommenheiten, die der Mensch sich vorstellen kann.

Er betrachtet darum Gott als höchste Intelligenz, Weisheit, Reinheit, Barmherzigkeit, Wahrheit, Schönheit, Liebe und Herrlichkeit.

Wie die Sonne für uns das höchste Licht, die Quelle des Lebens und das Symbol der höchsten Herrlichkeit ist, und dadurch würdig, von uns gepriesen, verehrt und geliebt zu werden, so ist es Gott im geistigen Sinne. Er spricht darum:

> O Gott! Du allein bist würdig,
> angebetet und geliebt zu werden!
> Denn Du bist die absolute, ewige
> Weisheit, Schönheit und Wahrheit!
> Darum liebe ich Dich innig und ewig!
> O Du, Geliebtester aller Geliebten!
> O Du, Seele aller Seelen und Welten!

Wie ein wahrhaft Liebender sich dem Willen seines Geliebten unterwirft, alles vermeidet, was seinem Geliebten missfällt und sich alle Eigenschaften seines Geliebten aneignet, um von ihm geliebt zu werden, so verhält sich auch der Mystiker gegenüber seinem geliebten Gott.

Aus Gehorsam seinem lieben Gott gegenüber lässt er von seinen schlechten Eigenschaften und allen seinen Lastern, weil er weiss, dass diese dem Willen seines Geliebten widersprechen und Ihm missfallen.

120

Er lässt sein persönliches Ich die Wonne dieser Liebe kosten und unter der Glut dieser Liebe seine niedere Natur dahinschmelzen, sich veredeln und vergöttlichen.

Denn er erkennt, dass alles im Leben dem Gesetz der Entwicklung untersteht und Entwicklung nichts anderes ist als Umwandlung, d. h. das Übergehen von einem niederen Zustand in einen höheren.

Bei der Erziehung und Umwandlung des kleinen persönlichen Ich ersetzt er darum dessen niederen, gröberen Triebe und Kräfte durch höhere und edlere. Er lässt es aus dem Tal der persönlichen und eigennützigen Wünsche und Handlungen zum Berge der erhabenen, unpersönlichen und selbstlosen Idealen und Opfertaten emporsteigen.

Er vernichtet also nichts, sondern ersetzt das Gröbere durch das Feinere, das Geringere durch das Höhere und das Menschliche durch das Göttliche.

Der Mystiker liebt Gott mit einer ganz anderen Liebe, als was wir darunter verstehen. Er liebt Gott von ganzer Seele und von ganzem Herzen! Und da alles Universum durch Gott, seinem Geliebten entsteht, so liebt er auch alles, was in der Welt ist.

Er schliesst *alle* Wesen und *alle* Welten in sein Herz:

Er liebt die Bösen wie die Guten,
die Niederen wie die Erhabenen,
die Armen wie die Reichen,
die Elenden wie die Glücklichen,
die Hässlichen wie die Schönen,
die Sünder wie die Heiligen,
die Tiere, Pflanzen und Steine
ebenso wie die Menschen.

Er weiss dass Gott, sein Geliebter, in allen Geschöpfen lebt, denn Er ist *allgegenwärtig* und *ewig*!

121

Der Mystiker spürt in jedem Ding, jedem Wesen und in jeder Form das ewige Leben, als den Hauch Gottes pulsieren. Er weiss, dass alles, gering oder hoch, irdisch oder himmlisch, das Sandkorn sowohl als auch die grösste Sonne, Werke der Macht seines Geliebten sind. Er weiss, dass die Blicke seines Geliebten immer auf ihn gerichtet sind! Und dass er mit seinen Herzensaugen das Antlitz seines Geliebten erschauen kann.

Aber dieses *Herz* muss zuerst von allen Schlacken der menschlichen Schwächen und Begierden gereinigt werden, um das Göttliche wiederspiegeln zu können. Er weiss, dass die Liebe Gottes undenkbar mächtig und gross ist, dass er aber nur dann die segensvollen Strahlen der Gottesliebe empfangen kann, wenn er aus seinem Herzen ein *reines Gefäss* gemacht hat.

Er betrachtet sein ganzes Leben, sein Glück wie auch sein Unglück, seine Freude wie auch sein Leid, als Geschenk seines Geliebten. Deshalb sagt er:

«Alles was erschaffen ist, stammt von Dir und trägt das Gepräge Deiner Weisheit, o Du, geliebter Gott! Darum sind mir alles in der Welt Zeugen und Zeichen Deiner *Liebe* und Herrlichkeit.»

Wenn der Weise alles so betrachtet, dann verliert das Leid seinen Stachel und seine Macht wird für ihn zur Freude, ja zum Segen.

Seine Seele ist so durchflutet vom Strom der Liebe zu seinem geliebten Gott, dass alles auf der Erde und im Himmel in seinen Augen einen göttlichen Glanz und Reiz bekommt. Sein Herz ist so berauscht und entzückt, dass er überall und in allem nur Liebe und Wonne sieht, Schönheit und Harmonie findet. Denn alles ist das Werk seines geliebten Gottes, alles befindet sich auf dem Wege zur Vollkommenheit. Alles schreitet vom Bösen zum Guten, vom Hässlichen zum Schönen, vom Falschen zum Wahren und vom Vergänglichen zum Ewigen empor. Seine erlöste Seele labt sich an der Liebe des geliebten Gottes, wie ein Säugling an der Brust seiner Mutter.

Wir, die wir unsere Seele in den Banden des kalten Intellekts gefesselt halten, können uns keinen Begriff von solcher Gottesliebe machen, denn sie ist nicht etwas Greifbares, sondern etwas Innerliches, ein Geheimnis, das nur *erlebt* werden kann.

Diese Liebe verwirklicht sich durch inbrünstige Hingabe an Gott. Ja, der wahre Liebende vergisst sich selbst, wird mit dieser Liebe mit Gott, seinem Geliebten verschmolzen, mit Ihm vereint und in Ihm eingehen. Dann bleibt nichts von dem kleinen, sterblichen Ich übrig und Leid und weltliche Qualen hören auf, und alles verwandelt sich in *Wonne und Seligkeit*!

Ein Sufi-Meister und Mystiker Persiens drückt das so aus:

«O Geliebter! Ich habe Dein Antlitz so innig in mir nachgebildet, dass ich Du geworden bin. Das ,Du' ist allmählich in mich eingetreten und das ,Ich' langsam aus mir hinausgegangen.

Geliebter Gott! Wenn ich Dich innig liebe, dann kümmere ich mich nicht um die ganze Welt. Wenn Du mich liebst, dann verlange ich nach keiner anderen Liebe, denn Du bist ja die Quelle aller Liebe!»

Diese Gottesliebe ist grenzenlos! Sie kennt keine Beschränkung und keine Bedingungen. Sie fordert jedoch völlige Hingabe und freudige Opferwilligkeit.

Wenn man uns fragen würde, ob wir Gott lieben, so würden wir sicher «ja» sagen. Aber wie weltenweit entfernt sind wir noch von wahrer Gottesliebe!

Denn wahre *Gottesliebe* ist so glühend und gewaltig, dass sie alle Schlacken der Ichsucht und der Trennung in uns völlig versengt und alles Leid, alle Qualen und Sorgen verschlingt. Dann wird das Gemüt gereinigt, das Herz geläutert und das kleine Ich erlöst. Und wir werden zu geeigneten

Werkzeugen in der Hand Gottes. Dann wird Gott uns als Offenbarungsort Seiner *Liebe* als Gefäss Seines schöpferischen *Willens* gebrauchen.

Um diesen göttlichen Zustand in uns zu schaffen und um diese hohe Stufe der Reinheit des Gemütes zu erreichen, müssen wir stets eifrig danach streben, alle negativen Gefühle in uns auszurotten und sie durch positive, aufbauende Gefühle zu ersetzen. Dies soll aber nicht nur in unseren Worten und Gedanken, sondern in unseren *Handlungen* zum Ausdruck kommen. Denn erst dann sind wir würdig, von unserem Gott geliebt zu werden.

Zu diesem Zweck müssen wir so oft wie möglich, nachdem wir unseren Körper völlig entspannt haben, etwa Folgendes meditieren:

Ich werde nunmehr mein ganzes Leben
der Linderung der Not der Menschheit widmen
und Strahlen der Liebe und Güte aussenden.

Ich werde mit unerschütterlichem Opfermut
und in tiefster Demut und Dankbarkeit
freudig dienen und allen Menschen helfen.

Ich werde im Herzen aller Verzweifelten
Gottvertrauen, Hoffnung und Glauben entfachen,
ihren Seelen Zuversicht und Lebensmut schenken!

6. Die Tugendfolge der esoterischen Mystik

Um die Reinigung des Gemütes oder des Herzens schnell zu erreichen, kann uns folgende Tabelle grosse Dienste leisten:

Die Wahrheit ist das spirituelle Urlicht, das sich durch sieben Strahlen offenbart, wie das physikalisch-materielle Licht durch sieben Spektralfarben.

Von den sieben Strahlen der Wahrheit sind die sechs ersten in den sechs Weltreligionen, nach geschichtlicher Reihenfolge wie folgt zur Offenbarung gekommen:

1. *Brahmanismus* als Religion der *Weisheit*,
2. Religion von *Zarathushtra* oder *Mazdaismus* als Religion *der Reinheit*,
3. *Mosaismus* als Religion der *Gerechtigkeit*,
4. *Buddhismus* als Religion der *Barmherzigkeit*,
5. *Christentum* als Religion der *Selbstaufopferung*,
6. *Mohammedanismus* oder Islam als Religion *der Einheit*,
7. *Harmonie* als *Weltreligion der Zukunft*, die sich im neuen Zeitalter offenbaren und alle Religionen miteinander versöhnen und in Einklang bringen wird.

Jede Religion enthält alle Strahlen oder Prinzipien der Wahrheit; jede hatte jedoch die Mission, einen bestimmten Strahl besonders zu betonen, je nach dem Bedürfnis eines Volkes und nach der Forderung der Zeit.

Da die Harmonie die Grundlage der *neuen Weltkultur* und die letzte Stufe der geistigen Entwicklung ist, die zur Vollkommenheit führt, muss sie die Substanz aller anderen sechs Strahlen in sich tragen. Als Religion der Zukunft wird die Harmonie die Quintessenz aller sechs Weltreligionen in sich einschliessen und offenbaren.

Die Funken und Lichtwellen der Harmonie stellen daher die Blüten und Früchte der anderen sechs Strahlen der Wahrheit dar. Aus diesem Grunde besitzt der Strahl der Harmonie jene Funken und Lichtwellen, welche das Ergebnis der anderen sechs Strahlen bilden.

Aus der *Weisheit* erwachsen in der Harmonie Ausgeglichenheit und *Gleichgewicht*, aus der *Reinheit* Keuschheit und Schönheit, aus der *Gerechtigkeit* Friede und innere Ruhe, aus der *Barmherzigkeit* Seligkeit und Heiligkeit, aus der *Opferwilligkeit* Freiheit und Erleuchtung und aus der *Einheit* Meisterschaft und Gottverbundenheit.

Dieser Weg führt zur Gottähnlichkeit und zur Vollkommenheit, dem Endziel des menschlichen Daseins, d. h. der Wanderschaft der Menschenseele auf Erden.

Von den sieben Strahlen der Wahrheit stellen die zwei ersten, nämlich *Weisheit* und *Reinheit*, die Selbsterkenntnis oder die Selbstentdeckung dar. Man wird zur Erkenntnis gelangen, dass das wahre Wesen des Menschen als Ebenbild Gottes an sich rein und göttlich ist.

Die zwei letzten Strahlen der *Einheit* und der *Harmonie* versinnbildlichen *Selbstverwirklichung*, d. h. Offenbarwerdung des Gottesgeistes im Menschen, also seiner Gottähnlichkeit und Gottesebenbildlichkeit.

Die drei mittleren Strahlen der *Gerechtigkeit*, der *Barmherzigkeit* und der *Opferwilligkeit* bedeuten die lange Strecke der Selbstüberwindung. Sie sind daher die aktiveren Strahlen und erfordern mehr Tätigkeit, Anstrengung, Kampf und Opfermut.

Dies entspricht dem mittleren Abschnitt des Lebens.

Weisheit und Reinheit beziehen sich hauptsächlich auf die Seele selbst, d. h. auf ihre Aufgabe sich selbst gegenüber. Sie dienen der Ausrüstung der Seele. Die drei aktiven Strahlen: Gerechtigkeit, Barmherzigkeit und Opferwilligkeit weisen mehr auf die Beziehungen zu anderen Menschen hin, d.h. sie bilden die Pflichten gegenüber den anderen Seelen. Sie führen zum Dienst an der Menschheit. Die zwei letzten Strahlen der *Einheit* und der *Harmonie* sind das Ergebnis

126

der Pflichterfüllung der Seele sich selbst und den anderen gegenüber. Sie haben also allgemeinen Charakter und beziehen sich auf alle strebenden und dienenden Seelen.

Das Herrliche in der Beziehung der Tugenden zu einander und in der Übung derselben, dass alle Tugenden *einander bedingen und ergänzen*. Man kann sie daher in jeder beliebigen Reihenfolge lesen, immer wird es richtig und sinnvoll sein, denn sie sind unlösbar miteinander verbunden und bilden zusammen eine Einheit. Das Bemerkenswerte an dieser Tugendlehre ist, dass jede ausgeübte Tugend gesetzmässig andere Tugenden nach sich zieht. Wer daher eine einzige Tugend richtig lernen und üben will, wird auch alle anderen Tugenden lernen und üben.

Wir müssen uns immer vergegenwärtigen, dass die Tugenden Seelenkräfte sind, die sich also in erster Linie *auf die Seele beziehen* und nur durch die Seele auf den Körper wirken. Man muss zum Beispiel die Reinheit und die Schönheit auf die Seele beziehen und sie von diesem Standpunkt aus betrachten. Es ist aber klar und selbstverständlich, dass Reinheit und Schönheit der Seele, nicht ohne Wirkung auf den Körper bleibt. Denn der Körper ist ja die Hülle, die Wiederspiegelung und der Offenbarungsort der Seele und steht unter deren Einfluss.

Die Tugenden, die scheinbar nur dem äusseren, materiellen Leben angehören, wie zum Beispiel Sparsamkeit, Genügsamkeit, Mässigkeit usw. müssen wiederum in erster Linie auf das innere, seelisch-geistige Leben bezogen werden, denn ihre Wirkung auf dem seelischen Gebiet ist unleugbar. Im äusseren, materiellen Leben kann aber ihre Wirkung nur als Beispiel und Beweis angeführt werden. Bei Sparsamkeit soll zum Beispiel der Lichtsucher sich fragen: Was bedeutet Sparsamkeit auf dem geistigen Gebiet? Welche Kräfte soll ich sparen und wie gelange ich dazu?

Manche Tugenden werden besser verstanden, wenn man sie mit ihren Gegensätzen vergleicht, wie zum Beispiel der

Glaube, welcher der Gegensatz von Zweifel ist. Prinzipiell dürfen wir aber die Untugenden und Laster gar nicht erwähnen, denn wir stärken sie dadurch unbewusst. Im Gegenteil: wir müssen uns immer auf das Positive, auf die Tugendkräfte konzentrieren und nur diese schöpferischen Kräfte betonen und hervorheben, damit sie in unserem Herzen und in unserem Bewusstsein Wurzeln fassen. Dies ist eine der Grundlehren und Vorzüge der mystisch-esoterischen Schule.

Noch ein Punkt muss hier erwähnt und erklärt werden: unsere Mitmenschen stehen in Bezug auf ihre geistige Entwicklung entweder über oder unter uns oder auf derselben Ebene wie wir. Jede Tugend ändert daher ihr Wirkungsfeld und ihre Tätigkeitsform je nachdem sie auf eine von diesen drei Gruppen von Menschen angewendet wird. So sprechen wir zum Beispiel nicht in demselben Tone mit einem Kinde, mit einem Freunde oder mit einer hochstehenden Persönlichkeit. Unsere Liebe beweisen wir den Kindern gegenüber durch Güte, dem Freunde gegenüber durch Herzlichkeit und dem Lehrer oder Meister gegenüber durch Ehrfurcht und Verehrung. Diese Unterscheidung ist bei der Ausführung der Tugenden sehr wichtig und nutzbringend.

Es gibt unter den Tugenden, im besonderen auf dem Strahle Harmonie, einige, die eher als Zustand, denn als Eigenschaft erscheinen, wie zum Beispiel die Freiheit, die Seligkeit, die Heiligkeit usw. Doch kann man alle diese als Zustand erscheinende Begriffe aus folgendem Grunde als wahre Tugenden betrachten: man sagt: Die Tugend ist eine Charaktereigenschaft, die man sich erworben hat oder erwerben will, während der Zustand das Ziel oder das Resultat einer entwickelten Tugend ist. Mit anderen Worten: Die Tugend ist eine Eigenschaft, welche *Anstrengung* und *Opferwilligkeit* erfordert und der daraus resultierende *Zustand* ist die ausgereifte Frucht. Es kann daher keinen Zustand geben, ohne vorherige Tätigkeit, Anstrengung und Opferwilligkeit. Der Zustand ist die Auswirkung einer Ursache, welche die

Anstrengung und die Tätigkeit einschliesst. Zustand und Anstrengung sind daher untrennbar, wie Ursache und Wirkung.

Wir müssen weiter erkennen, dass alle Tugenden im Grunde nur Begriffe sind, die erst dann zu Tugenden werden, wenn man sie errungen und verwirklicht hat, wie zum Beispiel die Hoffnung und der Glaube. Jede Tugend muss daher errungen und verwirklicht werden.

Die Freiheit bedeutet danach das Freiwerden, das Freisein und Freibleiben der Seele von allen Hemmungen, Flecken und negativen Strömungen. So ist es auch mit allen Tugenden, die Zustände zu sein scheinen und doch im Grunde aktive Eigenschaften und Seelenkräfte sind.

Selig, wer alle Tugenden in seinem Leben zur Offenbarung bringt, denn er wird das höchste Daseinsziel, die Vollkommenheit erreichen!

7. Wie sollen wir die Tugenden studieren und ausüben?

Das Studieren

Zuerst beginnt man mit der Besprechung der «Weisheit», als dem ersten Hauptstrahl, dann bespricht man ihre erste Lichtwelle, die «Achtsamkeit» und nachher ihren Funken, die Aufmerksamkeit und so der Reihe nach die anderen Funken und Lichtwellen oder Tugenden.

Sodann versucht man beim Studieren jedes Strahles drei Punkte, nämlich seine Bedeutung, seine Wirkung und seine Ausübung festzustellen und zu erklären.

Man kann zum Beispiel bei der Besprechung der «*Weisheit*» die drei erwähnten Punkte mit Hilfe folgender Fragen feststellen und durch deren Beantwortung erklären:

1. Die Bedeutung der Weisheit

Woher stammt dieses Wort? Was bedeutet es im eigentlichen und im übertragenen Sinne? Was haben die grossen Denker und Dichter über die Weisheit und über die Weisen verkündet? usw.

2. Die Wirkung der Weisheit

Wie wirkt sich die Weisheit im Leben eines Menschen und eines Volkes aus? Welches sind ihre Auswirkungen auf dem sozialen, politischen und religiösen Gebiet? – Welche Beispiele kann man aus der Geschichte für die Wirkung der Weisheit anführen? – Welches sind die grössten Weisen unter den Menschen gewesen? – Wie haben sie auf ihre Zeit und auf die Kultur der Menschheit gewirkt? usw.

3. Ausübung der Weisheit

Wie kann man die Weisheit im täglichen Leben ausüben? Welches sind die Bedingungen dazu? – Welches die Gebote oder Richtlinien der Weisheit? – Wie soll man sich gegenüber seinen Mitmenschen und sich selbst verhalten, wenn man die Weisheit walten lassen will? usw.

So kann man auch mit den anderen Tugenden verfahren. Je mehr man sich in dieser Art des Studiums einlebt, desto leichter und schneller wird man vorwärts kommen.

Die Ausübung

Der Meditierende soll durch Erforschung seiner eigenen Natur Folgendes feststellen:

1. Welches sind die Tugenden, welche bei mir fehlen?
2. Welches sind die Tugenden, die bei mir zu stark betont, d. h. übertrieben sind?
3. Welches sind die Tugenden, die bei mir wenig entwickelt und schwach sind?

Jeden Abend, bevor er einschläft, soll er sich folgende Fragen stellen:

1. «Habe ich mich heute in den Tugenden ..... geübt?»
2. «Habe ich heute die Übertreibung der Tugenden .... vermieden?»
3. «Habe ich heute die Tugenden ...... gestärkt und tatkräftig ausgeübt?»

Wenn er diese Fragen mit ja beantworten kann, dann soll er sich freuen und Gott und dem Heiligen Geist dafür danken.

Wenn er aber mit nein antworten muss, dann soll er dies ohne Ärger und Angst bereuen, aber den festen Entschluss fassen, es morgen besser zu machen. Mit Geduld, Ausdauer und Eifer wird es ihm gelingen, und er wird schliesslich den Sieg davontragen.

Dies ist der rechte und wirksame Weg der Selbstentdekkung, der Selbstkontrolle und der Selbsterziehung, welcher zur Selbstüberwindung, zur Selbstverwirklichung und zur Vollkommenheit führt.

Selig, wer sich eifrig bemüht, denn sein Streben wird mit Sieg und Segen gekrönt werden!

Bevor ich eine Schlussmeditation angebe, möchte ich noch bemerken, dass aus ähnlichen Gedanken, wie die, über die wir früher meditiert haben, jeder sich selbst jene Gedanken oder Sprüche für seine Meditation auswählen kann, die ihm für die Erreichung seines Zieles am besten zusagen und die seinem seelischen Bedürfnis entsprechen. Er muss aber erstens nur über positive Begriffe meditieren, d. h. wenn er zum Beispiel Hass, den er gegen eine Person fühlt, überwinden will, darf er nicht sagen: «Ich werde ihn nie wieder hassen!» Sondern er soll sich die betreffende Person im Geiste vorstellen und sagen: «Ich werde dich nunmehr lieben!» Wenn er zum Beispiel Eitelkeit, Zorn, Geiz, Furcht oder Antipathie usw. überwinden will, muss er entsprechend meditieren und sagen: «Ich werde nunmehr bescheiden, sanftmütig, freigebig, mutig, wohlwollend usw. sein.»

Zweitens soll er einen möglichst kurzen Satz nehmen und denselben mehrere Male wiederholen. Er soll ihn besonders vor dem Einschlafen erst laut und dann immer leiser und leiser aussprechen, bis er mit diesem Gedanken einschläft.

Auf diese Weise wirkt die Meditation wunderbar, läutert unser Gemüt, erlöst unsere Seele von allen Hemmungen, prägt ihre Wirkungen unserem Unterbewusstsein ein und setzt sie in unserem Tagesbewusstsein in die Tat um.

Ich möchte noch betonen, dass die Gottesliebe keine blosse Gefühlswallung, keine Schwelgerei und Sentimentalität ist, sondern eine aus wahrer Erkenntnis entspringende schöpferische und gebieterische Macht.

Die Gottesliebe ist von Gottes-Weisheit untrennbar, da bei Gott alle Eigenschaften eine Einheit bilden.

So ist auch die Liebe des Mystikers oder des erleuchteten Weisen von der Weisheit durchdrungen und durchleuchtet und dadurch frei von jeglichem Fehler und von jeglicher Schwäche. Sie ist wahrlich der Quell der Macht und der Herrlichkeit.

Nun wollen wir zum Schluss unseren Körper wieder ganz entspannen, die folgenden Worte aussprechen und ihre Heilkraft in uns und auf uns wirken lassen:

Zu Dir flehe ich und wende ich mich,
O Du mein geliebter Gott!
Führe mich zum Wege der Wahrheit!

Nach Dir verlangt meine Seele,
O Du liebreiche Mutter des Weltalls!
Öffne mir Dein erbarmendes Herz!

Schliesse mich in Deine Brust
und begleite mich auf meinem Pfade
mit Deinem kraftspendenden Blick!

Erwärme mich mit Deiner Liebesglut
und berausche mein Herz mit dem Wein
Deiner erlösenden, seligen Liebe.

Mögen alle Wesen erwachen!
Mögen alle Seelen geführt werden
zu Deinem ewigen Licht!

Viertes Kapitel

DIE REINIGUNG DER GEDANKEN

O, Bruder! Dein wahres Wesen besteht
nur aus deinem Denken! Das Übrige in
dir ist nur Knochen und Fasern. Wenn
du blumenhaft denkst, wirst du zu einem
Blumengarten und wenn du dornenhaft
denkst, wirst du zu einem Brennholz!
(Rumi, grösster Mystiker Irans aus dem
13. Jahrh. n. Chr.)

1. Die Macht der Gedanken

In dem vorhergehenden Kapitel haben wir die Wichtigkeit
und Notwendigkeit der Reinigung des Gemüts, d. h. der
Triebe und der Gefühle und ihren grossen Einfluss auf unser
Leben kennen gelernt.

Hier möchte ich betonen, dass die
Harmonie unseres Lebens und die Bemeisterung unseres
Schicksals von der Beherrschung unserer Gefühle, Gedanken
und Taten abhängt. Denn diese drei Ausströmungen oder
Ausdrucksformen unseres Lebens, nämlich unserer Gefühle,
Gedanken und Taten bilden die Fäden unseres Schicksals-
gewebes.

Die Gedanken sind aber viel *gewaltiger* und *schöpferischer*
als die Gefühle.

Die unbeherrschten Gefühle, die von den Gedanken nicht
beeinflusst und geläutert sind, wie bei den Kindern und
Naturvölkern, führen die Menschen nur zum *Irrtum*.

Die unbeherrschten, bösen Gedanken aber, die wir wissent-
lich und willentlich ausströmen, führen zur Sünde. Denn
Sünde ist mit bösem Willen absichtlich und bewusst geübte
Missetat, und die Taten sind die Früchte der Gedanken.

Der Fehler oder der Irrtum ist moralisch zu entschuldigen,
weil dabei keine böse Absicht am Werke ist, sondern nur Unwissenheit zugrunde liegt.

Die Sünde ist aber nicht zu entschuldigen, denn hinter ihr
steckt eine böse Absicht, ein bewusster, unreiner Gedanke.

137

Irrtum und Sünde bleiben aber beide dem Gesetz von Ursache und Wirkung unterstellt, d. h. sie sind Ursachen, die entsprechende Wirkungen hervorbringen.

Die Reinigung des Geistes, d. h. des Intellekts als dritte Vorstufe der Meditation, besteht in der Beherrschung und Umwandlung der Gedanken.

Die Gedankenbeherrschung ist also sehr wichtig, aber gleichzeitig sehr schwer zu erreichen, denn unser Denkapparat ist in ständiger Bewegung. Dieser Bewegung eine bestimmte Richtung zu geben, d. h. ihre Schwingungen auf einem bestimmten, hohen Grad zu halten, erfordert eine grosse geistige Anstrengung und Kraftanwendung.

Der Hauptgrund dieser Schwierigkeit besteht darin, dass wir die Gedanken wieder durch Gedanken bemeistern müssen, nämlich die negativen durch die positiven oder die niederen durch die höheren und die unedlen durch die edlen. Hier liegt der wahre Sinn und das Geheimnis der Reinigung der Gedanken. Mit anderen Worten: die Seele muss das Denkprinzip als Werkzeug für die Beherrschung der Denkkraft oder der Gedanken gebrauchen.

Die Beherrschung dieser ewig wogenden Gedanken und ihre Konzentration auf eine bestimmte positive, aufbauende Idee gleicht in der Tat dem Versuch, die Wolken in der Luft auf einem bestimmten Punkt festzuhalten, sie in eine beliebige Richtung zu leiten und ihnen erwünschte Formen zu geben!

Aber wenn diese Aufgabe auch sehr schwer erscheint, so ist ihre Erfüllung nicht unmöglich. Die Meister der Mystik, die Propheten und die Heiligen aller Völker haben es vollbracht und sind Beweise dafür, dass diese Macht im Bereiche der menschlichen Entwicklung steht. Der Mensch ist ein wunderbares, göttliches Geschöpf, und die Macht seiner Seele hat, als Ausströmung des Willens Gottes, keine Grenzen! Der höhere spirituelle Wille des Menschen, als Ausstrahlung seines göttlichen Geistes, kann dem Sturm *Stille* gebieten, dem Lauf seiner Entwicklung eine neue Richtung geben und ihn sein Ziel am schnellsten erreichen zu lassen.

*

Wenn wir nun einen flüchtigen, geistigen Blick in die Geschichte der Menschheitskultur werfen, werden wir erkennen, dass es Menschen gegeben hat, die nicht nur fähig waren, ihre eigenen Gedanken zu beherrschen und die ganze Kraft ihrer Gedanken auf ein Ziel zu konzentrieren, sondern sie haben auch die Gedanken von Millionen anderer Menschen beeinflusst und sie auf jene Bahn gelenkt und geführt, die sie selbst gewählt und gewollt haben.

Ist es heute noch so? Was regiert heute das Schicksal der Völker, ihr Leben, ihren Glauben, ihre Gedanken und Handlungen, wenn nicht die starken Gedanken von einigen Machtgierigen und hochintelligenten Personen? Gibt es überhaupt in unserer Zeit eine Macht, die grösser und schöpferischer ist, als die *Macht der Gedanken?* Wie das Universum durch den Geist Gottes geschaffen worden ist, so schafft auch der Mensch, als Ebenbild Gottes auf Erden, täglich durch seine Gedanken neue Kulturen und neue Welten.

*

Die Kraft bewusster Gedanken gleicht jener Energie der Sonne, die lebenspendend und auch tödlich sein kann. Aus dieser Wahrheit können wir ohne weiteres erkennen, wie gewaltig die Gedanken auf das Leben der Menschen wirken und wie nützlich und heilbringend ihre Beherrschung sein kann. Die Gedankenkraft, welche alle geistigen Herrscher und Führer der Völker verwenden, ist im Grunde ein und dieselbe, nur der Zweck, für den sie verwendet wird, kann ein verschiedener, von zersetzender oder aufbauender Art sein.

*

Man kann nie genug auf die *Macht* der Gedanken hinweisen und zeigen, wie diese Kraft in allen Zuständen des Lebens schöpferisch wirkt.

Ohne diese Kraft kann überhaupt keine Höherentwicklung bestehen. Mit ihrer Hilfe wird der Mensch fähig, zersetzende Gifte in das Elixier des Lebens zu verwandeln, die Geheimnisse der Schöpfung zu enthüllen und die unaufhörlich wogenden Wellen des Gemüts und des Denkens zu beruhigen und zu klären.

Durch die Macht des Gedankens kann man die geistig Blinden sehend, die geistig Tauben hörend und die geistig Toten lebendig machen!

Wahrlich, wer seine Gedanken beherrscht und sie zu lenken weiss, der beherrscht auch sein Schicksal. Wer sich selbst überwindet, der überwindet auch die Welt. Und wer über seine niedere Natur Herr geworden ist, der geht in den Frieden ein und gelangt an das jenseitige Ufer der Glückseligkeit! Darum lasst uns ausrufen:

Machtvoller Schöpfer des Weltalls!
Gib, dass ich mich selbst überwinde
und Dein wahres Ebenbild werde!
Gib, dass ich meine Gedanken rein halte,
dass sie der Spiegel Deines Willens werden.
Gib, dass ich heilig werde – wie Du!

2. Die Bemeisterung des Schicksals durch die Gedankenkraft

Bevor wir über die *Gesetze* sprechen, welche unsere Gedanken und ihre Verwendung zur Bemeisterung des Schicksals beherrschen, müssen wir uns über das Wesen des Schicksals Klarheit schaffen.

Das *Schicksal* ist eine treibende Kraft, und wir können eine Kraft, deren Entstehen, Beschaffenheit und Gesetze wir noch nicht kennen, nicht beherrschen und für unsere Zwecke nicht verwenden.

Wir haben darum zu lernen:

1. Was ist das Schicksal überhaupt? Welches sind seine Gesetze? Wie bildet es sich und wie wirkt es auf unser Leben?

2. Welche Rolle spielen unsere Gedanken bei der Gestaltung des Schicksals?

3. Wie gelangen wir durch die Macht der Gedanken zur Bemeisterung unseres Schicksals?

Es ist ratsam, dass ein jeder selbst über die folgenden Betrachtungen nachdenkt und aus seinem eigenen Leben und seinen Erfahrungen Beispiele heranzieht und nach der Richtigkeit der hier geäusserten Gedanken forscht. Erst dann kann er ein *Urteil* abgeben und danach handeln.

Vor allem wollen wir einen Blick auf den Begriff «Schicksal» werfen und versuchen, uns klar zu machen, was das Schicksal eigentlich bedeutet, da wir aber möglichst nur die praktische Seite dieses Problems erfassen und seine Beziehung zu den Gedanken feststellen wollen, muss ich mich hier mit einer nur kurzen Schilderung dieses Problems begnügen.

Seine ausführliche Erklärung ist in meinen anderen Schriften enthalten[1].

Nach den Angaben, die uns die alten Weisheitslehren der Völker und der Weltreligionen geliefert haben, sind die folgenden Gesetze in bezug auf Entstehung und Entwicklung des menschlichen Schicksals zu erkennen:

1. Nichts geschieht in der ganzen Welt ohne Ursache.
2. Jeder Ursache folgt eine Wirkung, welche selbst die Ursache einer neuen Wirkung wird usw., bis ins Unendliche. Jedes Geschehen ist also gleichzeitig Ursache und Wirkung.
3. Die Taten, Gefühle und Gedanken des Menschen sind *Kräfte* und daher gleichzeitig Ursachen, Wirkungen und Rückwirkungen.
4. Jede Seele umspinnt sich durch ihre *Taten, Gefühle* und *Gedanken* mit einer unendlichen Kette von Ursachen und Wirkungen, einer Seidenraupe gleich, die sich mit ihren eigenen Fäden umhüllt und sich darin einkerkert.
5. Jede Seele muss sich solange in neuen physischen Leibern wieder verkörpern, bis sie *erwacht*, und diese Kette der Ursachen und Wirkungen, in die sie sich *ein*gewickelt hat, auflöst, d. h. bis sie sich *ent*wickelt.

Dies ist der wahre Sinn des Wortes «Entwicklung», durch welche der Göttliche Geist im Menschen oder die Seele sich von den Hüllen der Materie entkleidet, gleich dem eingesperrten Seidenspinner, der seinen Kokon verlässt, sobald er die Umwandlung erlebt und ein beflügelter, freier Schmetterling geworden ist.

Anders ausgedrückt, könnte man sagen, dass die Erde ein grosses Schulhaus darstellt, welches jede Seele solange besuchen muss, bis sie alle Klassen der Schule und ihr Studium vollendet hat.

---

[1] Vergleiche: «Der Meister und sein Jünger», Bd. 1, 3. Auflage und «Das Schicksal, seine Überwindung».

6. Diese Kette von Ursachen, Wirkungen und Rückwirkungen zerreisst nicht mit dem Tode, sondern sie bleibt bestehen und beeinflusst das Leben der Seele sowohl im Jenseits als auch in ihrem nächsten Leben auf Erden. Der Tod ist ja nichts anderes als ein Übergangszustand.

7. Jede Seele bringt mit jedem *neuen Leben* ihre Kette von Ursachen und Wirkungen, welche das Gewebe ihres Schicksals bildet, mit sich. Sie webt aber durch ihre jetzigen Taten, Gefühle und Gedanken ununterbrochen das Gewebe ihres Schicksals weiter. In diesem Gewebe liegen die Keimatome ihrer vergangenen Leben. Diese Keimatome sind die kristallisierten *Schwingungen* ihrer früheren Taten, Gefühle und Gedanken. Sie bilden den eigentlichen und individuellen Charakter und die Veranlagungen der *Seele*. Diese Veranlagungen sind etwas ganz anderes als die von den Eltern vererbten Eigenschaften. Sie sind davon ganz verschieden, ja manchmal gerade entgegengesetzt.

Das ist das Geheimnis der oft auffallenden, rätselhaften Verschiedenheiten zwischen den Charakteren der Eltern und ihrer Kinder.

8. Das Schicksal ist jenes Kontobuch der vergangenen Leben, welches jede Seele vor ihrem Eintritt in ihr jetziges Leben demselben vorausgeschickt hat. Einen Teil ihres Schicksals hat die Seele aber auch durch ihre Angehörigkeit zu einer Familie, einer Nation und Rasse erhalten und assimiliert.

Jede Seele hat aber die *Freiheit* und die *Macht*, ihr Schicksal selbst zu ändern, zu verbessern und zu bemeistern, genau so, wie ein jeder die Freiheit besitzt, sein Kontobuch, d. h. sein Guthaben oder seine Schulden zu vergrössern, zu vermindern oder auszugleichen.

Ja, die Seele hat sogar die Freiheit, diese Kette zu zerreissen und sich von dem Kreislauf des Sterbens und des Wiederkehrens vollständig und für immer zu befreien. Sie hat nicht nur die Willensfreiheit dazu, sondern dies ist sogar ihre

Aufgabe und der Weg ihrer Entwicklung. Nur auf diesem Wege kann sie ihr Ziel erreichen.

9. Seit dem Tage, an dem die Seele die tierische Stufe überschritten hat und von dem Geist Gottes überflutet worden ist und dadurch gelernt hat, das Gute von dem Bösen zu unterscheiden, ist sie dem Gesetz der Verantwortlichkeit unterworfen.

Aber jeder Verantwortlichkeit oder Notwendigkeit steht immer eine Willensfreiheit gegenüber, denn sonst wäre die Allgerechtigkeit Gottes nur ein leeres Wort, und die ganze Welt wäre dem Fatalismus preisgegeben.

Der Mensch ist also der Schöpfer und gleichzeitig auch der Überwinder seines eigenen Schicksals! Zu diesem Zwecke ist ihm die Wahlfreiheit und die Willensmacht gegeben worden. Es fehlt ihm nur die höhere Erkenntnis oder Weisheit, um seine Macht richtig zu gebrauchen.

*

Wenn man diese neun Gesetze oder Prinzipien richtig begreift, wird man von einer wunderbaren Ordnung in der ganzen Schöpfung überzeugt.

Man wird dann eingestehen, dass alles, was da ist und noch sein wird, auf göttlicher Gerechtigkeit und Weisheit beruht. Man wird erkennen, dass die Ordnung oder *Harmonie* des Universums auf diesen vollkommenen Gesetzen aufgebaut ist.

Für einen Menschen, der mit scharfen Geistesaugen diese Gesetze und Probleme erforscht, wird es ganz klar, dass alles, was in seinem Leben geschieht, gerecht, gut und notwendig ist, weil alles *Wirkungen* und *Rückwirkungen* der Ursachen sind, welche die Menschen selbst geschaffen haben, und dass diese Auswirkungen schliesslich Erlösung und Höherentwicklung hervorrufen. Er wird aber zugleich erkennen, dass alle Menschen die Glieder einer einzigen Familie bilden und dadurch für ihr Schicksal gegenseitig und gemeinsam verantwortlich sind.

144

Das Schicksal ist also weder ein blinder Zufall noch eine grausame Gewalt, sondern das Gesetz der Vergeltung der ausgleichenden Gerechtigkeit. Es birgt aber nicht nur die Früchte unserer bösen, sondern auch die unserer guten Taten in sich. Es bringt daher nicht nur Leid, sondern auch Glück hervor.

Wenn man eine starke Zuneigung zu einer Idee, zu einem Menschen oder zu einer geistigen Bestrebung und Bewegung findet, so beweist dies schon, dass man in seinem früheren Erdenleben mit diesen Ideen, Menschen und Gemeinschaften vertraut und verbunden gewesen ist. Der Mensch hat daher in solchen Kreisen und mit solchen Menschen und Ideen eine seelisch geistige Verwandtschaft und eine Mission zu erfüllen.

Solange man diese Mission nicht erfüllt hat, wird man diese Verbundenheit nicht auflösen können. Man kann also seinem Schicksal nicht entfliehen, sondern man muss es überwinden und umwandeln.

Wer also seine schlechten Veranlagungen und Charakterfehler oder seine Laster in diesem Leben nicht vollständig überwindet und umwandelt, der wird in seinem künftigen Erdenleben unter dem Joch dieser bösen Kräfte noch sehr zu leiden haben.

*

Diese Notwendigkeit der Auswirkung des Schicksals schliesst aber nicht aus, dass man gegen das Schlechte und das Üble nicht kämpfen soll, denn das Böse ist in der Welt nur dazu da, um von uns freiwillig bekämpft und überwunden zu werden. Dieser Kampf und diese *Überwindung* sind notwendig zur Höherentwicklung, zur Freiheit und zur Erlösung der Seele.

Im Licht dieser Gesetze werden nun alle dunkeln Probleme des Lebens ganz klar beleuchtet. Die Rätsel scheinbarer Ungerechtigkeiten, der Verschiedenheiten der Schicksale und der angeborenen Leiden der Menschen werden gelöst. Die

Erkenntnis dieser Gesetze lässt uns den Sinn des Lebens verstehen und gibt uns in allen Verhältnissen einen grösseren Trost und eine göttliche Kraft, um das eigene Schicksal zu überwinden.

Die Menschheit war bis jetzt zu unreif und zu wenig vorbereitet, um die Erhabenheit dieser Gesetze zu begreifen und ihr grosses Licht zu ertragen. Es wäre unsinnig und Torheit, wenn man versuchen würde, dem Kinde die Aufgaben und Zustände der Jugend und des reifen Alters zu lehren und sie ihm aufzuerlegen. Dies würde sein normales Wachstum hindern und sogar paralysieren. Wenn aber die Zeit der Reife da ist, wird das erwachsene Kind diese Zustände ohne Gefahr durchleben und seine Aufgaben selbst erfüllen lernen.

Die Menschheit hat nun das Kindesalter überschritten, sie befindet sich jetzt im Jugendalter. Der menschliche *Intellekt* ist weit genug entwickelt, um diese Gesetze zu begreifen. Sein Wille ist stark genug, um sich selbst und sein Schicksal zu überwinden. In jedem Geschehnis sieht der Weise das Walten der All-Gerechtigkeit und das Wirken der All-Weisheit Gottes!

*

Seitdem mir diese Gesetze klar geworden sind, ist eine geistige Umkehr, eine seelische Wandlung in mir vorgegangen. Ich habe die Furcht vor dem Tode, vor dem Leid, vor der Sünde und vor dem Schicksal überwunden! Ich weiss nun, dass das Schicksal keine ausserhalb von mir stehende, grausame Gewalt und kein blinder Zufall ist, sondern die Summe meiner eigenen Taten, Gefühle und Gedanken; es ist das Gesetz der ausgleichenden Allgerechtigkeit und der Weltharmonie, das sich in meinem Leben erfüllt.

Ich ernte das, was ich im Laufe von Millionen Jahren gesät habe. Dies ist All-Güte und All-Gerechtigkeit, und anders könnte es nicht sein. Wenn es anders wäre, dann wäre es

Ungerechtigkeit. Darum betrachte ich dieses Gesetz als den höchsten Ausdruck der Gerechtigkeit, der Weisheit und der Gnade Gottes. Ich selbst bin mein eigenes Schicksal! Aber in mir liegt auch die göttliche Kraft, mein Schicksal zu überwinden, d. h. es umzugestalten.

Wenn jemand, der einen grossen Schuldenbetrag hat, einen unausschöpflichen Schatz findet, so quält er sich nicht mehr mit den Sorgen über seine Schulden. Dieser Schatz ist die göttliche *Erkenntnis*, die Erkenntnis jener Gesetze, wonach ich die Freiheit habe, alle meine Missetaten wieder gut machen zu dürfen! Dies ist jene *Erkenntnis*, dass eine ganze Ewigkeit zu meiner Verfügung steht, um an mir zu arbeiten und mich zu erlösen. Jene Erkenntnis, dass auch meine Leiden und Sünden schliesslich meiner Entwicklung gedient haben. Jene *Erkenntnis*, dass eine schöpferische Kraft, die Kraft der opferfreudigen Liebe, in jeder Seele schlummert, welche die Flecken der Sünden so rasch vernichten kann wie die Sonnenstrahlen die Schneeflocken. Dies ist die Erkenntnis der Wahrheit, die allein, wie Christus gesagt hat, uns freimachen und erlösen kann. Und diese Wahrheit verkündet:

«Ein jeder erntet das, was er selber gesät hat.»

*

Diese Wahrheiten haben mir die Gespenster des Schicksals in Engel der *Erleuchtung* verwandelt. Ich habe gelernt, meine Leiden, meine Schicksalsschläge, ja selbst meine Sünden zu *lieben*. Denn ich habe erkannt, dass diese die Leiter für mein Emporsteigen zur Höhe der Gottesweisheit gewesen sind.

Ja, ihnen verdanke ich meinen inneren Frieden und die göttliche Harmonie meines Lebens. Ich weiss nunmehr, dass in meiner eigenen Brust meines Schicksals Sterne ruhen.

O du erlösende Macht der Wahrheit!
O du unsagbare Glückseligkeit!
O du unfassbare Gnade Gottes!

147

An jedem Tag steigt aus der Tiefe meiner Seele dieses
Danklied zum Throne des allgütigen Schöpfers empor:

Aus dem Sumpfe der Nichterkenntnis
hat mich Deine gütige, starke Hand
hinauf geführt zur Höhe der Erkenntnis!

Ich habe erkannt: In diesem Erdendasein
bin ich Schöpfer meines eigenen Schicksals!
So will es Deine Liebe und Deine Weisheit!

Diese Erkenntnis hat mir Erlösung gebracht,
und meine Seele mit Licht und Dank erfüllt!
O Wonne, o Macht, o Gnade, o Seligkeit!

3. Die Gesetze der Gedankenkraft

Nachdem wir erkannt haben, dass das Schicksal nicht zu
fürchten ist und dass ein jeder die *Freiheit* und die *Macht*
besitzt sein Schicksal zu ändern, wollen wir jetzt untersuchen,
wie diese Umgestaltung und Bemeisterung des Schicksals
zustande kommen kann.

Da *unsere Gedanken* bei der Entstehung unseres Schicksals
und bei der Gestaltung unseres Lebens die grösste Rolle
spielen, so dass man sagen kann, dass unser Schicksal überhaupt die Summe unserer Gedanken ist, so müssen wir deshalb nach dem wahren Wesen und den Gesetzen der Gedanken forschen.

Die Lebensäusserungen des Menschen bestehen, wie ich
schon sagte, aus seinen Taten, Gefühlen und Gedanken,
welche die drei Ausflüsse seines Körpers, seines Gemütes
und seiner Intelligenz sind.

Wir wissen, dass im Grunde genommen diese drei Tätigkeiten nur Bewegungen und Schwingungen sind. Wir wissen auch, dass die Schwingungen der Atome des grobmateriellen Körpers viel kürzer und langsamer sind, als die der feinstofflichen Gefühle und die Schwingungen dieser sind ebenfalls viel gröber und langsamer im Verhältnis zu den Schwingungen der Gedanken, wie dies durch die Gedankenübertragung zu erkennen ist. Danach kann man begreifen, dass die Wirkung der Gedankenkraft auf unser Leben viel grösser ist, als wir es uns vorstellen können.

*

Um diese Wirkung ganz deutlich zu machen, will ich ein Gleichnis anführen:

Die Gedanken stellen die *Wurzeln* des Lebensbaumes dar. Die Gefühle sind seine *Zweige* und *Blätter* und die *Taten* seine *Blüten*. Das Schicksal ist aber die *Frucht* des Lebensbaumes.

Die Gefühle und die Taten ziehen also ihre Nahrung und Kraft aus den Gedanken als ihrer Wurzel. Bei den Tieren und bei kleinen Kindern ersetzt der Instinkt den Gedanken.

Anders ausgedrückt: Unsere Gedanken sind die *Ursachen* und unser Schicksal ist die *Wirkung und Rückwirkung* derselben. Unsere Gedanken sind die Saat und unser Schicksal ist die Ernte.

Unsere Gedanken sind ausgesprochene Töne und unser Schicksal ist ihr getreues *Echo*.

Die Gedankenkraft ist darum die grösste und gewaltigste aller Kräfte, die bis jetzt dem Menschen gegeben worden ist. Erst in den kommenden Jahrhunderten wird es dem Menschen gelingen von dieser Kraft den richtigen Gebrauch zu machen.

*

Die Gesetze der Gedanken sind folgende:[1]

1. Der *Gedanke* ist eine für die physischen Augen unsichtbare feinstoffliche Kraft, wie zum Beispiel die Elektrizität, die sich aber mit einer undenkbar grösseren Geschwindigkeit aus der Aura (eiförmige Lichthülle um den Körper des Menschen) in die irdische Atmosphäre ergiesst.

2. Jeder Gedanke hat, je nach seiner Art, d. h. nach seinem Beweggrund, wie Liebe, Hass, Mitleid usw. einen besonderen Ton und eine besondere *Farbe*, die sich von einer ganz dunklen bis zur lichthellen Nuance erstrecken kann.

Der Wille und die Gedanken, die den Menschen in jedem Augenblick beherrschen, geben dem Licht seiner Aura die geeignete Farbe, d. h. dass die Art der Farbenspiegelung der Aura des Menschen von seinem jeweiligen Gedanken und Willen abhängt.

Darum wechselt diese sofort, wenn der Mensch seine Gedanken ändert.

Je fester aber ein Gedanke und der Wille ist, desto beständiger wird auch die Farbe der Aura sein und bleiben.

3. Jeder Gedanke nimmt, je nach seiner Natur, eine besondere *Form* an. Geschulte Hellseher können diese Farben und Formen wahrnehmen.

So wie unsere Stimme und ein jeder Ton in der Luft eine *Welle* hervorbringt und sich wie ein Duftstoff ausbreitet und eine unsichtbare Form und Farbe annimmt, so geschieht es auch mit den Schwingungen unserer Gedanken.

4. Ein jeder Gedanke wird je nach der geistigen Energie seines *Erzeugers*, d. h. nach dem Geschwindigkeitsgrad seiner Atome, für eine kürzere oder längere Zeit seinen Ton, seine Form und Farbe beibehalten.

[1] Siehe darüber auch das Kapitel: Die Wirkung des Geistes, in «Die Heilkraft des Schweigens». 4. Auflage.

5. *Raum* und *Zeit* bilden keine Hindernisse für die Schwingungen des Gedankens. Nur der Grad seiner Kraft setzt seiner Ausbreitung die nötigen Schranken. Wir ernähren uns heute von der Gedankenkraft der vergangenen Jahrhunderte und Jahrtausende.

6. Jeder Gedanke ist, gemäss dem Gesetz der *Anziehung* und *Abstossung*, bestrebt, sich mit einem gleichgestimmten Gedanken zu vereinen und mit dem gegensätzlichen Gedanken zu kämpfen. Mit anderen Worten: jeder Gedanke zieht Seinesgleichen an und stösst Ungleiches ab.

7. Jeder Gedanke kehrt, vereint und gestärkt mit den gleichartigen Gedanken, zu seinem Erzeuger *zurück*. Danach zieht der Hass den Hass und die Liebe die Liebe zu sich sowie zu seinem Urheber heran.

8. Jeder Gedanke erzeugt, je nach der Stärke seiner Energie, einen grossen oder kleinen *Willensimpuls*, welcher danach strebt, sich in die Tat umzusetzen, d. h. sich durch eine Handlung zu äussern, seine Kraft zu entladen und dieselbe zu manifestieren. So wird er entweder seinen eigenen Urheber oder irgend jemanden, dessen Geist denselben Schwingungsgrad besitzt, zur Ausführung der Tat beeinflussen.

9. Es besteht eine dauernde Verbindung, ein Austausch und eine Wechselwirkung zwischen den Gedankenwellen derjenigen Menschen, die zusammenleben oder miteinander irgendwie seelisch oder geistig verbunden sind. Die sich Liebenden, wie die sich Hassenden sind miteinander in ihrem Schicksal solange seelisch und geistig verbunden, bis die dadurch erzeugte Energie sich vollständig entladen und erschöpft hat.

Ein jedes Gehirn ist gleichzeitig ein *Sender* und *Empfänger* für die Gedankenwellen, die von ihm selbst oder von anderen, Menschen und Geschöpfen, ausgehen.

10. Jeder Mensch ist berechtigt und dazu befähigt, aus dem Sender seines Gehirns diejenigen Gedankenwellen zu entsenden, die er wünscht, seien sie positiv oder negativ, aufbauend

oder zerstörend. Er hat auch die Freiheit und die Macht, den Empfänger seines Gehirns für die Gedankenwellen der anderen Menschen und Geschöpfe nach seinem Wunsch ein- oder auszuschalten.

*

Wir erkennen daran, wie wunderbar der menschliche Geist organisiert und ausgestattet ist, wie in unserem Organismus alles gesetz- und zweckmässig arbeitet und wie unser ganzes Leben ein Wunderwerk Gottes ist.

Daraus können wir erkennen, wie gross die Macht der Gedanken ist und wie herrlich die Freiheit sein muss, diese gewaltige Kraft für unser Wohl und Wehe zu gebrauchen. Anderseits können wir auch davon überzeugt sein, wie verderblich sich die Zügellosigkeit unserer Gedanken auswirken kann, wie gross unsere Verantwortlichkeit ist und wie wir durch die Beherrschung unserer Gedanken unser Leben und Schicksal umändern und verbessern können.

Wie ein begabter und starker Wagenlenker die widerspenstigen Rosse seines Wagens zu zügeln und zu lenken vermag, so müssen auch wir lernen, unsere Gedanken zu zügeln und zu lenken. Sie sollen von uns so beherrscht werden, dass sie nur der von uns gegebenen Richtung folgen.

*

Wir wissen bereits, dass unsere Taten und Gefühle, seien sie bewusst oder unbewusst, die Produkte unserer Gedanken sind, und dass unsere Gedanken, Gefühle und Taten, dem Gesetze der Ursache und Wirkung folgend, das *Netz* unseres Schicksals weben.

Wenn wir also einen Hassgedanken gegen jemanden hegen, so wird dieser Gedanke uns unbedingt mit dem gehassten Menschen seelisch und geistig verbinden, ja uns mit ihm schicksalhaft verketten. Bringen wir diesen Hass durch Worte oder Taten zum Ausdruck, so wird diese Kette noch fester.

152

Unser Gedankenstrom wird zu diesem Menschen überfliessen und in seinem Herzen einen ähnlichen Strom erwecken oder ernähren, und da jener Mensch sich innerlich gegen uns schützen wird, so wird unser Gedankenstrom durch seinen giftigen Gedankenstrom gestärkt auf uns selbst zurückkehren und in uns eine grössere Erregung erzeugen. Auf diese Weise werden unser Gemüt, unser Körper und unsere Seele vergiftet und zerrüttet.

Wenn wir dagegen unserem Feinde einen Gedanken der Liebe zusenden, so werden in ihm die Keime des Hasses in Keime der Liebe verwandelt und die Kälte seines Herzens in Wärme. Unser Liebesstrom wird dadurch gestärkt und mit aufbauender Kraft beladen auf uns zurückkehren.

Wir werden dadurch für uns und für unseren Feind einen heilvollen und segensreichen Dienst vollbringen.

Nach diesem Gesetz erhält der, welcher ständig an Gesundheit, Glück, Ruhe und Frieden denkt, diese schliesslich. Ebenso wirkt auch das Gegenteil. Hieraus können wir ganz klar begreifen, wie der Mensch sein Schicksal durch seine Gedankenkraft ändern und glücklich gestalten kann und muss.

*

Nun verstehen wir die weittragende Wichtigkeit der *Beherrschung* der Gedanken. Diese Beherrschung besteht aber nicht darin, dass wir überhaupt unser Denkprinzip stillhalten und unser Gehirn von Gedanken frei und leer machen sollen, denn das können wir ja jetzt noch nicht, weil unser Denkprinzip, gleich dem Meer, ewig in Bewegung ist. Wir brauchen auch diese Gedankenleere im täglichen Leben nicht. Wir werden sie nur auf den höheren Stufen der Meditation für kürzere Zeit gebrauchen und vollbringen können. Mit der Beherrschung der Gedanken ist gemeint, dass wir lernen sollen, unsere Gedanken positiv, harmonisch und aufbauend zu gestalten, damit wir auch positive und aufbauende Resultate erzielen können.

Wir müssen immer bestrebt sein, unreine und zerstörende Gedanken von uns fern zu halten und nur schöpferische, harmonische und lebensspendende Gedanken, wie Liebe, Güte, Kraft, Mut, Hoffnung, Glauben, Mitleid, Vergebung, Opferbereitschaft, Demut, Bescheidenheit, Zuversicht usw. auszusenden. Nur auf diese Weise können wir schädliche und giftige Elemente von uns fern halten und glücklich werden.

*

Die Liebe ist aber die Ursubstanz aller schöpferischen Kräfte und Tugenden. Sie allein besitzt eine solch göttliche Macht, dass kein feindseliges Element vor ihrer Kraft bestehen kann, sondern es muss sich auch in Liebe verwandeln. Die Liebe ist die Krone der Schöpfung, der Stein der Weisen, die Nahrung der Heiligen, der Fittiche der Engel und das Elixier der Erlösung. Wer ständig Gedanken der Liebe aus sich heraussendet, hat in der Welt nichts zu fürchten. Er bildet damit nicht nur eine feste, diamantene Schutzmauer um sich herum, gegen alle Arten von negativen und bösen Strömungen der Aussenwelt, sondern er hilft auch damit zur Erlösung seiner böswilligen Feinde und zur Erlösung der Menschen überhaupt! Ja, wenn wir unsere Feinde lieben und für sie beten, wirken wir gleichzeitig für unser Heil und Wohl. Denn dadurch werden wir die giftigen Schwingungen der Gedanken unserer Feinde auflösen, sie heilvoll gestalten und uns selbst, wie auch unsere Feinde von diesem Gift befreien.

Die Seelen unserer Feinde werden uns dankbar sein und versuchen, ihre Dankbarkeit zum Ausdruck zu bringen. Wir werden also damit eine göttliche, heilvolle Erlösungstat vollbringen können. Nur darin liegt das Geheimnis des wahren Friedens und der ewigen Glückseligkeit.

Wenn wir Menschen uns bewusst werden könnten, wieviel erhabene Kräfte Gott in unsere Seele gelegt hat, und wenn wir willig und eifrig genug wären, diese Kräfte richtig zu gebrauchen, dann hätten wir nicht über unser *Schicksal* zu klagen. Dann würden wir erkennen, dass wir ständig von der Liebe Gottes umgeben sind, dass wir in seiner Gnade leben und weben und dass wir die Macht besitzen, Freude, Friede und Harmonie zu schaffen und glückselig zu leben. Dann würden wir nie aufhören zu frohlocken, zu danken und von Herzen auszurufen:

«An Deinem Thron lege ich demütig,
O Du ewige Gnade, Liebe und Macht,
meinen Dank und mein Leben hin.

Wie mächtig und weise ist Dein Wille,
mit dem Du meine Seele erleuchtet
und mein Schicksal geführt hast.

Ich will die Macht Deines Willens
in mir zur Offenbarung bringen
und zum Heil der Menschheit anwenden.»

4. Die Konzentration der Gedanken

Wir können jetzt an der *Wichtigkeit* und Notwendigkeit der Reinigung und der Beherrschung unserer Gedanken nicht mehr zweifeln. Diese Reinigung vollzieht sich durch die Konzentration. Nun wollen wir lernen, was die Konzentration der Gedanken im engeren Sinne bedeutet, und wie wir diese in uns verwirklichen können.

Um die Übung dieser wichtigen Aufgabe zu erleichtern und sie uns klar und wirkungsvoll einzuprägen, möchte ich hier die Prinzipien, die wir über die Konzentration im ersten

Kapitel gelernt haben, nochmals mit anderen Worten und Beispielen wiederholen und erklären:

Für die Konzentration sind drei Funktionen nötig:

a) Die Leermachung des Denkorgans oder Zentrums von allen unerwünschten Gedanken oder Vorstellungsbildern.
b) Die Füllung desselben mit einem erwünschten Gedanken oder Vorstellungsbild.
c) Die Beharrung in diesem erwünschten Gedanken, d. h. das Festhalten des Bewusstseins auf diesem gewählten Gedanken oder diesem Vorstellungsbilde.

Dies entspricht dem Ausatmen, dem Einatmen und dem Anhalten des Atmens.

Die Leermachung geschieht durch die Abstossung, die Füllung durch Anziehung und die Beharrung durch Festhalten der Gedanken oder ihrer Objekte und Bilder. Alle drei Funktionen geschehen ja mit mehr oder weniger Kraft, unbewusst und unwillkürlich in unserem täglichen Leben. Wir müssen aber lernen, dies *willkürlich* und *bewusst* zu tun! Denn anders können wir die Reinigung der Gedanken nicht erreichen.

Die *Leermachung* des Gemüts gleicht der Einstellung der Kamera beim Photographieren, denn dadurch verhindern wir, dass andere Gegenstände auf der Platte erscheinen. So schalten wir auch andere Gedanken aus. Die *Füllung* des Gemüts gleicht der Aufnahme selbst und das *Festhalten* der Gedanken oder ihrer Bilder gleicht der Fixierung oder Entwicklung der Photos. Alle diese drei Funktionen sind also gleich wichtig und müssen mit grosser Geistesklarheit ausgeführt werden.

Der Gegenstand der Konzentration kann ebenfalls dreifacher Art sein:

1. ein *Erinnerungsbild*, d. h. eine Vorstellungsform, wie zum Beispiel das geistige Bild eines Dinges oder Wesens, das in unserem Gedächtnis existiert;

(Der menschliche Verstand kann eine Idee und das Abstrakte nicht begreifen oder wahrnehmbar machen, ohne dieselben zu versinnbildlichen oder zu objektivieren und zu verdinglichen, d. h. sie sich als formhafte Dinge vorzustellen.)

2. ein *Begriff* oder eine Idee, wie Liebe, Opfer, Kraft, Gott, Natur, Schönheit, Weisheit usw.;

3. ein sichtbarer *Gegenstand*, wie Blume, Bild, Kunstwerk, Mond, Sonne, Fluss, Berg, eine Naturerscheinung usw.

Bei der Konzentration sammeln wir die ganze Kraft unseres Denkvermögens auf einen der hier erwähnten Gegenstände.

Anders ausgedrückt bedeutet die Konzentration: das Richten der Gedanken auf einen einzigen Punkt, sei es ein Begriff, ein Gegenstand, ein geistiges oder ein Vorstellungsbild, also mit einem Wort: *Auf-eins-gerichtet-Sein.*

Dieses geistige Sammeln ist das Gegenteil dessen, was man Zerstreutheit nennt.

Der erste Schritt bei der Konzentration ist diese *innere Sammlung.* Um sie zu verwirklichen, müssen wir uns daran gewöhnen, alles was wir denken oder uns vorstellen, immer *bewusst* zu tun und unsere ganze Geisteskraft daran zu setzen. Ob unsere Arbeit uns angenehm oder unangenehm, gering oder hoch, wichtig oder unwichtig ist oder erscheint, wir müssen sie doch immer mit Geistesgegenwart, Treue und Freude vollbringen! Dies ist die erste Stufe der Konzentration.

Wir müssen im Anfang vermeiden, im gleichen Augenblick an zwei Dinge zu denken oder zwei Arbeiten gleichzeitig zu erledigen, denn eine solche Anstrengung *schwächt die Nerven*, zerteilt die Kraft, macht beide Arbeiten unvollkommen und verhindert die Konzentration. Das wissen wir ja aus täglicher Erfahrung. Zwei persische Sprichworte be-

157

stätigen diese Wahrheit: «Man kann in einer Hand nicht zwei Melonen tragen.» «Auf einem Dach kann es zugleich nicht zwei Arten von Luft geben.»

Wir dürfen also nicht von einer unvollendeten Arbeit zur anderen oder von einem Gedanken zum andern und von einer Gesellschaft in die andere springen. Wenn wir eine Aufgabe erwählt haben, sei sie geistig oder körperlich, klein oder gross, müssen wir alle unsere Kraft daransetzen, dieselbe zu vollenden. Treue, Geduld und Ausdauer sind erforderlich.

Wenn die Biene eine Blume gefunden hat, deren Saft für ihren Zweck geeignet ist, fliegt sie nicht sogleich weiter, sondern setzt sich ruhig darauf und trinkt sich ganz satt an diesem Saft. Ihre Unterscheidung, ihr Fleiss und ihre Konzentration können uns ein Wegweiser sein. Nur auf diese Weise können wir unsere Gedanken trainieren und sie an die Konzentration auf einen einzigen Gegenstand gewöhnen.

Wie in der Medizin bei der lokalen Betäubung das Bewusstsein oder die Empfindung von dem betäubten Organ zurückgezogen wird, während es bei allen anderen Organen bestehen bleibt, so geschieht auch ein ähnlicher Vorgang bei der Meditation, nur in umgekehrter Weise.

Hier zieht man sein Bewusstsein von allen anderen Organen zurück und sammelt es auf ein einziges Ding oder Organ, sei es Herz oder Gehirn. Man empfindet dann nur dieses Organ und alle anderen Organe und Dinge bleiben für uns unwahrnehmbar.

Dies verhält sich genau so, wie wenn man die Strahlen der Sonne durch eine Linse auf einen einzigen Punkt sammelt. Wie hier das Licht der Sonne durch die Sammlung eine ungeheure, verstärkte Kraft erhält, die ihm die Macht des Brennens verleiht, so gewinnt auch das Organ worauf man das Licht seines Bewusstseins oder seiner Gedanken sammelt, einen undenkbar gesteigerten Grad der Bewusstseinsenergie.

Diese Energie erzeugt dann einen spirituellen Strahl, der die Seele und das Gemüt erleuchtet. Bei der Konzentration und Meditation spielt der Wille die Rolle der Linse.

Wie bei demjenigen, der seine Waffe auf eine Zielscheibe richtet, alle anderen Dinge vor seinen Augen verschwinden und nur die Zielscheibe bestehen bleibt, so verschwindet auch im Gemüt des Meditierenden alles, ausser dem Organ, dem Gegenstand oder dem Begriff, worauf er sein Bewusstsein konzentriert hat.

Dadurch allein erhält sein Bewusstsein eine gewaltige Macht und eine höhere Geschwindigkeit.

In dem höchsten Grad der Meditation verschwindet aber jeder Begriff und jede Form, es bleibt nur der Sinn derselben oder das Bewusstsein allein in seiner höchsten Schwungkraft bestehen.

Wenn wir mit scharfer Aufmerksamkeit unsere Umgebung und die Natur beobachten, können wir viele wunderbare Beispiele und Vorbilder für die Konzentration finden.

Die Katze zum Beispiel gibt uns ein lehrreiches Beispiel für das Wesen der Konzentration. Wenn sie eine Maus oder einen Vogel fangen will, setzt sie sich stundenlang hin und lauert geduldig auf ihre Beute, mit grösster Sammlung und Aufmerksamkeit. Sie vergisst alles was um sie her vorgeht und nichts kann sie von ihrem Ziele ablenken, weder Regen noch Lärm.

Wir können also von ihr die Geduld, die Ausdauer und die Zielstrebigkeit, mit einem Wort: die Kunst der Konzentration lernen.

Später, wenn wir die Beherrschung des Gedankens und die Schulung unseres Unterbewusstseins vollständig gelernt haben, wird es uns leicht sein, zu arbeiten und gleichzeitig an etwas anderes zu denken, d. h. zugleich auf zwei Bewusstseinsebenen zu wirken. Denn wir können in diesem Fall die Vollziehung der Arbeit unserem geschulten Unterbewusstsein oder unserem vernünftig gewordenen persönlichen Ich überlassen, welches dieselbe dann automatisch, ohne grosse Mühe und Kraftverbrauch vollbringen wird, wie dies beim Blindschreiben mit der Maschine geschieht.

Wir können im heutigen Stadium unserer Entwicklung zugleich nur in unvollkommener Weise auf *drei Bewusstseinsebenen*, nämlich auf der physischen, astralen und mentalen Ebene wirken, d. h. zugleich handeln, fühlen und denken, wie zum Beispiel beim Essen.

Die vollkommenen Meister können aber durch die Macht der Konzentration gleichzeitig auf vier bis sieben Bewusstseinsebenen tätig sein!

Sobald wir jenen Grad der Konzentration erreicht haben, werden wir fähig sein, bei allen unseren täglichen Arbeiten das heilige Ziel unseres Ideals uns immer vor Augen zu halten und zu befolgen, gleich einer Mutter, die inmitten ihrer Arbeit an ihr Kind denkt und dessen Antlitz sich vor Augen hält, obgleich dasselbe weit von ihr entfernt ist.

Dann werden wir imstande sein, überall hinzugehen oder zu arbeiten und doch in der Meditation versunken zu bleiben. Wir werden weiter fähig sein, das zu denken was wir wollen, d. h. unser Denkapparat wird uns gehorchen und unseren Willen befolgen. Dann sind wir erlöst und erleuchtet und *Meister* unseres Lebens und unseres Schicksals geworden.

O du schöpferische Kraft des Denkens!
Wie gern möchte ich dich beherrschen!

O du ersehntes Ziel meines Strebens!
Wie gern möchte ich dich bald erreichen!

O du Quell der heilvollen, göttlichen Macht,
Wie inbrünstig verlangt mein Herz nach dir!

Möge ich die nötige Geduld und Ausdauer besitzen,
um dich zu erreichen, o du mein heiliges Ziel!

5. Wie üben wir die Reinigung unserer Gedanken?

Ein mit Vernunft begabter, ehrlicher Kaufmann, der sein Geschäft sanieren und verbessern will, wird damit anfangen, *keine neuen Schulden* mehr zu machen. Dann wird er danach streben, seine alten Schulden allmählich zurückzuzahlen, um so seine Bilanz ins Gleichgewicht zu bringen und die gestörte Harmonie und die guten Verhältnisse wieder herzustellen.

So müssen auch wir bei der Reinigung unserer Gedanken handeln. Da wir jetzt wissen, dass jeder negative Gedanke unbedingt eine negative Frucht tragen wird, so müssen wir bestrebt sein, von nun an keinem negativen Gedanken mehr Einlass zu geben. Dies sind die neuen Schulden, die wir vermeiden müssen.

Wenn einmal solche Gedanken wieder auftauchen, so müssen wir sogleich *gebieterisch* gegen sie handeln. Wir können zuerst mit Milde und Güte, als ob wir einem Kinde etwas verbieten wollten, zu unserem kleinen persönlichen Ich, das sich solche negative Gedanken erlaubt, sagen:

«Dieser Gedanke passt nicht zu dir, du *darfst nicht* mehr so denken, sondern nur positiv und aufbauend. Ich *verbiete* dir solche Gedanken zu wiederholen.»

Zweitens müssen wir sofort den *Gegenpol* desselben Gedankens wachrufen und denselben einige Male wiederholen oder darüber nachdenken, um die Wirkung des negativen Gedankens zu beseitigen, wie man einen Fleck *ganz frisch* und schnell auswäscht, um ihn nicht tiefer eindringen zu lassen.

Drittens sollen wir, wenn möglich, gleich nach dem Auftauchen eines solchen Gedankens unsere Augen *schliessen*, wenn wir allein sind, dann unseren Atem für einne Augenblick *anhalten*, unsere Zähne zusammen und die Zunge gegen den Gaumen und die Zähne drücken, als ob wir einen ernsten Entschluss fassen wollten und dann mit unserem *Willen*, unserem Gehirn einen leichten Druck geben und mehrere Male laut oder innerlich aussprechen: «Ruhe, Ruhe, Ruhe, Heiliger Geist, reinige mich! *Heil allen Wesen!*»

Wenn wir diese Übung mit tiefer Atmung verbinden, dann wird ihre Wirksamkeit sehr gross und stark sein.

Zu diesem Zweck müssen wir erst tief einatmen und beim Ausatmen die angegebenen Worte aussprechen.

Diese durchgeistige Atmung erzeugt in den Gehirnzellen einen ähnlichen Vorgang wie ihn die einfache Atmung in den Lungen hervorbringt.

Sie verbrennt die giftigen Elemente der negativen Gedanken und lässt in die Gehirnzentren die frischen und heilvollen Ströme der positiven Gedanken einfliessen.

Diese Übung hat also eine grosse Wirkung. Mit anderen Worten: sie erzeugt im Denkzentrum unseres Gehirns neue, positive Schwingungen. Richtiger gesagt: sie bringt dort einen chemischen Vorgang hervor, mittels dessen sich die negativen Schwingungen in positive verwandeln. Es ist ein Vorgang, als ob sich das Rad des Denkapparates, das sich irrtümlich nach links gedreht hatte, wieder zurück nach rechts bewegen würde.

Nach einiger Zeit der *Ausdauer* wird man verspüren, wie sich der Denkapparat daran gewöhnt hat, sich immer nach dem positiven Pol zu bewegen und stets der Richtung zu folgen, die man ihm geben will.

Ich brauche hier die negativen Gedanken nicht aufzuzählen. Ein jeder muss selbst feststellen, welche Gedanken sich bei ihm am meisten auswirken und welche er sich abgewöhnen möchte; denn alles ist individuell, und jeder hat andere Laster zu bekämpfen.

Wir müssen zum Beispiel lernen, das Gift der Angst durch dessen Gegensätze zu bekämpfen, froh, optimistisch zuversichtlich zu denken, zu leben und zu handeln.

Wo zwei Möglichkeiten gegeben sind, da müssen wir nur an das Gute, Fröhliche und Positive denken, uns nur darauf konzentrieren und nur Gutes erwarten. Von Tag zu Tag wird uns die Arbeit leichter, und das gute Resultat und der Endsieg werden nicht lange auf sich warten lassen.

Wenn wir über positive Gedanken meditieren und sie üben wollen, müssen wir uns am besten ganz allein und an einem ruhigen Ort auf den gewünschten Gedanken konzentrieren. Erstens müssen wir uns allen göttlichen Glanz, alle Schönheit und Vorteile des Gegenstandes unseres Gedankens möglichst plastisch *vorstellen*. Zweitens müssen wir uns mit *Inbrunst* unserem Ideal hingeben und uns passiv verhalten. Und drittens müssen wir schweigen und nach Innen lauschen. Während dieses Schweigens müssen wir uns das plastische Bild unseres Zieles im Geiste möglichst klar vorstellen und festhalten.

Dieses Festhalten des Denkens auf einen Begriff oder auf ein geistiges Bild ist natürlich im Anfang sehr schwer, aber im Laufe der Zeit wird auch dieses sehr leicht werden.

Im Anfang kann man sich zum Trainieren der Gedanken das gewählte Wort oder der Spruch plastisch in flammenden Buchstaben vorstellen, sodass beim Aussprechen eines jeden Wortes dasselbe vor unseren Geistesaugen Buchstabe für Buchstabe erscheint,als ob wir es ablesen würden.

Um die negativen Ströme der fremden Gedanken, die uns ja immer umgeben, von uns fern zu halten, ist es das beste Mittel, die der Konzentration vorhergehende Einstellung auf Liebe und Vergebung festzuhalten.

Hier müssen wir uns in unseren Meditationsstunden, nachdem wir unseren Körper völlig entspannt, unser Gemüt zur Ruhe gebracht und alle unreinen Gefühle und Gedanken entfernt haben, auf die Liebe konzentrieren und uns vorstellen, dass unser Körper ein *Feueraltar* wäre, aus dem die Flammen der wohltuenden, alles heilenden und alles umfassenden *Liebe* lodern und die Herzen aller Menschen und

Wesen mit ihrer Wärme und mit ihrem Licht erfüllen. Wir werden dabei daran denken, dass der Heilige Geist Gottes, der die Liebe und Weisheit ist und in unserem Herzen wohnt alle Geschwisterseelen ruft und spricht:

«Komm, o Seele, erwärme dich
an der Glut meiner Brust,
wenn des Lebens Kälte dich quält.

Komm, o Seele, trinke dich satt
aus meiner Liebe rauschendem Quell,
wenn dich nach Friede dürstet.

Liebe allein kann dich erlösen!
Liebe allein kann dir schenken:
Kraft, Harmonie, Licht und Leben!»

Wenn wir diese Einstellung genügend üben und unseren Körper, unser Gemüt und unsere Gedanken in der Weise, wie ich es geschildert habe, frei und rein erhalten, dann werden wir die Neugeburt unserer Seele erleben und feiern um ein wahres Ebenbild Gottes zu werden.

Um diese innere Einstellung in uns zu schaffen, müssen wir erstens bei jeder Meditation im Geiste allen unseren Feinden vergeben, ihnen Heil und Erlösung wünschen und sie von ganzem Herzen lieben und segnen.

Zweitens müssen wir diejenigen, welche wir durch lieblose Taten, Worte oder Gedanken geschädigt oder verletzt haben, um Vergebung bitten. Dann erst wird unser Gemüt gereinigt und für den Empfang des Segens der Meditation fähig. Zu diesem Zweck können wir folgende Worte aussprechen:

Ich vergebe euch, ihr meine Mitmenschen,
die ihr mich lieblos behandelt habt.
Ich will euch nunmehr lieben
und euch Gedanken der Liebe senden.

Ihr, meine Mitmenschen, die *ich* euch
irgendwie verletzt oder geschädigt habe,
ich bitte euch um Vergebung,
Güte soll nunmehr mein Führer sein.

Dienen soll von nun an das Licht
auf meinem Wege sein.
Lieben soll mein Zweck,
mein Mittel und mein Ziel sein!

O, Gott! Gib mir die nötige Kraft,
diesen Weg des Opfers und des Heils,
den Du mir gezeigt hast,
bis zum Ende gehen zu können!

Zum Schluss möchte ich alles, was wir über die drei Bedingungen und Vorstufen der Meditation gelernt haben,
nämlich über die Entspannung des Körpers, die Läuterung
des Gemütes und die Reinigung der Gedanken, nochmals
zusammenfassen und in einigen präzisen Sätzen darlegen,
damit wir dieselben immer vor Augen haben und darüber
nachdenken können.

1. Mein Körper ist der Tempel Gottes, ich werde ihn rein
und heilig halten.
2. Mein Körper, Gemüt und Intellekt sind meine Werkzeuge, ich werde sie beherrschen und kräftig erhalten.
3. Meine Taten, Worte, Gefühle und Gedanken sind das
Material, aus dem ich das Gebäude meines Schicksals unaufhörlich baue.
4. Meine Taten werden nunmehr durch Liebe, Güte und
Selbstlosigkeit geheiligt werden.
5. Meine Worte werden nunmehr nur Freude, Trost,
Wahrheit, Hoffnung und Kraft erzeugen.

6. Meine Gefühle werden nunmehr mit Sympathie, Sanftmut, Nachsicht und Mitleid durchtränkt werden.

7. Meine Gedanken werden nunmehr positiv, göttlich und schöpferisch wirken.

Wir müssen uns diese sieben Grundgedanken möglichst immer vor Augen halten und stets bestrebt sein, sie allmählich in unserem Leben zu verwirklichen. Am besten ist es, über diese Gedanken frühmorgens beim Erwachen und abends vor dem Schlafengehen zu meditieren und sie im täglichen Leben auszuführen.

Jetzt wollen wir dieses Kapitel mit einer kurzen Meditation schliessen:

Dir danke ich, o Gott!
Mit ganzer Kraft der Seele!
Dir, der Du mir durch Deine Gnade
Erkenntnis und Kraft,
Ruhe, Frieden und Mut
reichlich geschenkt hast.
Mein Herz ist völlig gereinigt
und mit Deiner Liebe erfüllt!
Du hast meine Seele ernährt
mit Deinem göttlichen Wort!
Dein Friede sei mit allen Wesen.

6. Das Gleichnis vom Teich

Bevor ich auf die Einzelheiten dieser Wanderschaft in der Geisteswelt eingehe, muss ich betonen, dass meine Beschreibung dieser inneren Schau nur eine kurze Andeutung sein kann, denn auf diesem Gebiet kommt es vor allem auf das persönliche Erleben der Seele an. Dieses innere Erleben wird aber jede Seele auf verschiedene Art und Weise erfahren.

Aus dem tiefen, uferlosen Ozean der Verinnerlichung kann ich ihnen nur ein Tröpflein darbieten, und aus dem himmlischen Garten des Gottesbewusstseins kann ich hier nur ein einziges Rosenblatt darreichen.

Wer aber diesen Ozean selbst kennen lernen will, muss sich zu dem Schiff der *Sehnsucht* begeben und sein Fahrgeld, das aus den *vier erwähnten* Aufgaben besteht, bezahlen, um darin Platz nehmen zu dürfen. Oder wer diesen himmlischen Garten betreten will, der muss selbst den Weg der opferfreudigen Liebe, der zu jenem Garten führt, wandern.

Um den Vorgang dieses spirituellen Zustandes, d. h. der geistigen Schau, ganz klar und verständlich zu machen, will ich ein Gleichnis anführen, das in meiner Schrift «Die Heilkraft des Schweigens» ganz kurz angegeben worden ist:

Stellen wir uns einen Teich voll Wasser vor, der von vielen wunderbaren Bäumen, Blumen und Sträuchern umgeben ist. Nehmen wir an, dass dieser Teich von fünf kleinen Kanälen Wasser bekommt und sich dadurch immer frisch und lebendig erhält.

Wenn nun das Wasser aus diesen fünf Kanälen sehr stürmisch einfliesst und den Teich in ständige Wallung und Wirbel versetzt oder wenn die Wasser der fünf Kanäle sehr trübe und unrein sind, dann wird der Teich so aufgewühlt und so trübe, dass er nicht imstande sein wird, die Gestalten dieser herrlichen Bäume und Blumen, die ihn umgeben, mit Klarheit widerzuspiegeln. Sein Wasser wird uns nur Zerrbilder und durchbrochene, zusammenhanglose Linien zeigen.

167

Wir müssen auch erkennen, dass sich auf dem Boden des Teiches seit Jahren allerhand Steine, Abfälle, Blätter und andere Gegenstände und viel Schlamm abgelagert haben, welche teilweise zersetzt und teilweise noch ganz geblieben sind.

Durch das stürmische Eindringen des Wassers aus den fünf Kanälen, werden alle diese Dinge, wie auch der schlammige Schmutz von dem Boden des Teiches aufgewühlt, und sie werden das Wasser beständig trübe machen.

Wenn wir diese fünf Kanäle vollständig absperren, dann wird der Teich für kurze Zeit klar und ruhig bleiben, aber durch die fortwährende Stille des Wassers und dem Mangel an frischem Wasser anfangen zu versumpfen und schliesslich trocken werden.

Es gibt aber drei *Mittel* und *Faktoren*, die dazu helfen können, das Wasser des Teiches frisch zu erhalten.

Das *erste* ist die innere Bewegung des Wassers, d. h. es sind die Wellen, welche in der Tiefe des Teiches geboren werden und auftauchen.

Der *zweite* Faktor ist der Wind, der von aussen her kommt und hauptsächlich die Oberfläche des Wassers bewegt.

Das *dritte* Mittel für die Erfrischung des Wassers ist der Regen, der viel wichtiger und belebender ist als die beiden ersten. Mehrmaliger Regen genügt, um das Wasser frisch und lebendig zu erhalten.

Aber diese drei Faktoren hängen von verschiedenen äusseren Bedingungen ab und sind nicht immer vorhanden, und der Mensch hat keine Macht über sie. Manchmal muss der Teich monatelang warten, bis er einen Tropfen Regen bekommt. Und der Wind und die inneren Wellen sind auch nicht immer genügend vorhanden.

Es bleibt nur die ständige und regelmässige Hilfe übrig, welche der Teich durch die Kanäle oder Rinnsale erhält, um sich immer frisch und lebendig zu erhalten.

Nun muss man diese Kanäle oder Rinnsale so einrichten, dass sie *erstens* das Wasser nicht stürmisch in den Teich einströmen lassen, *zweitens* keinen Schmutz und keine fremden Elemente mit hineinbringen und *drittens*, dass man in jedem Augenblick die Macht und Freiheit besitzt, den einen oder den anderen Kanal oder alle zusammen für beliebige Zeit teilweise oder vollständig absperren zu können. Dies ist der einzige vernunftgemässe Weg, um das Wasser des Teiches frisch und gleichzeitig klar zu erhalten, so dass es rein und ruhig bleibt.

Wenn das Wasser des Teiches auf diese Weise ganz klar und still geworden ist, dann wird es nicht nur die schönen Gestalten der umgebenden Bäume und Blumen naturgetreu widerspiegeln, sondern es wird auch alles, was in der Luft vor sich geht, sei es der Flügelschlag eines Vogels oder seien es die freien Wolkenschleier oder die schimmernden Sterne des Himmels in sich aufnehmen und wiedergeben können.

Ja, es wird der *Spiegel* der Herrlichkeit des Himmels und der Erde und das Symbol der Reinheit, des Friedens und der Harmonie sein, gleich wie Paulus an die Korinther schrieb:

«Wir alle schauen mit enthülltem Angesicht wie in einen Spiegel die Herrlichkeit des Herrn!»

Nun müssen wir erkennen, dass dieser Teich unser Gemüt darstellt und die fünf Kanäle unsere fünf Sinne sind, durch welche wir die Eindrücke der Aussenwelt empfangen, aufnehmen und durch welche wir unser Gemüt beständig frisch erhalten. Die Bäume, die Sträucher und die Blumen, die den Teich umgeben, stellen die Kräfte der Natur und die irdischen Güter der Welt dar, in deren Mitte wir leben.

Der Boden des Teiches stellt das Sammelbecken unserer Veranlagungen und ererbten Eigenschaften und die Erinnerungsbilder unserer täglichen Eindrücke und Erlebnisse, mit einem Wort, unser *Unterbewusstsein* und unsere Gedächtniskammer dar. Die Luft und der Himmel über dem Teich versinnbildlichen die innere, geistige Welt oder das Himmelreich in uns.

Von den drei Erfrischungsfaktoren oder Mitteln stellen die inneren Wellen des Teiches unsere *Vernunft* oder das Erkenntnislicht, der Wind unsere Gedanken, Wünsche und unser *Gewissen* dar. Der Regen symbolisiert den *Heiligen Geist*, der von oben, vom Himmelreich herabfällt, um unsere Seele zu erfrischen, zu beleben und zu befruchten. Dieser heilige Geist oder spirituelle Regen ist jener Bote der Gnade, den man geistigen Führer, Meister oder Spender der Erleuchtung und Offenbarung nennt.

Die drei Faktoren: *Vernunft*, *Gewissen* und *Heiliger Geist* sind nicht immer da, oder, richtiger gesagt, unser Gemüt ist nicht immer empfangsfähig für ihre Ströme. Daher sind wir meistens auf unsere fünf Sinne angewiesen. Bei den heutigen Menschen sind die Sinneswahrnehmungen und Sinneseindrücke die Haupttriebkräfte des Lebens.

Wenn nun unser Gemüt durch den Sturm der Sinneswahrnehmungen, d. h. durch das gewaltige Eindringen der Eindrücke der Aussenwelt und des gehetzten Lebens in ständige Aufregung gerät – wie dies leider heute bei vielen Menschen geschieht –, dann wird es so unruhig und getrübt, dass sich kein Bild des inneren Friedens und der äusseren Weltharmonie in ihm widerspiegeln kann, geschweige denn die herrlichen, wundervollen Bilder der geistigen Welt und des Himmelreiches.

Wenn diese Eindrücke der Aussenwelt unser Gemüt sehr stark beeinflussen, dann werden sie bis in unser *Unterbewusstsein* eindringen, das den Grund unseres Gemütes darstellt und dem Boden des Teiches entspricht. Sie werden dort die abgelagerten Überreste unserer vergangenen Eindrücke und Erlebnisse aus dem jetzigen und früheren Leben erwecken, aufrühren und an die Oberfläche unseres Gemütes heraufbringen.

Dadurch werden unsere An- und Aufregungen doppelt stark und gross, denn die längst vergessenen Erlebnisse und Erinnerungen werden wieder lebendig und verlangen, je nach ihrer Art, zu unserer Betrübnis oder Freude, nach Sättigung. Das ist einer der wichtigsten Gründe, weshalb sich der heutige Mensch so oft *aufregt* und keinen Frieden und keine Ruhe findet, weil er einerseits nicht gelernt hat, seine Gefühle und Sinne zu *beherrschen* und anderseits die Kunst nicht kennt, seine fünf *Sinneskanäle* nach Belieben zu jeder Zeit für unerwünschte Eindrücke *abzusperren*.

Diese Kunst der Reinigung und Beherrschung des Gemütes kann nur durch die *Meditation* gelernt werden, wie wir es gelesen haben.

Aus dieser Erklärung geht ganz klar hervor, dass wir unsere Sinne nicht abtöten oder stumpf machen dürfen, denn das wäre das vollständige Absperren der Kanäle des Teiches unseres Gemütes, und dies kann zur geistigen Dürre und Unfruchtbarkeit der Seele führen.

Wir müssen im Gegenteil unsere Sinne noch schärfer, regsamer und tatkräftiger machen und erhalten, damit sie verfeinert und aufnahmefähiger werden für die höheren Schwingungen der Geisteswelt.

Wenn wir unsere Sinne, die fünf Kanäle unseres Gemütes, beherrschen und sie nach Wunsch für die negativen Eindrücke der Aussenwelt absperren und nur reine, friedvolle und selbstlose Gefühle durch diese Kanäle hineinfliessen lassen, dann wird unser Gemüt auch *rein*, *klar* und *ruhig* bleiben. Mit voller Klarheit wird unser Gemüt die wundervollen Bilder, sowohl der physischen, als auch der geistigen Welt, in sich aufnehmen und widerspiegeln. Dann werden wir die *Wunder* des Himmelreiches in uns wahrnehmen können und die Seligkeit der wirklichen, geistigen *Beschauung* erleben dürfen.

(Ja, «selig sind, die reinen Herzens sind, denn sie werden Gott, die Wahrheit schauen!»)

Lasst uns nun die folgenden Worte aussprechen und darüber meditieren:

O du segensvoller Augenblick
der leuchtenden, geistigen Schau!
Wie innig verlange ich nach dir!

O du wogendes Meer meines Gemütes!
Sei für einen Augenblick still,
bleibe ruhig und klar wie der Himmel!

Damit ich die Gnade und Macht empfange,
mit dem Funkenregen der Wahrheit
die Finsternis der Menschheit zu erleuchten!

7. Aufruf des Meisters und Schlussmeditation

Nach diesem Gleichnis werden wir verstehen, dass die esoterische Meditation, wie ich im Anfang sagte, keine Phantasie und Einbildung ist, sondern eine hohe *Kunst* und eine wahre geistige Wissenschaft, die wert ist, mit grossen Opfern errungen zu werden.

Wir werden jetzt auch verstehen, warum die Aneignung der drei Vorbereitungsstufen, nämlich die *Entspannung* des Körpers, die *Läuterung* des Gemütes oder der Gefühle und die *Reinigung* des Geistes oder der Gedanken notwendig sind, um die eigentliche «*Meditation*», jene mystische Beschauung erleben zu können.

Wir müssen also erst diese drei Bedingungen, wie sie in den vorherigen Kapiteln dargelegt wurden, erfüllt haben, ehe wir fähig sind, von der wahren Meditation die ersehnte «*Frucht*» zu pflücken.

172

Es soll ja erst eine körperliche und geistige «*Umwandlung*» in uns vor sich gehen, und wir müssen in unserem Gefühls- und Geistesleben eine *Umkehr* vollbringen. Wir müssen nunmehr unsere Sinne so verfeinern, dass unser äusseres Leben der *Spiegel* unseres inneren, geistigen Lebens wird, damit die *wundervollen Erlebnisse* der geistigen Schau, die wir als Gabe Gottes erhalten werden, in unserem äusseren Leben einen *richtigen Ausdruck* finden können.

Wenn wir durchdrungen von der heissen *Sehnsucht* nach *Erleuchtung* oder innerer Schau, den *Entschluss* fassen, uns zu bemühen und darin beharren, dann wird uns die *Gnade Gottes* helfen und die Strahlen der Wahrheit in den Teich unseres Gemütes fallen lassen, gleich Regentropfen.

Ja, wenn wir danach trachten, uns zu reinen, geeigneten und würdigen *Werkzeugen* in der Hand Gottes zu machen, dann wird auch der *Wille Gottes* uns dazu verhelfen, unsere Schwäche zu überwinden und uns zu hilfreichen Dienern der Menschheit und zu sieghaften Lichtkämpfern der Wahrheit zu machen.

Wenn wir einen unerschütterlichen *Glauben* an die *Weisheit* Gottes und an die *Macht* unserer Seele haben können, dann werden wir alle Zweifel wegjagen und mit *Eifer, Hoffnung* und *Mut* den Weg zu dieser inneren Beschauung beschreiten.

Sehnsucht, Glaube und *Begeisterung* bilden die unbedingt nötige Ausrüstung, die der Jünger auf diesem Wege bei sich haben muss. Die Gnade Gottes ist bestimmt immer da, aber ein inniges *Verlangen* danach muss vor allem vorhanden sein.

Der Baum der Weisheit und der Glückseligkeit mit seinen himmlischen Früchten des Friedens und der Freude steht vor uns, zu unserem Gebrauch, aber wir müssen uns die Mühe geben, unsere Arme und Hände danach auszustrekken, um die süssen Früchte davon zu pflücken.

Ja, der Ozean der Gottesschau mit seinen tausendfachen, unschätzbaren, spirituellen Perlen, Korallen und Edelsteinen liegt vor uns und einem jeden von uns ist es freigestellt, von diesen wunderbaren Gaben Gottes so viel zu nehmen, wie er es wünscht.

Aber nur derjenige wird diese Schätze benutzen können, der es wagt, in die Tiefe dieses Ozeans zu tauchen.

Darum ruft der in jeder Seele wohnende heilige Meister uns an und spricht:

«O du kleingläubiger, furchtsamer und zitternder Mensch! Solange du mit verzweifeltem Herzen, erschüttertem Gemüt und mutlosem Geist an dem Ufer dieses Ozeans stehen bleibst, sei davon überzeugt. dass du mit leeren Händen zurückkehren musst.

Das göttliche *Antlitz* der Wahrheit hat keinen *Schleier*, es offenbart sich überall mit tausendfachem Glanz und Reiz durch alle seine Geschöpfe.

Deine inneren Augen, o du kleiner Mensch, tragen die Schleier des *Zweifels* und des *Unglaubens* und darum kannst du nichts von der Herrlichkeit des Antlitzes Gottes sehen.

Du befindest dich inmitten des Ozeans der *Gottesgnade* und dennoch schreist du nach dem *Wasser* der *Seligkeit*. Du liegst an der liebreichen Brust der *Allmutter* des Universums, der Weltallseele und dennoch suchst du nach einem *Zufluchtsort*.

Die Weltallmelodie des Friedens ertönt aus den Herzen aller Wesen der Natur, und deine Ohren sehnen sich, einen einzigen Ton der Harmonie des Lebens zu vernehmen!

Der Duft der göttlichen *Freude* erfüllt den ganzen Weltenraum und deine sehnsuchtsvolle, verzweifelte Seele fragt immer danach, ob denn Gott überhaupt die Blume der Freude in diese Welt gepflanzt hat?

«O komm, habe Mut und tauche unter
in diesen Ozean der Gottesschau!

O du nach dem Frieden schmachtende Seele,
komm und labe dich aus diesem unerschöpflichen
Quell der Harmonie und des Friedens!

O du, nach einem Ton des Trostes
dich sehnendes, hoffendes Herz,
lausche freudig und innig
dieser erlösenden Melodie der *Gottesliebe*,
die aus dem Weltallgewölbe erschallt!»

Nun wollen wir mit einer Meditation dieses Kapitel beschliessen. Wir setzen uns ganz bequem und ruhig, entspannen unseren Körper ganz und mit inbrünstiger Sehnsucht
und Hingabe und rufen von Herzen aus:

«Am Ufer des Meeres der Sehnsucht
sitze ich, geliebter Vater
und warte auf Dein Erscheinen!

Mit meinen, vom Lichte des Glaubens
erfüllten Geistesaugen, erspähe ich
den unendlichen Horizont des Meeres.

Wann wirst Du endlich, geliebter Vater,
mit Deinem Schiff des Friedens,
Dich dem Ufer meines Herzens nähern?

Wann wirst Du mich, Dein Kind,
zum Heiligtum der Wahrheit führen?
Mein Herz pocht ungestüm,
und meine Geduld will mich verlassen.

Doch mein Glaube an Deine Liebe gibt mir immerfort
die schöpferische Kraft der Treue
und der Beharrlichkeit!
Mein Mut wird dadurch stark und unerschütterlich,
gleich wie Dein Wille und Deine Macht!

Das uferlose Meer spricht zu mir
von der Tiefe Deiner Weisheit!
Die aufwallenden Wogen verkünden mir
das Rauschen Deiner unermesslichen Liebe!
Und im Spiegel dieses Wassers schaue ich
die Lauterkeit Deines Herzens!

Ich will ewig auf Dich warten,
ich will ewig auf Dich hoffen
und ewig nach Dir verlangen!

Denn du bist die ewige Liebe
und die Ewigkeit selbst!
Und ich bleibe auf ewig
Dein treues Kind!»

Fünftes Kapitel

DIE ESOTERISCHE MEDITATION

Verleihe mir die Kraft, o Gott, in das
tiefe Meer Deiner Liebe einzutauchen,
einige Perlen Deiner Weisheit heraufzu-
holen und sie den suchenden Seelen
darzubieten!

1. Der Unterschied zwischen der Konzentration und der Meditation

Ich möchte nochmals daran erinnern, dass die drei Bedingungen oder Vorstufen der Meditation, nämlich die Entspannung des Körpers, die Läuterung des Gemütes und die
Reinigung der Gedanken, die wir bisher studiert und geübt
haben, nicht die Meditation selbst sind, sondern nur die Vorbereitung und die Vorbedingungen für die eigentliche Meditation.

Die wirkliche Meditation fängt erst an, wenn Körper, Gemüt und Verstand aufnahmefähig, ganz rein, ruhig und gelassen geworden sind. Dann können wir uns mit der eigentlichen Meditation beschäftigen.

Ich möchte nachstehend zwei Meditationsübungen als
Beispiele angeben. Diese Schrift bildet aber an sich eine aus-
reichende Übung, die viele innere Erlebnisse enthält, welche
jede Seele, die auf diesem Wege wandert, erfahren hat oder
wird.

Wir sollen darum zuerst die angeführten Bedingungen und
Vorbereitungen mit grosser Achtsamkeit und Andacht erfüllen und vor allem die am Schlusse eines jeden Abschnittes
angeführten Sprüche, Gebete oder Anrufungen, je nach dem
seelischen Zustand oder Bedürfnis, für längere Zeit täglich
aussprechen und darüber meditieren.

Wir müssen uns immer vor Augen halten, dass man erst
nach ausreichender Wiederholung eines Spruches seine heil-

vollen Wirkungen verspüren kann. Dies führt uns zum Vorhof des Tempels der Wahrheit. Wir bleiben aber noch Zuschauer ausserhalb seiner Mauern.

Durch Meditation jedoch erhalten wir nicht nur *Zugang* zum Innern des heiligen Tempels unserer eigenen Seele, sondern auch in das *Herz* und die Seele aller Geschöpfe.

Und wir bleiben nicht blosse Zuschauer, sondern wir wirken auch schöpferisch mit.

Durch Meditation erhalten wir die Macht und die Aufgabe, bei der Ausführung des Planes und des Willens Gottes bewusst mitzuhelfen.

Wir werden verantwortliche und berufene Werkzeuge oder Mitarbeiter Gottes in Seiner grossen Werkstatt.

Hier werden wir ausgerüstet und vorbereitet, um als Lichtträger und Lichtkämpfer der Wahrheit, der Erweckung und der Erleuchtung der Menschheit zu dienen.

Welch herrliche, verantwortungsvolle und segensreiche Aufgabe!

1. Durch die Konzentration werden alle ununterbrochen auftauchenden fremden und unerwünschten Gedankenwellen beherrscht und auf eine einzige erwünschte Gedankenwelle beschränkt.

Im höchsten Grade der Meditation wird aber auch diese letzte und einzige Welle auf der Oberfläche des Sees des Gemütes sich legen müssen, und dieser See oder das Bewusstsein wird ganz klar und unbeweglich bleiben. Denn erst dann kann die Seele ihre himmlische Schönheit und ihre göttliche Herrlichkeit im Gemüte widerspiegeln und die lautlose Stimme Gottes hörbar machen: «Sei still und wisse, dass Ich Dein Gott bin!»

2. Durch die Konzentration erfüllt man zwei Funktionen: man stösst die negativen, unerwünschten Elemente aus dem Blickfeld des Gemütes ab und zieht die positiven und heilvollen Elemente an und hält sie fest.

Bei der Meditation *empfängt* man *neue* Schwingungen eines höheren Bewusstseins oder wie der Mystiker sagt: die himmlischen Gaben des Heiligen Geistes.

Hier handelt es sich nicht um Abstossung und Anziehung, sondern nur um Empfangen und Erleben, d. h. um das Aufnehmen des höheren, spirituellen Bewusstseins.

Dass man diese empfangenen Gaben dann zum Heil und Segen der Menschheit verwenden soll, ist selbstverständlich und bildet die heiligste Pflicht jedes erleuchteten Menschen.

3. In der Konzentration bleiben Wille und Verstand oder das Tagesbewusstsein tätig und regsam, denn sie müssen die Vorgänge kontrollieren und registrieren und alles in Ordnung bringen und erhalten!

In der Meditation schweigen aber sowohl der Wille, als auch der Verstand oder das Tagesbewusstsein: sie bleiben nur Zuschauer. Hier befindet sich die Seele auf der rein spirituellen Ebene und nur der geistige Wille und das höhere oder spirituelle Bewusstsein sind wach und tätig.

Die Meditation ist also kein passiver Zustand, denn die Seele wird erstens die abstrakten Gedanken oder spirituellen Schwingungen aus den höheren geistigen Ebenen in das Gebiet der begrifflichen und konkreten Sinnessphäre herabbringen müssen.

Sie muss also den spirituellen Schwingungen eine wahrnehmbare Form geben, sie vermaterialisieren und dies ist eine schöpferische Tätigkeit.

Zweitens muss sie die empfangenen Gaben verarbeiten und assimilieren und sie dann in einer erfassbaren und wirksamen Form den nach Wahrheit suchenden Seelen darbieten. Dies ist eine zweite wichtige Aufgabe, die grosse Unterscheidung, Fähigkeit und Erkenntnis erfordert.

Die Frucht der Konzentration ist die Reinigung des Gemütes und die *Erlösung* der Seele. Die Seele wird durch die Konzentration von allen Schlacken der Laster und vom

Staube der negativen Strömungen der ungöttlichen Gedanken
gereinigt und befreit.

Durch Meditation empfängt sie aber die *Erleuchtung*, d. h.
die geistigen Augen der Seele werden für das Licht der Wahrheit geöffnet. Sie wird dadurch befähigt, in das Innere des
Lebens und der Schöpfung zu schauen und die Gottbeschaulichkeit zu erleben.

Der Adler der Seele wird von seinen Fesseln befreit und
neue Kraft erhalten, um seine Flügel auszubreiten und sich
in die freie Atmosphäre der Wahrheit aufzuschwingen.

Die Erleuchtung wird der Seele die Gabe des *inneren*
Schauens verleihen.

*

Ich möchte nun die zwei Übungen für die Konzentration
und die Meditation angeben, die als Grundlage für alle anderen Übungen dienen können.

Die erste Übung

Stellen Sie sich an Stelle Ihres Herzens jene Blume vor, die
Ihnen am besten gefällt, die aber noch eine Knospe ist!

Dann konzentrieren Sie sich auf diese Knospe und stellen
sich vor, dass sie sich allmählich aufschliesst und Sie betrachten ihr Aufgehen. Stellen Sie sich vor, dass diese Knospe
bei jedem Wort oder Spruch, den Sie aussprechen, sich mehr
und mehr öffnet, bis sie voll erblüht da steht.

Halten Sie Ihre geistigen Augen für einige Zeit fest auf
diese Blume gerichtet. Zugleich stellen Sie sich vor, dass
diese Blume Ihre Seele darstellt und dass jedes ihrer Blätter
eine Tugend versinnbildlicht. Wählen Sie dazu jene Tugenden, die Sie gerne erwerben oder bei sich stärken möchten!

Stellen Sie sich dann vor, dass die Staubgefässe jener Blume die göttliche Liebe darstellen, welche die Ursubstanz der Seele ist und das Zentrum aller Tugenden bildet, aus dem diese ernährt werden.

Stellen Sie sich weiter vor, dass beim Aufgehen eines jeden Blütenblattes die entsprechende Tugend sich in Ihrer Seele entfaltet und aufblüht.

Dann versenken Sie sich in Meditation und sprechen innerlich folgende Worte aus oder denken auch nur darüber nach:

Diese Blume stellt meine Seele dar!
Wie die Blume eben vor meinen geistigen
Augen aufgeschlossen wurde,
so möge auch meine Seele sich mir
mit all ihren Tugenden offenbaren!

Ich bin von allen Fesseln befreit.
Ich bin im Zentrum meiner Seele,
worin die reine göttliche Liebe ruht.
Ich erlebe in diesem inneren Heiligtum
ewigen Frieden, Harmonie und Seligkeit.

In dieser Übung habe ich aus besonderen Gründen keine bestimmte Blume genannt, weil erstens jeder sich seine Lieblingsblume mit ihren Einzelheiten besser und schneller vorstellen kann als andere Blumen.

Zweitens taucht bei der blossen Absicht, sich seine Lieblingsblume vorzustellen, sofort das Bild dieser Blume in unserem Gemüt auf. Man kann zudem dadurch sein Bewusstsein oder seine Gedanken auf dieser Blume viel schneller und länger festhalten als auf einer anderen.

Die zweite Übung

Stellen Sie sich vor, dass Sie vor der aufgehenden Frühlingssonne stehen und dass ihre milden Strahlen wie ein Sprühregen über Ihr Haupt herabrieseln. Je höher die Sonne steigt, desto stärker durchdringen ihre Strahlen Ihr Haupt, bis die Sonne schliesslich ganz aufgegangen ist und ihre Strahlen alle Zentren und Organe Ihres Gehirns durchdrungen und erleuchtet haben.

Vergegenwärtigen Sie sich zugleich, dass in den Zentren Ihres Gehirns die geistigen Kräfte der Seele, wie Unterscheidung, Wille, Gedächtnis, Verstand usw. durch diese Strahlen erweckt und entfaltet werden!

Wählen Sie hier wieder jene Geisteskräfte, die Sie sich am liebsten aneignen oder die Sie in sich stärken möchten!

Stellen Sie sich dabei vor, dass bei jedem Wort, das Sie aussprechen oder mit jedem geistigen Blick, den Sie auf ein Zentrum werfen, die Kraft, welche in diesem Zentrum schlummert, erwacht und gestärkt wird! Dann meditieren Sie über diese erwählte und erwünschte Geisteskraft!

Denken Sie sich, dass durch diese Meditation die geistigen Augen Ihrer Seele von ihren Schuppen befreit werden und dass Sie jetzt das erleben, was man innere Schau nennt.

Wenn in Ihnen durch die Meditation alles schweigt und Ihr Bewusstsein sich von aussen nach innen gewendet hat, befinden Sie sich im Heiligtum Ihrer Seele und sagen sich folgendes:

Ich vernehme jetzt die Stimme meiner Seele
und erschaue das Antlitz meines ewigen, göttlichen
Selbst, den Heiligen Gottesgeist in mir.
Ich habe das Wunderland der Geisteswelt betreten und
erlebe das Wirken Gottes im Weltenall!

*

Hier beginnt erst die wirkliche Meditation!

Hier steht uns die Fülle und die Quelle der spirituellen Kräfte zur Verfügung.

Ohne die Führung eines berufenen Meisters oder Lehrers darf man sich auf kein anderes Organ konzentrieren als auf das Herz und das Gehirn, denn die Uneingeweihten könnten dadurch mehr Schaden erleiden, als Nutzen erzielen.

Wir wissen, dass das Herz das Zentrum aller seelischen Empfindungen und Tugenden und das Gehirn das Zentrum aller Geisteskräfte oder des Erkenntnisvermögens ist.

Und alles was man für seine Höherentwicklung und Vervollkommnung braucht, entstammt aus den zwei Arten von Kräften, die in diesen beiden Organen ihren Sitz haben.

Man darf sich aber nicht ausschliesslich nur auf das Herz oder nur auf das Gehirn konzentrieren, denn sonst wird das eine von ihnen auf Kosten des anderen entfaltet und man wird einseitig entwickelt.

Die Weisheit erfordert, dass wir diese beiden Bewusstseinszentren *gleichmässig* und *gleichzeitig* entwickeln.

Denn dadurch allein kann eine dauernde Harmonie zwischen allen schöpferischen Kräften der Seele erzielt werden und die vollkommene Entwicklung schaffen, in der die Erlösung der Seele und die höchste Glückseligkeit ruht.

Hier beginnt die innere Schau! Hier verspürt man den *Vorgeschmack* des Erlöstseins und hier empfindet man die Wonne des Verschmolzenseins mit *Ihm*, dem geliebten *Innengott*!

Hier ist der Hochaltar der Gottschauenden und hier der spirituelle Garten Eden der «Sich-selbst-Überwindenden».

Hier ist jene heilige Stätte, *wo die Seele*, wie einst Moses, die Stimme Gottes in ihrem Innern vernimmt, welche spricht: «Tritt nicht herzu, ziehe deine Schuhe von den Füssen, denn der Ort, worauf du stehst, *ist heiliges Land!*»

Hier ist die Grenze zwischen der geistigen und der physischen Welt.

Hier findet der Meditierende sieben Stufen, welche ihm zum Ziel aller Ziele, zum Sieg aller Siege und zum Segen aller Segen führen: zur Gottbeschaulichkeit, zur Gottinnigkeit und Einigkeit!

Diese sieben Stufen, die mit tausend unsagbaren Wundern und Wonnen erfüllt sind, heissen wie folgt: die Stufe der allumfassenden Liebe, die Stufe der Bewunderung, die Stufe der Unterscheidung, die Stufe des Sichvergessens und Sichfindens, die Stufe der Erleuchtung, die Stufe der Verschmelzung, die Stufe der Vereinigung.

Diese Stufen, die in den beiden letzten Kapiteln dieser Schrift einzeln und ausführlich geschildert werden, ermöglichen der Seele die Erlösung, die bewusste Gottverbundenheit, die Vollkommenheit und die höchste Seligkeit.

Diesen hohen Zustand der Seligkeit habe ich in meinem Buch «Der Pfad zur Meisterschaft» mit folgenden Worten zum Ausdruck gebracht:

Die innere Schau

Ich dachte ich hätte geträumt, doch es war kein Traum. Wenn dies ein Traum gewesen wäre, so hätte ich gewünscht, nie mehr zu erwachen.

Es war ein inneres Erlebnis: Das Mysterium der Wahrheit! Es war eine innere Schau: eine Gottesverwirklichung!

Menschliche Worte können einen solchen Zustand nicht ausdrücken. Unsagbar und unbeschreiblich war es. Worte wie Seligkeit, Wonne, Entzückung, Verschmelzung und Erlösung sind zu armselig und zu schwach, um diese Gottesbeschaulichkeit auszudrücken!

Es war, als ob ich mich inmitten eines Meeres befände, von dem jeder Tropfen ein Stern war. O nein, ich selbst bin dieses Meer gewesen!

Ich war so innig mit Dir verbunden, Du geliebter Gott,
dass ich meines Daseins nicht mehr bewusst war. Jetzt weiss
ich, Du warst – ich! Und ich war – Du!

2. Die geistige Schau

Da der erste Vorgang der Meditation eine geistige Schau
darstellt, die in der Geisteswelt stattfindet, ist es notwendig,
dass ich vor der Schilderung der sieben Stationen der Meditation, diese geistige Schau, die geistige Welt und die Wege,
die uns dahin führen, kurz erkläre.

Die geistige Schau gleicht der weissen Lotosblume oder
Wasserrose, die gleichzeitig Erde, Wasser und Luft braucht,
um wachsen zu können.

Die Lotosblume der geistigen Schau braucht als Boden
die selbstlose Liebe, als Wasser das intuitive Empfinden und
als Luft oder Licht die Erkenntnis oder höhere Weisheit.

Voraussetzung ist, dass die zwei Organe oder Spiegel der
Seele, nämlich das Herz und das Gehirn, den höchsten Grad
der Reinheit und der Klarheit erlangt haben.

Wo diese zwei Organe harmonisch zusammenwirken, da
wird die wunderbare Blume der geistigen Schau gedeihen
und erblühen.

Was ich hier als geistige Schau darlegen will, ist aber nur
ein Bildnis und ein Samenkorn dieser himmlischen Blume.

Wer sie wahrhaft besitzen will, der muss selbst diesen
Samen in sein Herz pflanzen und ihn pflegen.

Die geistige Schau ist der Vorhof des Tempels der Erleuchtung und wird oft mit dem Wort *Kontemplation* bezeichnet.

Kontemplation bedeutet innere Schauung oder mystische
Schau. Sie entspricht der Erleuchtung, die wir als vierte
Stufe der Meditation bald kennen lernen werden.

Die Wahrnehmungen der physischen Augen bezeichnet man mit dem Wort «Sehen»; wenn es sich aber um die Wahrnehmungen der inneren Augen handelt, so braucht man dafür das Wort «Schauen», wie Gottesschau, geistige und innere Schau usw.

Dies beweist uns schon, dass in der Meditation nur dieses geistige Schauen in Frage kommt.

In erster Linie müssen wir einen Unterschied zwischen der Geistesschau und der geistigen Schau machen. Bei der ersten schaut die Seele den göttlichen Geist, der sie überschattet und erleuchtet. Bei der geistigen Schau durchforscht und erschaut die Seele mit ihren Geistesaugen die materielle, wie auch die geistige Welt, also alles was sie umgibt und was sie wahrnehmen und erfassen kann.

Sie schaut auch das persönliche Ich oder den physischen Körper, den sie als ihr Gewand angezogen hat und als Werkzeug zur Unterscheidung benützt.

In der Geistesschau, wie auch in der geistigen Schau – ist die Seele die Schauende. Dei der Geistesschau ist sie nur das aufnehmende und passive, bei der geistigen Schau aber das erforschende und aktive Prinzip. Der erste Zustand ist die Kontemplation und der zweite die Konzentration.

Die Seele gebraucht in beiden Fällen ihr Bewusstseinsvermögen als geistigen Scheinwerfer, als Geistesauge und durchschaut damit sowohl den göttlichen Geist, als auch ihren eigenen physischen Körper und die materielle Welt, also Himmel und Erde zugleich.

Der Mystiker wird aber das physische Sehen mit dem geistigen Schauen verbinden, d. h. die Sehkraft seiner physischen Augen nicht unterschätzen oder gar vernachlässigen, denn diese Kraft ist gleichfalls für seine Tätigkeit und für seine geistige Schau nötig.

Er wird immer bestrebt sein, alle vorhandenen Kräfte, seien sie physisch oder geistig, gleichmässig zu entfalten und richtig zu gebrauchen und vor allem, sie miteinander in Einklang bringen.

Das Schauen ist ein inneres Erlebnis, in welchem die Seele in die Geisteswelt eintritt und sie durchwandert. Die geistige Schau gleicht dem ersten Blick eines Säuglings, wenn er zum ersten Mal die physische Welt sieht.

Was ist nun die Geisteswelt?

Vor allem ist sie nicht die *Geisterwelt* der Spiritisten, die die unteren Schichten der Astralwelt bildet und unmittelbar mit der Erde verbunden ist.

Diese Astralwelt, aus sieben Schichten bestehend, ist die Zwischenstation oder die Brücke zwischen der Erde und der Geisteswelt.

Der Reinigungsort oder das Fegefeuer liegt in den unteren Schichten der Astralwelt. Hier werden die gröberen Elemente der Seelen, die Laster und Leidenschaften verbrannt. Hier wird die Seele ihren Astralkörper oder Begierdenleib ablegen. Dies nennt man den zweiten Tod.

Die meisten Geister, die bei den Spiritisten erscheinen, stammen aus den unteren, seltener aus oberen Schichten dieser Astralwelt.

Nur ausnahmsweise steigen Geister aus der Mental- oder Geisteswelt herab, um besonders wichtige Aufgaben, wie Führung, Belehrung usw. zu erfüllen.

Die Geisteswelt steht über der Astralwelt und ist die unsichtbare Welt der verborgenen *Ursachen*, während unsere physische Welt die Welt der wahrnehmbaren Ursachen und Wirkungen ist.

Die sichtbare, materielle Welt ist die Welt der Phänomene, d. h. der Erscheinungen und der Ereignisse, die Geisteswelt aber ist die Welt der Noumene, d. h. der Ideen, der schöpferischen Kräfte des Weltalls.

Die Antwort auf das «Warum» und das «Wie» der irdischen Geschehnisse und die Lösung aller Probleme des menschlichen Lebens liegen in dieser Geisteswelt.

Einer erwachten und erleuchteten Seele, die die Meisterschaft errungen und in diese Geisteswelt Zutritt erhalten hat, bleibt kein Geheimnis der Schöpfung unenthüllt.[1]

Wir müssen aber erkennen, dass die astrale, mentale und geistige Welt keine Örtlichkeiten und von uns getrennte Regionen sind, sondern nur die unsichtbaren Teile oder inneren Seiten unserer Welt, wie der Tag und die Nacht. Sie durchdringen und umgeben uns, wie die Luft und wir leben immer inmitten dieser Welten, wie die Fische inmitten des Meeres.

Die Wahrnehmungen und Erlebnisse unserer Seele in diesen inneren Welten sind nur Bewusstseinszustände der Seele selbst.

Die astrale und die unteren Regionen der mentalen Welt haben noch Formen und Töne feinerer Art, die geistig schau- und hörbar sind, wie zum Beispiel die Gedankenformen und die kosmischen Töne.

In der oberen Schicht der mentalen Welt und in der eigentlichen geistigen oder spirituellen Welt ist alles abstrakter Art, formlos und unschaubar. Hier wohnt der Gottesgeist der Menschen mit reinem, höherem Bewusstsein.

Wir wollen nun versuchen, den Weg zu dieser Geisteswelt, dem heiligen Wohnort unseres göttlichen Geistes, zu finden.

Doch wir müssen immer eingedenk sein, dass ohne die vollständige Erfüllung der erwähnten Vorbedingungen der Meditation, das bewusste Eintreten und Mitwirken der Seele in der Geisteswelt unmöglich ist; auf letzteres aber kommt es an.

Wir müssen uns ferner vor Augen halten, dass wir beim Erstreben der Kunst der Meditation alle selbstsüchtigen Ge-

---

[1] Darüber siehe meine Schrift: «Der Meister und sein Jünger». 3. Auflage, Bd. 2.

danken ausschalten müssen. Wie wir wissen, soll der einzige Zweck unserer Bestrebungen der sein, uns durch die Meditation zum Dienst an der Wahrheit und an der Menschheit vorzubereiten und auszurüsten.

Der Erlösung und Erleuchtung der Menschheit zu dienen, soll die Triebkraft zu allen unseren Bestrebungen, ja das hohe Ziel unseres Lebens sein.

Um die Beschaffenheiten der Geisteswelt und die Bedingungen des Zutrittes zu ihr klar zu machen, möchte ich einen Vergleich anführen:

Wenn ein Knabe eines wilden Stammes aus Afrika in eine europäische Grossstadt versetzt wird, so werden ihm alle Einrichtungen dieser Stadt zauberhaft erscheinen. Er wird sich zuerst gar nicht wohl fühlen und zurecht finden und kann tausenden von Gefahren unterliegen. Das europäische Leben wird für ihn eine Welt der Phänomene und der Wunder sein. Alle technischen Einrichtungen, wie elektrisches Licht, Fernsprecher, Radio, Eisenbahn und andere Verkehrsmittel werden für ihn so lange unlösbare Probleme, ja wundersame und gefährliche Zaubereien bleiben, bis er mit Mühe und Ausdauer die Sprache gelernt, Schulkenntnisse errungen und sich an das europäische Leben gewöhnt hat. Dann erst tritt er sozusagen in die Welt der Realitäten ein, wo die Ursachen und die Kräfte, welche alle diese äusserlichen Phänomene und Einrichtungen geschaffen haben, liegen. Dann werden die Rätsel der modernen Technik von ihm entziffert und die Probleme des komplizierten, rätselhaften europäischen Lebens für ihn gelöst. Er wird beruhigt sein, sich allmählich wohl fühlen, Freude am europäischen Leben bekommen und sich überall ohne Lebensgefahr zurechtfinden.

So leben wir jetzt in einer phänomenalen, physischen Welt, in der alle Ereignisse, Kräfte, Gesetze, Katastrophen, Leid und Not, Freude und Glück und alle bestehenden Verschiedenheiten, Ungleichheiten und Ungerechtigkeiten uns als Rätsel und unlösbare Probleme, ja sogar oft als zusammenhanglose Verwirrung erscheinen, denn wir können nur die äussere Seite der Dinge und der Ereignisse sehen und nur die Auswirkungen der verborgenen Kräfte, Gesetze und Ursachen wahrnehmen. Unsere geistigen Augen sind noch nicht geöffnet, und wir haben noch keinen Zutritt zu der *Geisteswelt*, in der die Ursachen aller Dinge und aller Geschehnisse liegen.

Erst wenn wir uns die Kunst der Meditation angeeignet und die geistige Beschauung errungen haben, werden wir imstande sein, die verborgenen *Ursachen* der Geschehnisse in der Geisteswelt zu entdecken. Dann werden wir den Sinn des Lebens und die Gesetze der Schicksale begreifen, seine Rätsel lösen, die geheimen Kräfte der Natur entdecken und dieselben zum Wohle und Heil der Menschheit anwenden können. Erst dann werden wir dauernden Frieden und ungestörte Glückseligkeit besitzen.

Aber wir müssen erkennen, dass die Geisteswelt ihre eigenen Gesetze, Einrichtungen und Lebensbedingungen hat, denen wir uns freiwillig unterwerfen müssen, um darin leben zu können.

Die Erlaubnis in dieses herrliche Land einzutreten und dort zu wirken, hängt von unserer inneren Einstellung, von unserer Bereitschaft, die erforderlichen Bedingungen zu erfüllen ab.

Lasst uns darum um Kraft bitten, diese heilige Aufgabe in Treue und Opferfreudigkeit zu vollbringen:

O Du machtvoller Herrscher der Welt!
Nimm den Schleier der Unkenntnis
hinweg von meinem inneren Aug!

Lass mich eintreten in die Geisteswelt,
um Deinen Willen und Plan zu erkennen.
Und gib mir Kraft, Deinen Willen zu tun!

Ich will Dein Lichtträger werden,
ich will das Böse in der Welt besiegen,
ich will ein Diener der Wahrheit sein!

3. Die vier Tore der Geisteswelt

Wir haben vier verschiedene Bedingungen oder Aufgaben
zu erfüllen, um die Erlaubnis zu erlangen, in die heilige
Stadt der Geisteswelt einzutreten, in ihr wohnen und an
ihrem Leben und Segen teilnehmen zu dürfen.
Diese himmlische Stadt besitzt vier ineinanderliegende
Teile mit vier Toren. Jedes Tor wird nur dann für eine Seele
aufgetan, wenn sie die entsprechende Aufgabe erfüllt hat.
Das *erste Tor* ist das *Tor der Reinheit*; es gewährt uns den
Zutritt zu dem ersten Viertel der Stadt der Geisteswelt. Die
erforderliche Aufgabe, die uns dieses Tor erschliesst, ist die
dreifache Vorbereitung der Meditation, die wir schon kennen
gelernt haben, nämlich die *Entspannung* des Körpers, die
Läuterung des Gemütes und die Reinigung der Gedanken.
Diese Reinigung erlaubt uns den Eintritt, aber solange
unsere Geistesaugen nicht geöffnet sind, werden wir noch
nichts erschauen können, gleich dem neugeborenen Kinde,
das in die physische Welt eintritt und erst sehen kann, wenn
seine Augen geöffnet sind.
Das *zweite Tor* ist das *Tor der Beschauung*, bei welchem
unsere geistigen Augen sich öffnen und das Licht der inneren
Welt empfangen können. Dann erst werden wir fähig sein,
die Wunder der Stadt der Geisteswelt wahrzunehmen. Die
hierfür nötige Aufgabe ist der *volle Besitz* der *sittlichen*
Tugenden. Unter diesen Tugenden sind die wichtigsten:
Keuschheit, Hingebung und *Ehrfurcht*. Sie geben uns das

Licht, welches unsere inneren Augen befähigt, die Dinge und Kräfte der Geisteswelt wahrnehmen zu können.

Aber durch das blosse Erschauen und durch das einfache Wahrnehmen der Dinge und Kräfte wird man nichts gewinnen, solange man das Entstehen und Wirken dieser Dinge und Kräfte nicht begreift. Denn ohne dieses *Begreifen* wird die Seele nicht sicher, und in Freiheit in jener Stadt des Geisteslichtes weilen und aus ihren Darbietungen Nutzen ziehen. Daher ist es nötig, sich den Eintritt durch das dritte Tor zu erwerben.

Das *dritte Tor* ist das *Tor der Erleuchtung.* Hier wird die Seele so viel Geisteslicht empfangen, dass alle Schuppen der Nichterkenntnis von ihren inneren Augen fallen. Sie wird dann fähig sein, den verborgenen und den tieferen Sinn aller Dinge und Geschehnisse der physischen, phänomenalen Welt zu finden und zu begreifen.

Die erforderliche Bedingung hierzu ist das Besitzen der *wahren Erkenntnis,* der Macht des *Glaubens* und der *Treue,* durch welche die geistigen Sinne unserer Seele entfaltet und gestärkt werden, um das Licht der Wahrheit zu ertragen und in die Tiefe aller Dinge einzudringen.

Aber diese Fähigkeit allein kann die Seele nicht erlösen und ihr noch keine dauernde Glückseligkeit geben. So wie in unserer Welt diejenigen, welche die grössten Kenntnisse oder Reichtümer besitzen, nicht unbedingt glücklich sein müssen, so ist es auch in der Geisteswelt.

Die Seele muss sich noch die Kraft erringen, das *Geschaute* und das *Erkannte* in sich aufzunehmen und es zu assimilieren, d. h. es zum Bestandteil ihres Wesens zu machen. Anders ausgedrückt, die Seele muss die in der Geisteswelt empfundenen Eindrücke und Erlebnisse ganz tief in ihr Bewusstsein einprägen und die erworbenen Kenntnisse in die Tat umsetzen und danach leben. Erst dann wird sie imstande sein, die Früchte ihrer Erlebnisse in jener Geisteswelt in die physische Welt und in ihr Tagesbewusstsein zu übertragen, um dadurch ihr irdisches Leben umzugestalten und so für sich *dauernde Harmonie* zu schaffen. Denn ohne diese innere Harmonie kann sie das Ziel ihres Strebens, der Wahrheit und der Menschheit zu dienen, nicht erreichen.

Die Fähigkeit der Assimilation oder Verdauung der empfangenen Erkenntniskräfte erhält die Seele erst dann, wenn sie das *vierte Tor* durchschreitet, welches das *Tor der Verwirklichung* genannt wird. Hier in diesem allerinnersten Kreise der heiligen Stadt erreicht die Seele das Ziel ihrer Reise.

Die für diesen Zutritt erforderliche Aufgabe besteht im Erringen der *reinen Liebe*, der *Opferwilligkeit* und der *Beharrlichkeit*. Ohne diese schöpferischen Tugenden wird keiner Seele die Gelegenheit gegeben, aus dem undenkbar grossen Schatz der Geisteswelt sich irgendeine Gabe mit in die irdische Heimat zurückzunehmen, das heisst wenn die Seele auch bis zu dem vierten und innersten Teil der Stadt der Geisteswelt vorgedrungen ist und sich dieses Tor erschlossen hat, muss sie, wenn sie mit gefüllten Händen zurückkehren will, den festen Entschluss gefasst haben, alle ihre Besitztümer oder Errungenschaften und alle ihre Reisegeschenke aus der Geisteswelt als bescheidene Gabe auf dem Opferstein des Altars der Menschheit niederzulegen. Sonst wird sie nichts von all den geistigen Kleinodien gewinnen und aus jenem Wunderland in ihre physische Heimat mitbringen können. Alle Errungenschaften an Macht, Erkenntnis und Seligkeit werden gleich Traumbildern verschwinden, wenn sie wieder zum irdischen Dasein erwacht.

Ja, beim Verlassen der heiligen Stadt der Geisteswelt wird die Seele von den *Wächtern* der Tore befragt, ob sie die notwendige *Erlaubnis* hat, Geschenke in ihre physische Heimat mitzubringen.

Ohne diese Erlaubnis werden alle gesammelten Erkenntnisgaben aus ihren Händen weggenommen. Mit anderen Worten: es wird ihr an der Grenze der Trank der Vergessenheit dargereicht, wodurch sie alle Erinnerungen an ihre Reise und Erlebnisse in jenem Wunderland völlig vergessen wird. Die Erlaubnis muss durch die Hand der göttlichen Liebe, der Herrscherin der Geisteswelt, mit dem *Opferblut* der wandernden Seele auf das Pergament der unerschütterlichen *Geduld* geschrieben werden.

Ausgerüstet mit einer solchen Erlaubnis bringt dann die wandernde Seele aus diesem Wunderlande undenkbar herrliche Erkenntnisgaben in das Tagesbewusstsein des physischen Körpers und in ihre irdische Heimat mit, um sie ihren Geschwistern zu übermitteln.

Durch diese Darstellung wird es klar, dass bei der geistigen Beschauung das *Bewusstsein* und der *Willensimpuls* tätig bleiben müssen, nur auf einer höheren Ebene als beim Tagesbewusstsein.

Diese innere Schau hat also mit dem bewusstlosen Zustande der Trance, bei der der Wille und das Unterscheidungsvermögen ausgeschaltet sind, nichts gemein.

In der geistigen Beschauung hält die Seele ihre Aufmerksamkeit und ihre geistigen Regungen ganz *wach*. Aber anstatt ihr Bewusstsein und ihren Willen der Aussenwelt zuzuwenden, wendet sie diese Wahrnehmungskräfte ihrem Inneren zu, zur Geisteswelt, wo die Quelle des *Friedens* und der *Freude* liegt.

Um zu dieser *Quelle der Harmonie* zu gelangen, wollen wir, bevor wir weitergehen, zuerst den allgütigen Schöpfer des Weltalls in Ehrfurcht um Kraft bitten und Ihn anrufen:

O Du machtvoller Schöpfer!
Lass mir die innere Schau
der Geisteswelt zuteil werden!
Belebe die Öde meines Herzens
mit Deiner Liebe Lebensflut!

Gewähre meinen geistigen Augen
die Kraft der inneren Schau,
um das Licht Deiner Wahrheit
und Deiner göttlichen Herrlichkeit
zu empfangen und zu bewundern.

Schenke mir den magischen Stab
Deines machtvollen Willens
und Deines schöpferischen Wortes,
damit ich mein heiliges Ziel erreiche!

Lass mich alle Menschenherzen
durch die Wonne Deiner Liebe
entzücken und berauschen.
Lass mich alle Seelen erwecken
zum Lichte der geistigen Schau!

4. Der okkulte und der mystische Weg

Wir haben nun gelernt, woraus die esoterische Meditation
besteht, was die Geisteswelt ist und wie die Menschenseele
dazu Eintritt erhalten kann. Jetzt wollen wir die Wege kennen
lernen, die uns zur geistigen Schau, d. h. der eigentlichen
Meditation führen.

Wir wollen eine geistige Pilgerfahrt zu jenem heiligen
Tempel unternehmen, der sich im Zentrum unserer eigenen
Seele befindet und auf dessen Altar das ewige, unauslösch-
liche Feuer der *Gottesliebe* brennt.

Ob es uns gegeben wird, in diesen Tempel einzutreten und
dort dem Weihedienst der Gottesschau beizuwohnen oder
nicht, das hängt von der Stärke unserer Sehnsucht, von der
Kraft unserer Liebe und von der Hingabe unseres Herzens ab.

197

Bevor ich die sieben Stufen, welche uns zu diesem Tempel führen, schildere, muss ich auf zwei wichtige Punkte hinweisen und die Aufmerksamkeit darauf lenken. Wir wissen, dass, um die übersinnlichen Kräfte in uns zu erwecken und zu betätigen, es zwei Systeme oder Wege gibt: den okkulten und den mystischen Weg. Den grossen Unterschied zwischen diesen beiden Methoden habe ich in meiner Schrift «Ein Weg in die Zukunft der Menschheit» ausführlich erklärt. Hier möchte ich diesen Unterschied nur andeuten und darum bitten, ihn immer vor Augen zu halten.

1. Wir müssen erkennen, dass wir unseren Intellekt, unseren Willen, unsere geistigen Kräfte und unsere physischen Sinne, mit einem Wort unseren ganzen Körper nicht vernachlässigen dürfen, sondern ihn pflegen müssen, um ihn als Rüstzeug und Werkzeug für unsere Pilgerfahrt zum Tempel der geistigen Schau benützen zu können.

2. Wir brauchen zu diesem Zwecke keine aussergewöhnliche Begabung und Veranlagung wie Hellsehen, Hellhören und dergleichen oder gar äusserliche oder geistig okkulte Mittel, wie es manche fälschlicherweise glauben.
Fähigkeiten wie Hellsehen usw. haben mit der eigentlichen geistigen Schau nichts gemein und können, wenn sie nicht mit sittlichen Tugenden, geistiger Klarheit, göttlicher Vernunft und Reinheit des Herzens Hand in Hand gehen, zu selbstsüchtigen Zwecken missbraucht werden. Sie führen dann zu krankhafter Bewusstlosigkeit, Willensschwäche, zu krassem Materialismus, zum moralischen Verderben, zur schwarzen Magie und zum geistigen Tod.
Wenn die Natur uns solche Fähigkeiten als Erbe oder auch plötzlich verleiht, so müssen wir uns davor hüten, dieselben für egoistische Zwecke zu verwenden, darüber hochmütig zu werden oder uns zu willenlosen Werkzeugen in der Hand niederer Geister machen zu lassen.

Der Weg, den wir gehen wollen, ist schmal, aber sicher, es ist der Weg der Mystik, welcher die Reinheit des Herzens und der Absicht als erste Bedingung aufstellt.

Der mystische Weg unterscheidet sich von dem sogenannten okkulten oder psychischen Weg dadurch, dass man im Okkultismus mehr Wert auf den Intellekt legt und die Entfaltung der übersinnlichen, psychischen Kräfte wie Hellsehen usw. betont, ohne auf die Reinheit des Herzens zu achten. Dies führt aber zu einseitiger Entwicklung der Seelenkräfte und nicht zur Vollkommenheit.

Wie es falsche Mystik gibt, die aus Frömmelei, religiöser Schwärmerei und Heuchelei besteht und zum blinden, engen Fanatismus führt, so gibt es auch falschen Okkultismus, der zum sittlichen Verderben, zur Gewissenslosigkeit und zur schwarzen Magie führt.

Wahrer Okkultismus und wahre Mystik sind aber im Grunde eins, denn beide fordern die sittliche Reinheit und die gleichmässige Entwicklung und Beherrschung der geistigen wie auch der seelischen Kräfte, d. h. der Sinne und der Gedanken. Beide betrachten die psychischen oder astralen Kräfte als die untersten Stufen der Leiter, die zur wahren geistigen Schau führt.

Auf dem mystischen Wege werden wir, wie ich sagte, vor allem unsere physischen Organe und Sinne, unseren Intellekt, unser Gewissen und unsere Vernunft wie auch unsere seelischen Kräfte benutzen. Darum ist es falsch, anzunehmen, dass man unfähig sei, diesen Weg zu gehen, wenn man keine besonderen höheren Begabungen besitze. Ein ernster *Wille*, ein fester *Glaube* und ein reines, schlichtes Herz genügen, uns auf diesem Wege zu führen.

Aber wir müssen unsere Sinne durch ständige Arbeit an uns so verfeinern und verschärfen, dass sie fähig werden, die feineren Schwingungen der Geisteswelt aufnehmen und widerspiegeln zu können. Das ist der göttliche Weg der *Weisheit*, den alle Propheten, alle Heiligen und Meister der Mystik gegangen sind. Diese erhabenen Menschen haben keine ausserordentlichen Fähigkeiten und Veranlagungen gehabt und auch nicht nach übernatürlichen und okkulten Kräften gesucht. Sie haben aber nach Reinheit des Herzens gestrebt und durch ihr Ringen nach dem Lichte der Erkenntnis und ihre selbstlose Liebe und völlige Hingabe an Gott sich so geheiligt und gereinigt, dass Gott sich durch sie offenbaren konnte.

Sie sind dann für das in der Tiefe ihrer Seele verborgene Gotteslicht zu durchsichtigen Schalen geworden. Durch die Glut ihrer Liebe und durch den Strom ihrer Willenskraft haben sie die unedlen Metalle ihrer niederen und gröberen Triebe in das schöpferische und edle Gold göttlicher Eigenschaften verwandelt.

Sie haben also in ihrer Seele die Kunst der geistigen Alchimie verwirklicht. Nur auf diese Weise haben sich diese grossen Seelen zu Gefässen der Macht und des Willens Gottes gemacht und jene Wundertaten vollbracht, die den Unwissenden als übernatürlich erschienen sind.

Ja, der allmächtige Schöpfer spricht immer zu Seinen Erdenkindern, den Menschen, und wenn sie ihr geistiges Ohr geöffnet haben, so werden sie Seine Stimme vernehmen:

«Gehorche Mir, Mein Kind, und folge Meinem Beispiel.
Dann wirst auch du ein Schöpfer werden wie Ich,
Dein Vater, es bin.
Dies ist Mein Wille und deine Bestimmung.

Unendliche Kräfte habe Ich in deine Seele gelegt.
Von dir hängt es ab, diese Kräfte zu entdecken,
zu entfalten, und sie zu deinem wie auch zum Heil
deiner Mitmenschen zu verwenden.

Erwerbe dir Meine Eigenschaften! Öffne dein
Herz für Mich! Lass deine Liebe allumfassend
und grenzenlos werden, wie die Meine ist.
So wirst du Mein Ebenbild werden auf Erden.

Reinige deine Sinne, Mein Kind, damit dein Herz
die Geburtsstätte Meiner Liebe werde.
Dann werde Ich dich zur Säule Meines Tempels machen,
des Tempels der Macht und der Weisheit!»

Dies ist der wahre und richtige Weg, den auch wir gehen
müssen, um zum heiligen Tempel der geistigen Schau zu
gelangen.

Diesen mystischen Weg mit seinen sieben Stationen und
seiner Vorbereitungsstufe habe ich in meiner Schrift «Der
Pfad zur Jüngerschaft und zur Meisterschaft» ausführlich
dargestellt.

Darin sind alle Seelenkräfte wie auch deren Erweckung
und Anwendung geschildert worden. In der vorliegenden
Schrift wandern wir auf dem Wege der esoterischen Meditation zur inneren Erleuchtung.

Wir wollen Gott um Kraft bitten, diesen Weg zu finden
und zu gehen, um das von Gott für uns bestimmte hohe Ziel
zu erreichen!

Ich verlange nach Deinem Lichte, o Gott!
Damit ich den rechten Weg finde!

Ich verlange nach voller Reinheit
des Fühlens, des Denkens und des Handelns!

O heiliger Geist Gottes in mir,
führe mich, auf dass ich mich nicht mehr irre!

Schenke mir die Macht Deiner Weisheit,
auf dass ich nicht hochmütig werde!

Lass mich meine Kraft nicht missbrauchen,
sondern sie zum Heil der Menschheit verwenden!

Denn ich will Dein Lichtträger werden!
Ich will werden, was Du willst!

5. Es kommt nur auf das Erleben an

Der zweite wichtige Punkt, den ich noch erwähnen muss,
bevor ich zur Schilderung der sieben Stufen des Weges übergehe, ist folgender: Um die Zustände und Erlebnisse der
Geisteswelt zu begreifen und auszudrücken, sind wir ge-
nötigt, sinnbildliche Worte, Symbole, Beispiele und Gleichnisse zu gebrauchen. Wir haben keine andere Möglichkeit,
die Geschehnisse und Eindrücke der Geisteswelt darzustellen
als durch unseren Gehirnapparat, durch unsere Gedanken,
Worte und Vorstellungen.

Der menschliche Intellekt gibt den formlosen, abstrakten
Gedanken und Idealen durch seine Worte konkrete Formen,
die dann in der physischen Welt materielle Gestalt annehmen.

Er wirkt dadurch schöpferisch, denn er verwandelt das
Geistige ins Materielle.

Daraus können wir erkennen, dass die Materie nichts
anderes ist als verdichteter Geist, d. h. eine spirituelle
Energie, deren *Schwingungsgrad* herabgesetzt worden ist. Die
Ursubstanz des Universums ist also Geist oder das spirituelle
Urlicht, das sich durch Verminderung seiner Schwingung
oder durch Abkühlung seiner Hitze vermaterialisiert, d. h.

mit Materie bekleidet hat. Dieser Geist will nun die Materie durch Erhöhung ihrer Schwingung wieder vergeistigen, um zu seinem Ursprung zurückzukehren.

Der Mensch, als Geist, ist wahrlich ein Schöpfer, ohne es zu wissen. Daraus geht klar hervor, dass unsere Worte und Ausdrücke mit ihren niederen Schwingungen niemals die Erlebnisse der Geisteswelt in vollkommener Weise schildern können, weil Worte unfähig sind, das Unausdrückbare uns, so wie es ist, begreiflich und erfassbar zu machen. Darum sagt der Mystiker, dass alles in dieser Welt der Erscheinungen nur Symbol, Gleichnis und schwache Widerspiegelung des Geistigen ist.

Denken wir z. B. an die Worte, die ich hier, um die geistige Schau darzustellen, gebraucht habe. Ich habe von der *Geisteswelt*, von ihrem *Tempel* und *Altar*, von unserer *Pilgerfahrt* und dem Weg mit sieben Stationen gesprochen. Dies alles sind nur Symbole und Gleichnisse. Ich bin gezwungen, diese Worte und Ausdrücke, die mit der Wirklichkeit nichts zu tun haben, zu gebrauchen, um die Idee der Geistesschau und ihren Sinn etwas begreiflich zu machen. Oder glauben wir wie Kinder, dass es eine solche Welt ausserhalb von uns gibt, die ihren Tempel, ihren Altar und ihre Wege hat? O nein, diese geistige Welt liegt in unserer Seele – und wir leben immer in ihr. Ja, wir sind selbst diese Welt mit allem, was sie umfasst, mit ihrem Tempel, ihrem Altar, ihren Wegen und ihren Tausenden von Wundern.

Durch die Medidation oder Geistesschau machen wir nur eine Wanderung in unser Inneres, in die Urheimat unserer Seele. Wir machen eine Fahrt von dem äusseren Rande unseres Lebens nach dem Zentrum desselben und wieder zurück.

Nicht nur die Geisteswelt befindet sich in uns Menschen, sondern auch das Weltall und Gott selbst. Denn der Mensch kann nichts denken, was nicht im Bereich seines Bewusstseins existiert, und was der Mensch geistig wahrnimmt, das liegt schon im Bereiche seiner Macht. Ich kann an keinen Gott glauben und ihn anbeten, wenn er nicht in mir selbst zu finden ist.

Nur sind wir uns dieser Welten und dieses Gottes in uns selbst noch nicht bewusst. Wir wollen uns daher durch die geistige Schau und die spirituelle Pilgerfahrt, die Bewusstheit hierfür erwerben, d. h. diese Wirklichkeit *innerlich erleben.* Was wir aber erlebt haben, dürfen wir nicht für uns behalten, sondern müssen es den reifen, suchenden Mitmenschen als himmlische Gabe darbieten.

Dazu haben wir aber keine anderen Mittel und Wege als unsere Sinne, Gedanken, Vorstellungen und Worte. Wir wissen nun, dass diese Mittel sehr mangelhaft sind und unsere Ausdrucksweise sehr wenig der Wirklichkeit entsprechen wird. Denn wie könnte man jene Wonne aller Wonnen und jenen höchsten Rausch, den der Mystiker im Zustande der geistigen Schau erlebt, mit Worten und Gleichnissen ausdrücken. Kann man das Wesen und die Macht der Liebe aus Büchern und Worten, mögen sie auch von dem idealsten Dichter geschrieben sein, begreifen, ohne Liebe erlebt zu haben? Wer nie Mutter geworden ist, wird niemals das selige Fühlen einer Mutter ahnen und empfinden können.

Aus diesen Gründen geht klar hervor, dass es in dieser geistigen Schau nur auf das *Erlebnis* ankommt – denn alles andere sind nur Andeutungen, Winke und Symbole.

Darum haben viele mit der Gottesschau begnadete Heilige keinen besseren Ausdruck für die erlebte Seligkeit und *Wonne der Beschauung* gefunden als das *Schweigen.* Deshalb müssen wir darauf bedacht sein, das hier Gesagte und Geschilderte nicht bloss zu lesen, sondern auch zu *erfühlen,* zu *erleben,* und das Ergebnis in Schweigen in uns zu bewahren.

Wir dürfen aber in diesem wunderbaren, himmlischen Geistesdrama, das vor unseren inneren Augen vorgeführt wird, nicht blosse Zuschauer bleiben, sondern wir müssen lernen, als Schauspieler mitzuwirken. Denn hier ist in Wirklichkeit unsere Seele gleichzeitig Schauspieler und Zuschauer, die Bühne und das Drama selbst.

Wenn man uns eine fremde, aber wunderbare Frucht beschreibt und auch ihren Duft, ihren Geschmack, ihre Farbe und ihre Form ganz genau und deutlich schildert, ja uns sogar ihr Bild zeigt, wird das uns nichts nützen, und wir werden niemals eine vollkommene und wirkliche Kenntnis und einen Genuss davon haben, solange wir diese Frucht nicht selbst in der Hand gehabt und sie gekostet haben.

Wenn wir eine wundervolle Beschreibung über eine Reise oder einen Ausflug lesen, so werden wir Freude daran haben, aber unsere Freude wird niemals so gross sein wie die der Teilnehmer an jener Reise oder jenem Ausflug.

Wenn man über ein beseligendes Musikstück die besten Kritiken und Lobpreisungen hört und sogar die Noten besitzt, wird man von der magischen Wirkung seiner schöpferischen und erlösenden Melodie unberührt bleiben, solange man sie nicht gehört oder selbst gespielt hat.

So ist es auch mit der geistigen Schau oder Meditation, die ich zu schildern versucht habe. Meine Worte und Ausdrücke dafür werden immer, im Verhältnis zur Wirklichkeit, sehr dürftig und mangelhaft bleiben.

Darum kommt es nur darauf an, *wie* das Gesagte erlebt und in uns verwirklicht wird. Hierzu hat ein jeder seine eigene Begabung und Einstellung, denn alles in dieser, wie auch in jener Welt ist *individuell* und *relativ*. Aber, wie ich bereits sagte, genügt schon eine inbrünstige Sehnsucht und eine vollständige Hingabe an Gott, um unsere Seele von dieser himmlischen Speise kosten zu lassen.

Lasst uns die Flamme dieser Sehnsucht und Hingabe in unseren Herzen entzünden!

Wir wollen dieser Sehnsucht unserer Seele mit folgenden Worten innigen Ausdruck verleihen:

205

Dich möchte ich innig erleben,
o Du lebendige Wirklichkeit!

Der Adler meiner Seele will sich
bis zu Deinem Lichthort aufschwingen!

Lass meinen Traum der Geistesschau
verwirklicht, zum Erlebnis werden!

Lass mich mit dem Lichte der Wahrheit
das Herz der Menschheit erhellen!

6. Die Betrachtung

Bevor wir die Schilderung und Übung der sieben Stufen der Geistesschau oder esoterischen Meditation unternehmen, müssen wir eine Vorbereitung und Ausrüstung durchführen. Diese besteht in der Verfeinerung und Verschärfung der physischen wie auch der geistigen Sinne.

Denn erstens müssen wir, um die Ergebnisse der Geisteswelt auf unser Tagesbewusstsein zu übertragen, empfindliche, geübte und aufnahmefähige Sinne haben, denn sonst werden sie kein geeignetes Werkzeug und keine Ausdrucksform finden. Sie werden gleich manchen wunderbaren Träumen, die wir schon am Morgen vergessen, aus unserem Bewusstsein verwischt werden und ohne Nutzen bleiben.

Zweitens handelt es sich aus beiden Welten um ähnliche Erlebnisse und Vorgänge, die sich widerspiegeln.

Auf den drei unteren Stufen der Meditation müssen wir vor allem unsere physischen und geistigen Sinne ausrüsten, und sie stark und aufnahmefähig machen für die feineren und höheren Schwingungen beider Welten.

Auf der vierten Stufe wird, wie wir sehen werden, der letzte Kampf gefochten und gewonnen, und das Resultat dieses Sieges wird die *Erlösung* und *Erleuchtung* der Seele sein.

Die Vorbereitung oder Ausrüstung besteht in dauernder Beobachtung alles dessen, was in uns und um uns vor sich geht. Wir müssen alle Ereignisse der Natur, alle unsere Erlebnisse, seien sie ausserhalb unser oder innerlich, und vor allem alle Regungen unseres Gemütes und Herzens mit forschenden Augen und scharfem Verstand beobachten lernen. Wie ein Künstler sowohl die kleinsten Teile und Umrisslinien als auch die Schattierungen und Nuancen der Farben oder Töne seines Modells oder Ideals durchforscht, zerlegt und unterscheidet, so müssen auch wir lernen, alle Phasen und Zustände unseres Lebens wie auch alle Vorgänge in der Natur zu beobachten.

Für einen Menschen, der sich auf dieser Stufe befindet, ist alles im Leben wichtig, geheimnisvoll und bewundernswert. Ein jedes Ding und ein jedes Geschehnis bildet für ihn Gegenstand der Betrachtung, der Erkenntnis und der Erhebung.

Eine jede Naturerscheinung, der Sonne Auf- und Untergang, das Leuchten der Sterne, Regen, Schnee und Sturm, die Wogen des Meeres, das Sprudeln des Wassers, das Rauschen des Waldes, das Singen der Vögel, das Flattern der Schmetterlinge, die Stimmen der Tiere, kurz alles, was man durch die Sinne wahrnehmen kann, erwecken in ihm tiefe Andacht. Er sieht in allen diesen Lebensäusserungen eine Offenbarung der göttlichen Liebe, Weisheit und Macht.

Und auch alles, was die Menschen geschaffen haben, alle ihre Tätigkeiten, seien sie körperlich oder geistig, sind lehrreiche Unterweisungen für ihn. Jede Beobachtung gleicht der Entdeckung einer neuen Welt und wird dadurch bedeutsam und fruchtbar. Und das Entdecken oder Erkennen eines neuen Gesetzes, eines neuen Zustandes, einer neuen Kraft und eines neuen Bewusstseinsfeldes erzeugt in uns eine grenzenlose Freude und Glückseligkeit.

Die suchenden Blicke eines Säuglings und sein erstes Lallen und Stammeln, der brausende Gefühlsrausch der Jugend und ihr herzhaftes Lachen, das eifrige Streben des Mannes und die würdevolle Ruhe und verklärte Gelassenheit des erfahrenen Greises belehren den Beobachtenden weit mehr als alle Schulweisheiten.

Durch diese Betrachtungen fliessen ihm grosse Inspirationen zu, die er aus Büchern nie erhalten kann. Ja, alles was er mit seinen Sinnen erfasst, versetzt ihn in Andacht und gewährt ihm die Freude der Begeisterung und der Bewunderung. Denn alles öffnet ihm neue Horizonte der Erkenntnis über die Gesetze und Kräfte der Schöpfung und über die Macht und Weisheit des Schöpfers.

*

Ich muss hier einschalten, dass dieses ständige Betrachten nicht bedeutet, dass man sich in die Einzelheiten der Dinge verlieren, Kleinigkeiten überschätzen und dadurch die Hauptsache aus dem Auge verlieren oder gar vernachlässigen soll, wie es viele Menschen tun. Diese ständigen Beobachtungen und Betrachtungen dürfen auch die Erfüllung unserer täglichen Aufgaben nicht stören und hindern.

Auf die Weise, die ich geschildert habe, lernt der Beobachtende tagein, tagaus seine seelischen Kräfte mehr und mehr gebrauchen und seine geistigen Gaben und Sinne verfeinern und stärken.

Er wird von Tag zu Tag empfänglicher für die Impulse der Natur und für die Herzschläge aller Wesen. Alles in der Welt wird für ihn zu einer Quelle der Erkenntnis und der Inspiration. Ja, die Schleier der geistigen Finsternis und die Unempfindlichkeit für die feineren Schwingungen des Kosmos werden allmählich von seinen Geistesaugen fallen, und er wird dann in das *innere* Leben der Geschöpfe und in die Geheimnisse der Natur eingeweiht.

Seine Beobachtungsgabe, sein Unterscheidungsvermögen und seine Urteilskraft werden stärker und betätigen sich. So wird schliesslich in seiner Seele jene göttliche Gabe geboren, die man *Intuition* nennt.

Die mystische Intuition ist ein Gedankenblitz, der für einen Augenblick die verdunkelte Atmosphäre unserer Seele erhellt und uns die inneren Vorgänge, die in dieser Welt stattfinden, schauen lässt.

Und dennoch ist diese Intuition keine Geistesschau, weil sie nur ein so kurzes Dasein hat, wie der Blitz, während die Geistesschau die Dunkelheit der Seele ganz erleuchtet, wie der Vollmond die Nacht.

Die Intuition ist nur wie ein einziger Funke aus der lodernden Flamme der Geistesschau.

Wenn die Seele diesen Grad der Betrachtung erreicht hat, dann wird in ihr die Fähigkeit geboren, in die Seelen aller Dinge und aller Wesen einzudringen, d. h. sie wird imstande sein, hinter den Vorhang der verborgenen Kräfte der Natur zu schauen. Sie wird hinter den äusseren Erscheinungen die in den grauen Mantel der Vergangenheit verhüllten *Ursachen* erkennen, und sie wird aus den jetzigen Ursachen die im Schosse der Zukunft der Geburt harrenden Wirkungen vorausschauen. Die Seele des Meditierenden wird ein Mass der Vergangenheit und der Zukunft, und die Herzschläge aller Geschöpfe werden in seinem Herzen ihren Widerhall finden.

Diese Macht wird in der Seele geboren, sobald sie die Bedingungen erfüllt hat und sich für diese Gabe würdig erweist.

Die Geistesschau ist also der erste Schritt der Seele vom Unbewussten zum Allbewussten, von der Unwissenheit zur Allweisheit.

Der Zweck der *Betrachtung* ist also der, dass wir erstens durch sie unsere Sinne für die Aufnahme der feineren und höheren Schwingungen fähig machen. Sie steigert und bereichert zudem unsere Ausdrucksfähigkeit.

Zweitens erweitern wir den Horizont unseres Bewusstseins

oder unserer Erkenntnis, indem wir der verborgen waltenden Kräfte und Gesetze der Schöpfung gewahr werden.

Drittens wird diese höhere Erkenntnis den Schutt der Trennung und der Absonderung von unseren Geistesaugen und von unseren Herzen hinwegfegen und die göttliche Liebe in uns erwecken und befreien. Wir werden uns unserer Verbundenheit mit allen Geschöpfen bewusst und sie alle von Herzen göttlich lieben lernen.

Diese allumfassende Liebe wird dann das Tor des Herzens aller Geschöpfe für uns öffnen und uns *Zugang* und *Einblick* in das Heiligtum der Seelen aller Wesen verschaffen.

Durch diese göttliche Gabe wird der geistige Blick der Seele so geschärft, dass er fähig wird, nicht nur das Herz der sichtbaren Natur, sondern auch die Tiefe der unsichtbaren Geisteswelt zu durchforschen.

Der Horizont des Bewusstseins wird sich so erweitern, dass nicht nur die Gedanken und Gefühle der Mitmenschen, sondern auch die Instinkte und Impulse der Tiere, der Pflanzen und der Steine empfunden und durchlebt werden.

Ja, alle Wesen und Elemente der Natur werden sich vor einer solchen Seele beugen, sie grüssen, ihr die Herzen öffnen, ihre Geheimnisse enthüllen und mit ihr reden. Sie werden ihr alle Gedanken, Gefühle und Wünsche in vollem Vertrauen mitteilen. Sie werden sich ihr anvertrauen und hingeben, sich zu ihr wenden und ihren Schutz verlangen, wie sich das Kind zu seiner Mutter wendet und ihren Schutz sucht.

Bevor wir in unseren Betrachtungen weitergehen, wollen wir uns in dieser heiligen Stunde zu unserem allmächtigen Schöpfer wenden und Kraft für die Erfüllung unserer göttlichen Aufgabe erbitten:

Zu Dir wende ich mich, o Gott,
Du allmächtiger Schöpfer,
und Erhalter aller Welten!

Auf dem Wege der Geistesschau,
den Deine starke Hand mir zeigt,
will ich mit Zuversicht wandern.

Schenke mir das Licht Deiner Weisheit,
die Heilkraft Deiner Liebe
und die Macht Deiner Wahrheit!

7. Das Eindringen in die Seele der Natur

Um die Macht der Geistesschau zu erringen, muss der
Meditierende die Fähigkeit besitzen, mit Ehrfurcht in die
Seele der Geschöpfe und der ganzen Natur und ohne Gefahr
einzudringen.

Deshalb möchte ich erklären, wie es uns gelingen kann,
mit Hilfe der Betrachtung in die Seelen aller Wesen und
Dinge hineinzuschauen. Dies wird uns gleichzeitig zeigen,
welche Bedingung die Seele erfüllen muss, um zu dieser göttlichen Macht zu gelangen.

Wie wir wissen, strömen aus dem Körper oder der Aura
d. h. der Lichthülle des Menschen, feine spirituelle Strahlen
von magnetischer und elektrischer Art, die bei manchen
Menschen so stark sind, dass sie von anderen, besonders
empfindlichen Menschen, verspürt werden und diese sie
sogar schauen können.

Die Empfindlichkeit für diese spirituellen Strahlen ist
bei den Tieren und Pflanzen, bei denen der Instinkt den ganzen Organismus beherrscht, ebenfalls vorhanden, und bei
manchen von ihnen ist sie sogar bedeutend stärker als beim
Menschen.

Wir können bei manchen Tieren und besonders bei den
Hunden beobachten, wie sie unsere seelischen Zustände

wahrnehmen können, unsere Leiden und Freuden mitempfinden, und wie sie versuchen, ihre Eindrücke und ihre Anteilnahme irgendwie zum Ausdruck zu bringen. In dieser Hinsicht hat man schon rührende, wunderbare Beobachtungen gemacht.

Wir müssen erkennen, dass auch die Pflanzen und Steine, d. h. alle Wesen und alle Dinge der Welt für die Strahlen der menschlichen Seele empfänglich sind, und dass diese Strahlen einen gewaltigen Einfluss auf sie ausüben, von dem die heutige Wissenschaft noch nicht viel weiss.

Die spirituellen Strahlen des Menschen, welche die Summe der Strahlungen seiner Organe und vor allem seiner Wünsche, Gefühle und Gedanken sind, verschmelzen mit den Elementen der Luft, wie auch mit dem Sonnenlicht. Dann atmen sowohl die Tiere, Pflanzen und Steine, als auch die Menschen, diese mit den geistigen Strömen der Menschen durchflutende Luft ein. Daher sind alle Dinge um uns von unseren Strahlen durchdrungen und durchtränkt. Ja, ein jedes Ding, das irgendwie mit uns in Berührung gekommen ist, wird von den spirituellen Strahlen unserer Seele berührt und trägt dadurch einen Stempel unserer Gefühle und Gedanken in sich. Darauf beruht die geisteswissenschaftliche Tatsache, dass die hellseherisch geschulten, ehrlichen Okkultisten aus irgend einem Gegenstande, den wir einige Zeit bei uns getragen haben, unsere Vergangenheit erkennen können. Es rührt dies daher, dass die Bilder unserer Taten, Gefühle und Gedanken, welche letzten Endes nur Schwingungen sind, durch die spirituellen Strahlen unserer Seele auf jedes Ding übertragen und dort wie auf einer galvanischen Platte abgelagert werden.

Dies ist ein wunderbares Thema, das ich hier nicht weiter behandeln kann; ich überlasse das weitere Eindringen in dasselbe dem intuitiven Empfinden des Lesers selbst.

Ich möchte nur noch bemerken, dass erstens die Strahlen unserer Aura, welche unseren Körper wie eine ständig bewegliche Lichtquelle umgibt, mit den Elementen unserer Gefühle und Gedanken durchtränkt sind, und je nach der Beschaffenheit unserer Gefühle und Gedanken, werden diese Strahlen aufbauend oder zerstörend, vergiftend und erstikkend oder beruhigend und erlösend wirken. Aus diesem Grunde kann ein erleuchteter Meister den Charakter, die Absicht und den Seelenzustand jedes Menschen auf den ersten Blick erfühlen und erkennen. Darum wirkt die Atmosphäre einer Kirche, eines Tempels oder irgend eines Raumes, wo die Menschen mit reinem Herzen eintreten und göttliche, selbstlose und hilfreiche Gedanken und Gefühle gehegt haben, wie auch die Anwesenheit eines Meisters oder eines Heiligen, so beruhigend, erlösend und segensvoll.

Und zweitens atmen Tiere, Pflanzen und Steine unwillkürlich die Strahlen unserer Aura ein. Dadurch werden sie für unsere seelischen Strömungen empfindlich und unterliegen den positiven oder negativen Wirkungen unserer Ausstrahlung. Ja, durch unsere aurischen Strahlen fördern oder hemmen wir Menschen unbewusst das Wachstum der Tiere, Pflanzen und Steine.

*

Wir können nun begreifen, wie gross unsere Verantwortung gegenüber der Natur und wie tief unsere Unwissenheit bezüglich der geheimnisvollen Gesetze Gottes ist. Anderseits wissen wir schon, dass ein jedes Wesen, ja ein jedes Atom, ewiglich nach dem Dasein ringt, sein Leben zu schützen und zu verlängern sucht, wie wir. Denn ein jedes Wesen, wie der Mensch, *liebt sein Leben.* Aus diesem Selbsterhaltungstrieb heraus, der jedem Lebewesen innewohnt, reagieren alle Tiere, Pflanzen und Steine nach ihrer Art auf die Eindrücke der Aussenwelt und besonders auf die Strahlung des Menschen. Aus einem instinktiven Impuls heraus, den man Anpassungsfähigkeit nennt, suchen sie sich immer wieder eine günstige Umgebung aus, ziehen die aufbauenden, nützlichen

Elemente an und stossen die schädlichen ab. So handeln sie auch gegenüber den Strahlen der menschlichen Aura, d. h. der Schwingungen seiner Gefühle und Gedanken, seiner Liebe oder seiner Feindseligkeit.

Wenn diese Strahlen negativer Art sind, wie bei denen, die sich den Dämonen von Neid, Hass, Zorn, Bosheit, Rache, Gier, Raubsucht usw. unterwerfen, dann verteidigen sich die Tiere, Pflanzen und Steine gegen diese Strahlen, weil diese sie erregen, beunruhigen und ihre Organismen vergiften. Ihre Verteidigung ist natürlich sehr verschieden, je nach Gattung und Kraft. Manche Tiere greifen an, andere fliehen oder verstecken sich, viele halten ihren Atem an, wenn ein solcher Mensch vorübergeht. Da aber die Pflanzen und Steine nicht fliehen oder die Menschen angreifen können, so verschliessen sie das Tor ihres Herzens oder sie assimilieren von diesen giftigen Strahlen der menschlichen Aura so viel, wie sie vermögen. Diese schwer verdaulichen Strahlen hindern aber die natürliche Tätigkeit und das normale Wachstum ihrer Organe. Andere leiden darunter, und viele, die das giftige Gas der menschlichen Aura nicht ertragen können, gehen unter der Einwirkung der verderblichen Strahlen ihrer Brüder, der Menschen, zugrunde.

So verübt der Mensch täglich und stündlich durch seine unreinen *Gefühle* und *Gedanken* gegen Tiere, Pflanzen und Steine jene geheimen, unsichtbaren Quälereien und jene unbewussten Vergiftungen, von deren tödlicher Wirkung er nichts ahnt und dennoch, nach dem Gesetz von Ursache und Wirkung, die Folgen davon tragen muss.

Wir sehen, wie der Mensch, der zum Ebenbild Gottes geschaffen ist, aus Nichterkenntnis oder aus dämonischer Raublust auf dieser Erde verderbenbringend und zerstörend wirkt und nachher über seine Not, sein Elend und sein schweres Schicksal klagt und jammert. Er will das göttliche Gesetz, dass jede Schwingung eine Rückwirkung erzeugt, die auf ihren Urheber zurückfällt, nicht anerkennen.

Man kann nun verstehen, dass viele Tiere, die den Menschen angreifen, dies nicht aus Hunger oder gar aus einer innewohnenden Böswilligkeit tun, sondern oft nur aus Furcht und Angst vor seinen Ausstrahlungen und um sich vor diesen zu schützen.

Sobald ein Mensch vor einem Tiere *Furcht* empfindet oder demselben gegenüber böse Absichten hegt, werfen sich aus seiner Aura tausende von giftigen Strahlenpfeilen dem Tiere entgegen und durchdringen seinen Körper. Das Tier verspürt, dass diese Pfeile durch den Menschen entsandt werden, fühlt sich bedroht und in Gefahr und deshalb gezwungen, sich zu verteidigen und diesen bösen Feind zu vernichten, um sich zu retten.

*

Im Orient geschieht es oft, dass Menschen, die auf dem Felde oder im Garten schlafen, beim Erwachen entdecken, dass eine Schlange neben ihnen, oft sogar auf einer Ecke ihrer Decke, geschlafen hat, ohne sich bemerkbar zu machen oder zu beissen. Grund dafür ist, dass im Schlaf, da der Mensch nichts von der Aussenwelt fühlt und das Tier nicht sieht, von seiner Aura keine giftigen Strahlenpfeile der Furcht ausgehen. Das wilde Tier spürt dann keine feindliche Strömung, sondern es fühlt sich im Gegenteil in der warmen und friedvollen Umgebung seines Bruders, des Menschen, wohl, kann ruhig schlafen, wie die Haustiere.

Es ist selbstverständlich, dass , so verderblich sich die negativen Gefühle und Gedanken des Menschen auswirken, so seine positiven Gedanken und Gefühle, wie Güte, Liebe, Mitleid, Hilfsbereitschaft, Barmherzigkeit usw. in höherem Masse aufbauend, heilend, wohltuend, erlösend und belebend auswirken, weil alle Wesen unter der Wirkung des Selbsterhaltungstriebes für positive Schwingungen empfindlicher und empfangsbereiter sind als für negative.

Im Schlaf, in dem sich das niedere, eitle Ich des Menschen zurückgezogen hat, schwingen nur die göttlichen Strahlen seines höheren Selbst des Gottesgeistes in ihm, und deshalb fühlen sich die Tiere in seiner Nähe wohl. Die Weisen des Ostens sagen, dass der Schlaf für einen grausamen und bösen Menschen viel nützlicher ist als sein Wachsein und selbst sein Gebet.

Dies ist der Grund, warum die Heiligen und Mystiker aller Zeiten es vorgezogen haben, *in der Nacht wach zu bleiben und zu beten*. Denn in Stunden, da die Menschen schlafen, ist die geistige Atmosphäre der Erde viel reiner als am Tage. Durch den Schlaf sind auch die Seelen befreit und deshalb weit empfänglicher für den Segen des Gebets. Solche Stunden der Andacht bedeuten wahrlich eine unaussprechliche Wonne der Seligkeit für den Betenden und ein grosses Heil für die Menschheit.

Jetzt können wir es begreifen, dass es sowohl den Heiligen und Mystikern des Ostens, als auch des Westens gelang, die wilden Tiere nicht nur zu bändigen und zu zähmen, sondern sie auch als Haustiere dienstbar zu machen.

Im Lichte der okkulten Wahrheiten können wir erkennen, dass erwähnte Wundertaten der Heiligen keine Phantasie und Märchen sind, sondern erlebte Wirklichkeit.

Noch heute kann man in Indien solche für uns staunenerregende Begebenheiten erleben.

Die auf göttlicher Liebe beruhende, magische Einwirkung der Seele wird im kommenden Zeitalter von allen Menschen die in sich die göttliche Liebe zur Offenbarung bringen, verwirklicht werden.

Darum müssen wir, die wir uns durch die Macht der Meditation für den Dienst an der Wahrheit und an der Menschheit vorbereiten wollen, von nun an in uns diese Allverbundenheit mit der Natur und mit aller Kreatur pflegen und unsere Umgebung und unsere Mitgeschöpfe von den wohl-

tuenden, belebenden und heilenden Strahlen der göttlichen
Liebe durchfluten lassen.

O du magische Kraft der Liebe –
wie einend wirkt Deine Macht!

Wie gern möchte ich alle Geschöpfe
mit meiner Liebe göttlich umfassen!

Lass mich, o Gott, aus dem Born Deiner Liebe
das erlösende Wasser des Heiles schöpfen

und es der nach Frieden und Harmonie
verlangenden Menschheit darreichen!

Sechstes Kapitel

Die vier ersten Stufen der Meditation

Jeden Morgen ruft ein Engel aus der Geisteswelt den sehnsuchtsvollen Seelen zu:

«Ihr erwachten Seelen, die ihr die finstere Nacht eurer irdischen Natur überwunden habt und in der Morgendämmerung der geistigen Schau steht, tretet nun in den unsichtbaren Tempel Gottes ein! Hier werdet ihr dem Aufgehen der Geistessonne beiwohnen und hier wird es euch gegeben, die Geheimnisse des Himmelreiches Gottes zu verstehen.»

In den mystischen Orden und esoterischen Schulen haben die Mystiker und Meister ihre Schulen gemäss ihren Erfahrungen und den Bedürfnissen ihrer Schüler in mehrere Klassen oder Stufen eingeteilt und darin verschiedenartige Lehrmethoden eingeführt.

Ich habe in dieser Schrift die Einteilung in sieben Stufen vorgenommen und jene Tugenden oder Übungen als Stufen bezeichnet, die mir für den Abendländer als am notwendigsten erschienen.

1. Allumfassende Liebe als erste Stufe der esoterischen Meditation

Da die esoterische Meditation das Eindringen der Menschenseele in das innerste Heiligtum der Natur und aller Wesen bedeutet und bezweckt, ist es erklärlich, dass die allumfassende, grenzenlose Liebe der erste Schritt auf diesem Wege sein muss. Denn ohne Liebe bleiben die Herzen der Geschöpfe und das Tor des Heiligtums der Natur für die suchende Menschenseele verschlossen.

Allumfassende Liebe ist der magische Stab des Wanderers auf dem inneren Geistespfad und die Zauberflöte seiner Seele. Sie ist wahrlich das Tor zum Herzen Gottes.

Wenn ein Mensch die göttliche, allumfassende Liebe besitzt und alle Wesen und Geschöpfe als Kinder Gottes und als seine Brüder und Schwestern betrachtet und sie von Herzen liebt, dann entströmen seiner Aura wohltuende, erlösende und belebende Strahlen, die sich nicht allein auf seine Mitmenschen beruhigend auswirken, sondern auch allen Wesen, Tieren, Pflanzen und Steinen zum Wachstum und zum Gedeihen verhelfen.

In seiner Umgebung verspüren alle Wesen der Natur diese Strahlen und suchen voller Zutrauen seine Nähe auf. Sie öffnen ihm ihre Herzen und lassen sich von der Heilkraft seiner Strahlen beleben und beseelen.

Dies ist das Geheimnis des Wirkens Gottes, wodurch ein mit göttlicher Liebe begnadeter Mensch zu allen Wesen reden und ihre Sprache verstehen kann. Ja, noch viel gewaltiger ist die Macht der göttlichen Liebe: ein mit dieser Liebe begabter Mensch wird von allen Wesen geliebt und aufgesucht.

Alle Elemente der Natur: Wasser, Luft, Erde und Feuer, ja, alle Kreaturen, wie auch Engel und Geister werden für ihn beten und ihm dienen und helfen. Sie werden Gott bitten, ihn lange leben zu lassen, denn er lebt ja nach dem Willen Gottes, und seine Atemzüge bringen der ganzen Welt Heil und Segen.

Wenn in der Wüste ein Quell süssen Wassers sprudelt, so eilen von allen Seiten Tiere und Menschen herbei und aus der Luft fliegen Vögel und Insekten herbei, um ihren Durst zu stillen. So kommen auch alle Wesen zu jenem Menschenkinde, das aus seinem Herzen einen ewig sprudelnden Quell der göttlichen Liebe gemacht hat. Denn alle Seelen dürsten nach diesem Elixier des wahren Lebens.

Wir können schon in unserem täglichen Leben beobachten, wie die Liebe so wundersam auf Menschen, Tiere und Pflanzen wirkt, wie sie ihnen Vertrauen einflösst, ihre Herzen öffnet und ihre Seelen zu uns sprechen lässt.

Die Mutter liest aus den Blicken und in den Zügen ihrer Kinder deren Wünsche, Impulse, Empfindungen und Gedanken. Dies tun auch die Kinder ihrer Mutter gegenüber. Zwei Menschen, die einander aus treuem Herzen lieben, werden im Laufe der Zeit so innig seelisch verbunden, dass sie gleichzeitig dasselbe fühlen und denken. Die Liebenden brauchen nicht viele Worte auszutauschen, denn ihre Augen sprechen deutlicher als ihre Zunge. Der eine spürt, was der andere denkt, und jener empfindet, was dieser wünscht.

Bei den göttlich Liebenden, in deren Herzen sich die kosmische, allumfassende Liebe regt, dringt die Liebe in die Seele der Natur. Ihr Mitgefühl und Mitleid für alle Wesen ist tausendfach stärker und wirksamer als das der Weltmenschen.

Denn, wie der Mystiker sagt, in dem Körper des göttlich Liebenden wird ein jedes Haar zu einem Auge und eine jede Pore zu einem Ohr, ein jedes Atom zu einer erwärmenden Sonne und ein jeder Blick zu einer Botschaft des Heils und des Friedens. Und bei dem Geliebten wird jeder Hauch zu einem Wort und jeder Blick zu einem vollkommenen Ausdruck der Seele.

So geschieht es, dass der göttlich liebende Mystiker, der alle Geschöpfe als Zellen des geoffenbarten Leibes seines geliebten Gottes betrachtet und sie innig liebt, sich eins fühlt mit ihnen und ihre Leiden und Freuden, ihre Gedanken und Wünsche mitempfindet. Darum bleibt kein Geheimnis der Natur für ihn verhüllt, denn er versteht die urewige Sprache der Liebe.

Wahrlich, alle Wesen sprechen zu den Menschen, teilen uns ihre Geschichte und ihre Erlebnisse mit, erzählen uns Tausende von Märchen aus dem Wunderland ihrer Heimat und aus ihrer Vergangenheit. Wir Menschen vernehmen aber ihre Worte nicht, denn unsere geistigen Augen und Ohren sind noch nicht aufgetan.

Möge uns die Gnade Gottes das Tor der göttlichen Liebe

erschliessen und durch dieses wundertätige Elixier unsere Herzensaugen sehend machen, damit auch wir mit vollem Bewusstsein in jenem Lande der Gottesschau weilen können! Da nun die Mystiker diese grossen Wahrheiten erkannt haben, so haben sie nicht aufgehört zu verkündigen, dass die *Reinheit des Herzens* das höchste Gebot der geistigen Schau ist. Denn, wenn ein Herz rein geworden ist, wird Gott selbst es mit Seiner Liebe erfüllen.

Und von einem Herzen, das mit Gottesliebe erfüllt ist, können nur schöpferische, aufbauende und erlösende Strahlen ausgehen, die auf alle Wesen und Dinge wohltuend und belebend wirken. So ist die Liebe, welche alle Wesen und Welten umschliesst, der Anfang, die Mitte und das Ende des Weges zum Ziel der geistigen Schau.

Lasst uns darum das wunderwirkende Elixier der Liebe, das uns erlösen und erleuchten kann, erringen. Mögen wir uns mit dem himmlischen Gewande der Liebe kleiden. Auf unserer Wanderschaft zum Tempel der geistigen Schau soll die allumfassende Liebe unser Führer sein.

Lasst uns den folgenden Hymnus als Anerkennung dieser himmlischen Macht singen, damit der Lobgesang unsere Seelen umweht, unsere Herzen stärkt und die Schwingungen unserer mitfühlenden Liebe den Herzen aller Geschöpfe übermittelt.

Gelobet seiest Du, göttliche Liebe,
Du grosse erlösende Macht!
Du Heilerin aller Wunden!

Gepriesen seist Du ewiglich!
Die Du alle Wesen verbindest
mit geschwisterlichem Band!

Ich verlange von Herzen nach Dir,
Sei Du mein Schutz und Mein Licht,
mein Weg und mein heiliges Ziel!

2. Bewunderung als zweite Stufe der esoterischen Meditation

Die Gabe der allumfassenden Liebe ist, wie ich kurz angedeutet habe, das Fundament der Geistesschau, denn auf ihm müssen alle anderen Stufen aufgebaut werden. Sie ist das Tor zum Wunderland des Geistes. Sie ist das ABC der Sprache der Geisteswelt. Ohne diese Gabe werden unsere Geistesaugen überhaupt nichts aufnehmen können.

Wenn ich Beispiele anführen wollte, wie die Mystiker diese göttliche Liebe ausgeübt haben, so würden dafür mehrere Kapitel nicht ausreichen. Die angegebenen Gedanken zeigen uns deutlich den Weg, der uns zu diesem Ziele führt. Ich möchte nur noch einige Worte über die zweite Stufe, die *Bewunderung*, d. h. die Empfindung und den Ausdruck des Staunens, der Ehrfurcht und der Hingabe, sagen.

Ich muss vorausschicken, dass jede der sieben Stufen ohne die Überwindung der vorhergehenden Stufen nicht erstiegen werden kann. Denn jede höhere Stufe ist die Fortsetzung der unteren Stufen und ist auf ihnen aufgebaut. Daher kann man keine Stufe überspringen, man kann sie aber langsamer oder schneller erklimmen.

Wer die Gabe der allumfassenden Liebe, wie ich sie geschildert habe, nicht errungen hat, der wird die Bewunderung überhaupt nicht ausüben können, weil er in der Welt nichts Bewundernswertes findet.

Wer jedoch die unendlich reichen, wundervollen Formen, Farben und Töne der Natur mit seinen geöffneten Geistesaugen wahrnehmen kann, und wer die mannigfache Offenbarung der Seele in tausenden von Regungen, Gefühlen, Trieben, Wünschen und Gedanken in allen Geschöpfen pulsieren sieht, wer schliesslich seine allumfassende göttliche Liebe wirken lässt, dessen Herz wird von selbst in Bewunderung versinken.

Göttlich lieben gleicht dem Füllen des Bechers mit heilvollem Wein, und die Bewunderung gleicht dem Überfliessen des Weins aus dem Becher. In der Liebe füllt der Mensch den Becher seines Herzens mit dem Elixier der Wonne und der Hingabe. Wenn das Herz überfüllt ist, so wird es überfliessen, und dieses Überfliessen ist die Bewunderung oder die staunende Ehrfurcht.

Die Bewunderung ist die Nahrung der erwachten Seele. Sie ist das Gebet der Engel und die Lichtgabe oder das Gastmahl des Gottmenschen.

Die Bewunderung ist der Jubelschrei der Seele, der Lobgesang des Herzens und der erleuchtende Blitz für den Intellekt. Diese Bewunderung ist also in einem höheren Sinn aufzufassen; sie bedeutet die tiefste Ehrfurcht, begleitet von opferfreudiger Hingabe.

Die Bewunderung ist der Ausdruck der von der Herrlichkeit Gottes in Staunen versetzten Seele. Sie ist die Offenbarung unserer Ehrfurcht gegenüber der Allmacht und der Allweisheit Gottes.

Die Bewunderung erweckt in uns die Kraft der Begeisterung, der Heiterkeit und der Freudigkeit.

Wie bei einem Kinde das ständige Staunen sein geistiges Wachstum fördert, so soll auch bei uns die Bewunderung der Werke Gottes unsere Seele täglich und stündlich ernähren und erheben.

Wie alles in der Welt für das Kind neu ist, seine Augen erfreut, sein Herz ergötzt und seine Wissbegier weckt, so wird auch die erwachte und gottliebende Seele an jedem Ding und Geschöpf und in jedem Ereignis der Natur ein Wunderwerk Gottes schauen und erleben.

Sie wird dadurch ihre schöpferischen Kräfte wecken, ihr Bewusstsein erweitern und freudevoll, jubelnd und selig werden und bleiben.

Durch diese Bewunderung können wir wahrlich unser Gemüt ermuntern, unser Herz erfreuen und unsere Liebe stets lebendig und glühend erhalten.

Die Bewunderung ist die Quelle der Inspiration für den Genius aller Künstler und aller erwachten und erleuchteten Seelen.

Lasset die Schale unseres Herzens nie leer werden von diesem lebendigmachenden Heiltrank!

Ohne die Bewunderung oder die Empfindung der jubelnden Ehrfurcht bleibt das Leben öde und das Licht des Verstandes wird verdunkelt. Die Bewunderung ist das Zeichen des Himmelreiches. Die Kinder besitzen diese Gabe am stärksten. Darum hat der Meister von Nazareth gesagt, dass wir das Himmelreich erst dann betreten können, wenn wir zum Kinde geworden sind.

Wir müssen darum diese beseligende Kraft erringen und uns diese wunderwirkende Gabe aneignen, um unsere Gottesebenbildlichkeit verwirklichen zu können.

Lasset uns folgenden Hymnus der Bewunderung so oft wie möglich aussprechen:

> Wo ich im Geiste hinschaue,
> Du geliebter grosser Gott,
> da sehe ich Deine Weisheit!
> herrschen und wirken im All!
>
> Dein Hauch beseelt die Natur!
> Deine Liebe ernährt die Welt!
> Deine Augen bewachen stets
> Deine Kinder im Weltenraum!
>
> Das grosse Universum
> mit allen seinen Sonnen,
> Planeten und Monden,
> ruht in Deiner starken Hand!

Du Wonne aller Wonnen!
Du Ernährer aller Geschöpfe,
Lass mich eingehen in Dein Herz
und Frieden empfangen in Dir!

O göttliche Bewunderung,
Du Sonne der Seligkeit,
geh auf in meiner Brust,
erhelle meine dunkle Nacht!

Giesse aus, o gnadenreicher Gott,
Deinen heiligen Geist über mich!
Und lass meine Seele sich laben
an Deiner Liebe reinem Licht!

3. Die Unterscheidung als dritte Stufe

Die Unterscheidung ist für die Kunst der Meditation unentbehrlich. Denn ohne diese geistige Kraft bleiben alle andern Seelenkräfte oder Tugenden verschwommen, trübe und sogar blind.

Die Weisheit ist das Auge aller Seelenkräfte, und die Unterscheidung ist das Augenlicht der Weisheit. Sie ist der Hauptstrahl und das Zentrum derselben. Alle Irrtümer der Menschen entstehen aus Mangel am Unterscheidungsvermögen.

Der Mensch ist von Natur aus zur Übertreibung und zum Missbrauch seiner Kräfte geneigt, und diese Veranlagung ist die Wurzel allen Übels und Unglücks in der Welt.

Die Unterscheidung ist das beste Schutzmittel gegen die grosse Gefahr des Missbrauchs oder der Übertreibung. Wie wir wissen, ist das Böse im Grunde nichts anderes als das Übertriebene oder missbrauchte Gute.

In der esoterischen Meditation oder geistigen Schau ist die Gefahr der Übertreibung und des Missbrauchs noch grösser und letztere noch schädlicher als sonst wo. Denn einerseits bieten die göttlich allumfassende Liebe und die Bewunderung schon einen günstigen Boden für die Übertreibung und für den Missbrauch, welche dann zum blinden Fanatismus und zur Schwärmerei und Phantasterei führen können. Anderseits wird die Seele durch die himmlische Kunst der Meditation viel neue, machtvolle Kräfte und Fähigkeiten erhalten und dadurch grossen Versuchungen und Prüfungen ausgesetzt.

Deshalb tut das Erringen der Unterscheidungskraft für die Ausübung der Kunst der Meditation doppelt not. Wir wollen daher lernen, was Unterscheidung bedeutet und wie sie sich auswirken kann.

Unterscheidung ist die Grundlage des Wachstums und des Lebens überhaupt. Von Geburt übt der Mensch diese Gabe für sein Wachstum und seine Entwicklung. Er gebraucht für diesen Zweck zuerst seine fünf Sinne. Mit Hilfe dieser Sinne lernt er sich selbst, seine Umgebung und die Welt kennen. Er unsterscheidet nicht nur alle Menschen und Dinge voneinander, sondern auch das Nützliche vom Schädlichen, das Angenehme vom Unangenehmen und das Gute vom Schlechten. Dadurch wirbt er sich das Nützliche, das Angenehme und das Gute an und lehnt das Gegenteil derselben ab.

Alle Geschöpfe besitzen diese Unterscheidung, denn ohne sie ist das Wachsen und Gedeihen oder Sichentwickeln unmöglich.

Da der Mensch ein Geistwesen ist, muss er noch andere, grössere Unterscheidungskräfte besitzen, um alle Gebiete des Lebens erforschen und alle Dinge zu seinem Vorteil benützen zu können.

Er soll vor allem lernen zu unterscheiden, zwischen dem Wesentlichen und dem Unwesentlichen, dem Notwendigen und dem Überflüssigen, dem Unvergänglichen und dem Vergänglichen, dem Heilvollen und dem Schädlichen, dem Körper, der Seele und dem Geist usw.

Wer diese Fähigkeit besitzt und sie richtig anwendet, der bleibt von Irrtum und Übel, von der Übertreibung seiner Kräfte und vom Missbrauch der Dinge fern und frei. Er ist schon ein erleuchteter Weiser und Meister.

Daraus können wir erkennen, wie wichtig und unentbehrlich die Unterscheidungskraft für die göttliche Kunst der Meditation ist.

Die Kraft der Unterscheidung wird im Schosse der göttlichen Liebe und der Bewunderung geboren.

Wie man im materiellen Leben durch den Gebrauch seiner Sinne und äusseren Wahrnehmungsorgane zum Unterscheiden zwischen den Dingen und ihren mannigfachen Formen, Farben und Beschaffenheiten gelangt, so wird auch der Meditierende sich durch den Gebrauch seiner Seelenkräfte die Unterscheidung zwischen allen seelischgeistigen Elementen und Kräften erwerben.

Diese Unterscheidung ist nicht nur für das irdische Leben, sondern auch für das Wirken in der geistigen Welt von grosser Wichtigkeit. Denn dadurch allein kann sich die Seele auf dieser Erde, wie auch im Jenseits, vor vielen Gefahren, Versuchungen und Verführungen schützen.

Vor allem wird aber der Meditierende durch ständige Beobachtung und durch Liebe, wie auch durch Anwendung seiner geistigen Kräfte auf sein inneres Leben, zu grösseren Wahrheiten gelangen.

Der Schatz der Erkenntnis wird von Tag zu Tag vergrössert und neue Perlen und Edelsteine der Wahrheit werden seine Seele bereichern.

Das köstlichste Kleinod unter diesen Gaben der Unterscheidung ist die Selbsterkenntnis.

Durch Selbsterkenntnis wird der Meditierende zu der Wahrheit gelangen, dass er in der Tat ein dreifaches Wesen ist, bestehend aus dem Körper oder dem persönlichen Ich samt all seinen tierischen Trieben und geistigen Kräften, aus dem unmateriellen, unsichtbaren und unsterblichen Geist oder Gottesfunken als Gegenpol des Körpers und aus der Seele, die als Bindeglied zwischen diesen beiden entgegengesetzten Prinzipien steht und sie miteinander verbindet.

Es wird ihm klar, dass die Seele mehr mit dem höheren Geist Verwandtschaft und Ähnlichkeit hat, als mit dem Körper, dass sie aber an den Körper gefesselt ist und vorübergehend darin wohnt und wirkt.

Er wird erkennen, dass die Seele immer bestrebt ist, sich aus den Fesseln des Körpers oder des persönlichen Ich zu befreien, um emporzusteigen zum göttlichen Geist und eins mit Ihm zu werden.

Er wird weiter erkennen, dass seine Glückseligkeit und Vollkommenheit von der Befreiung seiner Seele abhängt, denn er ist im Grunde seines Wesens diese Seele selbst, während sein Körper oder sein persönliches Ich nur sein Werkzeug ist.

Alles was er bis jetzt über die dreifache Natur seines Wesens gehört und gewusst hatte, wird nunmehr zur überzeugenden Erkenntnis und zur überwältigenden Wirklichkeit.

Diese Selbsterkenntnis ist von undenkbar grosser Wichtigkeit für das materielle Leben des Menschen, wie auch für seine geistige Entwicklung und Vollendung.

Da jede Erkenntnis den Erkennenden verpflichtet, nach seiner Erkenntnis zu handeln, so wird auch der Meditierende sich verpflichtet fühlen, nunmehr um die Befreiung seiner Seele zu ringen.

Diese Befreiung vollzieht sich in zwei Formen oder Funktionen: in der Überwindung des persönlichen Ich und in dem Offenbarwerden und Herrschen der Seele.

Diese zweifache Aufgabe nennt man in der mystischen

Sprache die Kunst des Sichvergessens und des Sichfindens, die wir im nächsten Abschnitt betrachten und lernen werden. Hier möchte ich nochmals durch eine klare Darlegung des Problems auf die Wichtigkeit der Unterscheidung im Leben und in der Kunst der Meditation hinweisen.

Jede Tat des Menschen geschieht unter der Einwirkung einer Triebkraft oder Ursache, sei es ein Instinkt, ein Gefühl, ein Wunsch oder ein Gedanke und sei es bewusst und willkürlich oder unbewusst und unwillkürlich.

Diese Triebkraft offenbart sich in drei Stadien: als *Erkenntnis*, *Urteil* und *Entscheidung*. Jede dieser drei Funktionen besteht aus drei Teilen wie folgt:

a) Die *Erkenntnis* besteht aus dem Wissen um den Ursprung, d. h. die Ursache der Triebkraft, um die Beschaffenheit und um den Zweck jener Triebkraft.

b) Das *Urteil* besteht aus der Feststellung der Nützlichkeit, der Notwendigkeit und der Möglichkeit der Durchführung der Triebkraft.

c) Die *Entscheidung* oder Schlussfolgerung oder der Entschluss besteht aus der Durchführung oder Unterlassung der aufgetauchten Triebkraft oder dem Abwarten.

Jede Tat des Menschen durchläuft, bewusst oder unbewusst, diese drei Phasen der Entwicklung, vom Augenblick ihres Entstehens als Wunsch oder Gedanke bis zu ihrer Verwirklichung.

Wenn zum Beispiel in mir der Wunsch oder der Gedanke auftaucht, einen Besuch oder eine Reise zu machen, einen Brief zu schreiben, eine bestimmte Sache zu kaufen oder ein Buch zu lesen, durchläuft dieser Wunsch oder Gedanke als Triebkraft die erwähnten drei Stadien der Entwicklung, sei es langsam oder blitzartig schnell.

Bei allen diesen Funktionen spielt die Unterscheidungskraft die grösste Rolle; sie ist die geistige Sicherung und der

Prüfstein in der Werkstatt des Lebens. Ohne die Unterscheidungskraft bleiben Erkenntnis, Urteil und Entscheidung dem Irrtum, der Täuschung und der Enttäuschung unterworfen.

Der erleuchtete Weise oder Meister stellt nicht nur alle Funktionen seines äusseren materiellen Lebens unter die Kontrolle seines göttlichen Geistes, sondern in erster Linie alle Vorgänge seines inneren Lebens. Denn das innere, seelisch-geistige Leben des Menschen, d. h. seine seelischen Zustände und seine geistige Einstellung, sind ja die Urheber und die Triebkräfte seines äusseren Lebens und der Schmiedofen seines Schicksals.

Darum sagt der erleuchtete Meister zu seinem Jünger:

«Übe, mein Sohn, ohne Unterlass die Kunst der Unterscheidung, die der Schlüssel zum Tempel der Weisheit ist. Beim Auftauchen jedes Wunsches, jedes Triebes oder Gedankens stelle diese sogleich unter die Lupe deines göttlichen Geistes. Untersuche sie und erforsche ihren Ursprung oder Urheber, ihre Beschaffenheit, d. h. ihre Eigenart und ihre Natur und schliesslich ihren Zweck und Sinn. Dann stelle fest, ob sie nützlich, notwendig und möglich sind oder nicht. Erst dann entscheide dich mit voller Sicherheit und mit Verantwortungsbewusstsein und Vertrauen deinem Urteil gemäss, d. h. den aufgetauchten Wunsch oder Gedanken zu erfüllen oder aufzugeben oder noch abwarten, bis sich die Lage geklärt hat und dir die nötige Erleuchtung zuteil wird. Die Übung dieser Unterscheidung wird dich in dieser, wie auch in der geistigen Welt vor vielen Gefahren schützen und dir das Erreichen deines göttlichen Ziels erleichtern.»

*

233

4. Sichvergessen und Sichfinden als vierte Stufe
   der esoterischen Meditation

Vor allem müssen wir erkennen, dass sich vergessen nicht mit Vergesslichkeit, Zerstreutheit oder Bewusstlosigkeit zu verwechseln ist. Denn letztere sind krankhafte Zustände und bezeichnen die *Schwäche* des Willens, des Gedächtnisses und des Intellekts, während das mystische Sichvergessen, wie ich es schildern werde, einen *starken Willen*, einen wachsamen, forschenden Verstand und eine tiefe Geistesklarheit und Geistesgegenwart erfordert.

Das Sichvergessen ist also keine Passivität und kein Sichgehenlassen, sondern eine schöpferische Tat und daher zugleich eine *Wissenschaft* und eine *Kunst*.

Sie fordert Tätigkeit, schafft uns Kraft und Frieden und wirkt aufbauend, heilend und erlösend.

Was sollen wir aber unter Sichvergessen verstehen? Was ist der Gegenstand und der Zweck dieser Kunst und wie kann man sie sich aneignen?

Das Sichvergessen ist der mystische Ausdruck für vollständige *Beherrschung* und *Überwindung* des persönlichen, niederen Ich. Mit anderen Worten: es bedeutet die Erziehung des persönlichen Ich zu einem gehorsamen, treuen Diener.

Wir wollen also lernen, unser kleines, persönliches Ich zu vergessen, jenes Ich, das die Quelle unserer Leiden, Sorgen und Schmerzen, wie auch von Unzufriedenheit und Unglück ist. Denn dieses kleine, veränderliche, eigennützige, nimmer gesättigte, selbstsüchtige und habgierige Ich ist es, das durch seine nie endenden Begierden, Leidenschaften und Wünsche unseren Frieden und unsere Harmonie dauernd stört. Dieses Ich völlig zu beherrschen, bedeutet für den Mystiker *Sichvergessen*.

Genau so steht es mit dem Sichfinden. Dies bedeutet nicht Selbstbewusstwerden im Sinne von Hochmut, Eitelkeit, Stolz, Prahlerei, Selbstüberhebung usw.

Das wahre Sichfinden oder Sichbewusstwerden hat also mit Selbstverherrlichung, Selbstanbetung und Selbstüberschätzung des persönlichen Ich nichts gemein, und es bedeutet auch nicht, sich in Bezug auf äussere Macht, Gelehrsamkeit oder Heiligkeit zu brüsten und zu prahlen.

Dies alles trifft nur für das persönliche, selbstsüchtige, eitle und sterbliche Ich, das man Persönlichkeit nennt, zu. Dieses Ich allein ist prahlerisch und sucht nach Lob, Prestige, Anerkennung, Ehre, Verehrung und Selbstzufriedenheit.

Das Sichfinden oder Sich-seiner-bewusst-Werden bezieht sich nur auf die Seele. Es ist das Sich-selbst-Bewusstwerden und das Auf-sich-selbst-gerichtet-Sein, also die Selbsterkenntnis der Seele und ihre Offenbarwerdung. Es ist die Selbstentdeckung und die Selbstverwirklichung der Seele.

Dieses Sichfinden hängt daher vom Sichvergessen ab. Denn wer das Göttliche in sich finden will, der muss das Dämonische in sich vergessen und verlassen.

Darum haben die Meister der Wahrheit gesagt, dass man nicht gleichzeitig Gott und dem Mammon oder Dämon dienen kann.

Durch das Sichfinden wird die Seele also sich ihres Ursprunges und ihrer göttlichen Abstammung bewusst.

Sie wird erkennen, dass sie in der physischen Welt nur als Gast weilt und wirkt und dass ihre Urheimat die Geisteswelt, der Schoss der Gottheit ist.

Alle grossen Denker der Welt haben das Wirken des Gesetzes der Dualität im Menschen erkannt und verkündigt, dass der Mensch zwei Prinzipien oder «Ichs» besitzt. Das eine ist das niedere, irdische Ich, das uns zur Unterwelt hinabzieht und uns durch seine tierischen Triebe gefesselt halten will. Dieses Ich ist vergänglich und sterblich. Unsere Leidenschaften und Begierden sind seine Stimme.

Das andere ich ist jenes höhere, himmlisch-göttliche *Ich*, das uns zur Höhe der Freiheit, der Sittlichkeit, der Reinheit und der Göttlichkeit emporheben will. Dieses ist ewig und unsterblich. Unser Gewissen und unsere Vernunft bilden seine Stimme.

Dieses göttliche *Ich*, das wir *höheres Selbst* oder einfach nur das *Selbst* nennen, ist im Gegensatz zu dem niederen Ich, die Quelle des Friedens, der Harmonie und der Glückseligkeit. Es ist der *Gottesgeist* im Menschen. Das niedere Ich ist das Triebhafte, das Dämonische; das höhere Selbst ist dagegen das rein Geistige, das Göttliche im Menschen.

In Bezug auf die Herrschaft dieser beiden Ichs oder Kräfte teilen sich die Menschen in drei Hauptgruppen:

Die *erste Gruppe* besteht aus denjenigen, die in ihrem niederen Ich leben, ihm völlig unterworfen sind und überhaupt nicht ahnen, dass sie noch ein höheres Selbst besitzen, welches ihr wahres Wesen ist. Diese Menschen leben und ringen nur danach, ihr niederes Ich zu befriedigen. Dies ist ihre einzige Sorge. Bei diesen Menschen ist das höhere Selbst völlig von den schwarzen Wolken der Begierden zugedeckt, und nur in wichtigen Augenblicken des Lebens gibt es sich wie ein leuchtender Blitz durch eine Heldentat, durch Herzensgüte oder durch ein unter dem Impuls der Liebe gebrachtes Opfer zu erkennen.

Diese Menschen stehen im Kindesalter der Entwicklung, und sie haben, wie kleine Kinder, keine anderen Sorgen, als die, ihre körperlichen Bedürfnisse zu befriedigen.

Sie sind daher für ihre Unwissenheit und für ihre Fehler entschuldigt. Wir sollen ihnen gegenüber nur Nachsicht, Geduld und Liebe üben.

Die *zweite Gruppe* wird von jenen erleuchteten Seelen gebildet, die ihr niederes Ich gänzlich bemeistert haben. Sie wohnen nun in der Friedensburg ihres göttlichen Selbst, inmitten der Harmonie und der Seligkeit. Sie sind die *Meister*, die erleuchteten Weisen, die geistigen Führer der Menschheit, die in dem grossen Kampf zwischen den Mächten der Finsternis und des Lichtes den Sieg über ihre niedere Natur

236

oder ihren Dämon errungen haben. Sie haben sich selbst überwunden und werden daher von Gott als Gefässe für seine Weisheit und als Vollstrecker Seines Willens gebraucht. Bei diesen Heiligen und Meistern herrscht *nur* das höhere Selbst, der göttliche Geist, so hell, wie die Sonne am Mittag. Darum sind alle ihre Worte, Taten und Gedanken erleuchtend und lebensspendend, wie die Strahlen der Sonne.

*

Die dritte Gruppe besteht aus denjenigen, die sich der Zweiheit ihrer Natur bewusst geworden sind und im Kampfe gegen ihr niederes Ich stehen, es aber *noch nicht* besiegt und darum ihr höheres Selbst noch nicht ganz befreit haben. Deshalb leiden diese Menschen mehr als andere und ringen unermüdlich nach Frieden und Freiheit.

Zu dieser Gruppe gehören die meisten Menschen unserer Zeit. Bei ihnen gleicht das höhere Selbst der mit einem dichten Nebel bedeckten Sonne; diese kann die Finsternis der niederen Natur nur teilweise und ungenügend erhellen, geschweige denn vollständig auflösen. Darum sind die Taten und Gedanken dieser Menschen aus bösen und guten Elementen gemischt; sie sind einen Tag liebevoll, edel und gut und handeln göttlich, aber am nächsten Tage sind sie böse, hasserfüllt und grausam und handeln dämonisch. In einer Stunde sind sie in der Gewalt des Teufels, in Zorn und Wut entbrannt, und in der nächsten Stunde waltet in ihnen die Gnade Gottes in Liebe und Sanftmut.

Dieser Kampf zwischen dem niederen und dem höheren Ich ist das Echo und das Abbild des grossen Kampfes zwischen Licht und Finsternis, zwischen Geist und Materie.

Dieser innere Kampf ist der einzig mögliche Weg der Entwicklung und der Erlösung der Seele und der Sieg des höheren Selbstes über das niedere Ich ist der Zweck ihres irdischen Aufenthaltes. Der Mensch lebt, um sich selbst zu überwinden, damit er vollkommen werde, wie sein himmlischer Vater vollkommen ist.

Eines der wirksamsten Mittel, um diesen Sieg zu erringen, ist das mystische *Sichvergessen*, durch welches das niedere Ich zum Schweigen gebracht wird. Wenn das niedere, dämonische Ich in uns schweigt, dann erst kommt unser göttliches Selbst zum Vorschein, es offenbart sich und erfüllt uns mit Harmonie und Frieden.

Daraus erkennen wir, dass dieses Sichvergessen keine Schlaffheit und Trägheit, sondern ein *Kampf* ist, und zwar ein heiliger Kampf, das Ringen nach göttlicher Macht, für deren Erlangung kein Opfer und keine Mühe zu gross sein kann.

Das Wort Sichvergessen hat also in der Sprache der Mystik einen positiven, tatkräftigen Sinn. Der Mystiker gebraucht dieses Wort aus zwei Gründen: erstens, weil er in der Meditation tatsächlich sein niederes Ich vergisst, und zweitens, weil er damit sagen will, dass dieser Kampf mit dem niederen Ich eine aufbauende und nicht zerstörende Natur haben muss. Das bedeutet, dass wir in diesem Kampf unser niederes Ich nicht töten dürfen, sondern es uns nur unterwerfen, es besiegen und veredeln sollen, denn wir brauchen es ja als *Werkzeug* unseres höheren Selbstes.

Darum gebraucht der Weise das Wort Sichvergessen, statt Sichverlieren, das den Gegensatz des Sichfindens bildet.

Das Sichvergessen enthält noch einen höheren Sinn, den wir in der Meditation nicht ausser Acht lassen dürfen. Es bedeutet, dass wir im Dienste an der Wahrheit und an der Menschheit unsere persönlichen Interessen, unser persönliches Ich, ja unser eigenes Leben völlig vergessen, d. h. opfern müssen.

Wir dürfen nicht mehr an uns selbst, sondern wir müssen nur an unsere heilige Pflicht, an das Heilswerk denken, das wir erfüllen wollen, wie eine Mutter sich angesichts der flehenden Augen ihres Kindes vergisst.

Die reine, selbstlose Liebe ist wahrlich die grösste Macht, die alle Hindernisse, welche den Weg des Wanderers auf dem Pfade der Meditation sperren wollen, beseitigt. Diese Liebe ist aber allumfassend, opferfreudig, geduldig und göttlich. Sie allein vermag die Gespenster der Verzweiflung und der Furcht, die am Rande dieses Pfades lauern, zu besiegen. Wer diese Liebe besitzt, der vergisst gern und freudig sein persönliches Ich und fühlt sich selig, indem er sich in seinem höheren Selbst, also in Gott und Gott in sich wiederfindet.

Das Sichvergessen bedeutet in diesem Sinne das persönliche Ich, das uns zum reden drängt, um seine Eitelkeit, seinen Ehrgeiz und sein Geltungsbedürfnis zu befriedigen, zum Schweigen zu bringen. Denn Gott spricht zu uns und durch uns nur dann, wenn unser persönliches Ich völlig schweigt. Dies ist die wahre esoterische Bedeutung des Sichvergessens und des Sichfindens.

*

Nach dieser Darlegung wird es uns klar, dass das Sichvergessen ein anderer Ausdruck für die Überwindung des niederen Ichs ist und das Sichfinden nichts anderes bedeutet, als die Selbstverwirklichung der Seele.

Durch dieses Sichvergessen wollen wir uns von unserem persönlichen, niederen Ich befreien und uns zu unserem höheren Selbst, zu Gott in uns, erheben und für einige Zeit mit ihm allein sein.

Wir wollen uns dadurch unserer Göttlichkeit bewusst werden. Wir wollen uns auf dem Kampfplatz der beiden Mächte, die in uns um die Herrschaft ringen, auf die Seite des Göttlichen stellen und mit Ihm und für Es kämpfen. Denn Gott ist unser Schöpfer und wir sind als Funken Seines Geistes Sein Ebenbild auf Erden.

Dieser Kampf hat einen erzieherischen Charakter. Unser höheres Selbst steht zu unserem niederen Ich in demselben Verhältnis, wie ein Vater zu seinem Kinde. Darum dürfen und können wir auch in diesem Kampf unser niederes Ich nicht töten, sondern es nur besiegen und uns unterwerfen. Das Resultat unseres Kampfes und unseres Sieges wird sein, dass nunmehr unser kleines Ich ein treuer, gehorsamer Diener, ja ein wertvolles Werkzeug in unserer Hand wird. Darum nennt der Mystiker diesen Kampf den heiligen Kampf, denn er ist wirklich heilvoll und segensreich.

Lasst uns mutig und mit Zuversicht diesen inneren heiligen Kampf auf uns nehmen, um den Sieg über unser niederes Ich zu gewinnen und die alleinige Herrschaft des Gottesgeistes in uns zu sichern!

Die Wonne dieses heiligen Kampfes und Sieges ist wahrlich gross und unbeschreiblich, denn sie birgt in sich die Erlösung, die ewige Harmonie und die höchste Glückseligkeit. Lasst uns täglich ausrufen:

Mein Herz ist der Kampfplatz zweier Mächte!
Das Dämonische und das Göttliche kämpfen
unablässig um die Herrschaft in mir.
Ich will dem Gottesgeist in mir beistehen
und mutig kämpfen für das göttliche Licht.

Ich will den Dämon in mir endlich besiegen,
damit Gott allein herrsche in mir!
Ich will mich durch diesen Kampf stärken,
um den Sieg über den Dämon der Ichsucht
in der Brust der Menschheit zu erringen!

*

5. Wie kann das Sichvergessen erlösend wirken?

Da der heute zivilisierte Mensch ganz intellektuell einge-
stellt ist und alles, was mit dem Intellekt erfasst werden kann,
leichter begreift und annimmt, so will ich versuchen, für die
Wirksamkeit des oben erklärten Sichvergessens einige in-
tellektuelle Beweise anzuführen, damit die Überzeugung
oder der Glaube an die Macht dieser Kunst in seinem Herzen geboren werden. Denn ohne *Überzeugung* oder Glauben,
kann kein Mittel, keine Macht und auch kein Gott uns helfen und uns retten.

Es ist eine von allen Menschen erfahrbare und bewiesene
Tatsache, dass wir bei unsern körperlichen Leiden nur dann
Schmerz empfinden, wenn unser Wahrnehmungsvermögen
oder Bewusstsein tätig ist. Wenn wir aber unser Bewusstsein
völlig ausschalten oder es von dem leidenden Organ zurückziehen, wie dies bei der Narkose oder lokalen Betäubung
geschieht, dann empfinden wir keinen Schmerz.

Das ist auch der Grund, warum wir im Schlaf, sowohl für
die Eindrücke der äusseren Welt, wie auch für unsere körperlichen Schmerzen wenig empfindlich sind, weil unsere Seele
im Schlafzustand das Bewusstsein teilweise zurückzieht, um
es in der Innen- oder Geisteswelt für ihre Forschungen zu
gebrauchen.

Der Grund, warum wir beim Schneiden des Haares und
der Nägel keinen Schmerz fühlen, ist, dass diese Organe am
wenigsten *Bewusstsein* besitzen, d. h. von dem Strom unseres
Bewusstseins am wenigsten berührt werden.

Es ist für einen jeden von uns ganz klar und selbstverständlich, dass dort wo kein *Bewusstsein* ist, auch kein Empfinden
besteht, und wo kein Empfinden ist, da kann auch weder
Schmerz noch Lust existieren.

Die Beseitigung eines Schmerzes und überhaupt jeglicher
Empfindung hängt also von der Ablenkung oder Zurückziehung des Empfindungsvermögens oder des Bewusstseins

von dem Objekt des Schmerzes ab. Dies ist das materielle Sichvergessen. Es ist, als ob der Mensch oder das leidende Organ seine Schmerzen vergässe. Bei dem geistigen oder mystischen Sichvergessen, tut man dasselbe auf der seelisch-geistigen Ebene, aber bewusst und gewollt.

Um die Wirkung dieser Ablenkung des Bewusstseins ganz klar zu machen, will ich ein Gleichnis anführen:

Unser *Wille* gleicht einem Scheinwerfer, unser *Bewusstsein* dem elektrischen Strom oder dem Licht in diesem und unser *Geist* dem Beobachter, der mittels diesem Scheinwerfer in seiner Umgebung alles beleuchtet, beobachtet und durchforscht.

Wenn der Beobachter seinen Scheinwerfer von einem Ort oder Gegenstand zurückzieht, dann wird dieser in jenem Augenblick für ihn dunkel, unsichtbar und nicht mehr wahrnehmbar sein.

Das Gleiche geschieht auch mit unserem Geist, Bewusstsein und Willen. Wenn unser Geist seinen Scheinwerfer, d. h. den mit Bewusstsein geladenen Willen von einem Organ zurückzieht, dann wird dieses Organ unbeachtet und unempfindlich für Schmerz und Lust.

Unsere äusseren und inneren Sinne sind die Kanäle, durch welche unser Geist die Strahlen seines Scheinwerfers in die Welt hinaussendet, um dieselbe zu erforschen. Deshalb verschwindet für uns, sobald wir unsere Augen zumachen, d. h. diesen Kanal unseres Bewusstseins absperren, sowohl die Erde mit all ihren unzählbaren Dingen, wie auch der Himmel mit all seinen Sternen.

Wenn wir unsere Ohren verstopfen, dann wird für uns kein Lärm und kein Ton mehr vorhanden sein. So geht es uns mit allen unseren physischen und auch geistigen Sinnen.

Wir wissen weiter, dass, wenn im Körper ein Zentrum der inneren Sinne, zum Beispiel das Gedächtniszentrum, verletzt wird, man dieses geistige Vermögen verliert, weil der Bewusstseinsstrom darin nicht einwandfrei einfliessen kann.

Dennoch haben einige Ärzte im Ersten Weltkriege wertvolle Beobachtungen hierüber gemacht, und haben bemerkt, dass bei manchen Verwundeten, bei denen ein Teil des Gehirns oder die wichtigsten Zentren der Hirnrinde verletzt und daher untätig waren, trotzdem das Bewusstsein völlig tätig blieb. Dies ist ein überzeugender Beweis dafür, dass hinter allen Organen unseres Gehirns, welches der materialistische Wissenschafter als einen automatischen Apparat betrachtet, der mechanisch von selbst funktioniert, doch ein bewusster, intelligenter und erfahrener Mechaniker steht, der alle diese Einrichtungen leitet und der nichts anderes ist, als unsere Seele oder unser höheres Selbst.

Dieser geniale Mechaniker setzt den komplizierten Apparat unseres Körpers durch den Willen und den Bewusstseinsstrom in Bewegung. Aber jedesmal, wenn ein Organ seines Apparates seinen Dienst versagt oder ausser Betrieb bleibt, versucht er diesen möglichst zu reparieren. Wenn aber ein Organ oder eine Leitung des Bewusstseinsstromes völlig versagt oder untauglich geworden ist, dann wird unser Mechaniker oder unser Geist versuchen, den Strom durch einen anderen Kanal irgendwo anders hinzuleiten, wie es bei manchen Gehirnverletzungen geschieht.

Dies ist durch die Tatsache bewiesen, dass bei denjenigen, welche einer Sinneswahrnehmung, wie sehen, hören usw. beraubt worden sind, andere Sinne übernormal scharf und aktiv werden, weil der Strom des Bewusstseins, der für fünf Sinneskanäle bestimmt war, jetzt durch drei oder zwei Kanäle fliessen muss oder unter andere Organe verteilt wird. Unser Geist, dieser himmlische Mechaniker, will also den ganzen Strom des Bewusstseins, den er zur Verfügung hat, gebrauchen, und wenn eine Leitung unbrauchbar geworden ist, so führt er den Strom anderen Kanälen zu oder leitet denselben über andere Organe. Deshalb werden bei vielen Blinden die Finger so empfindlich und feinfühlig, als ob diese Menschen mit ihren Fingern *sehen* könnten; und es ist auch so, als ob die Tauben mittels ihrer Nase und ihrer Augen hören könnten.

Trotz dieser kräftigen Beweise leugnen noch heute die meisten Gelehrten und Denker das Dasein eines höheren Selbst als selbständiges und bewusstes Wesen. Sie zerlegen, untersuchen und beobachten alle Zusammensetzungen und alle Vorgänge des menschlichen Organismus, aber sie erkennen jenen bewussten, genialen Mechaniker nicht, der alle diese Wundertaten im menschlichen Körper vollbringt und diese wunderbare Maschine leitet.

Es genügt uns jetzt, zu begreifen, dass die Ablenkung der Gedanken, d. h. die Ausschaltung des Bewusstseinsstromes oder wie man gewöhnlich sagt, die Ablenkung der Aufmerksamkeit von dem leidenden Organ, der Weg zur Beseitigung des Empfindens von Lust und Schmerz ist. Dies ist die Kunst des Sichvergessens in *körperlich-materieller* Hinsicht.

Der Mystiker ist aber fähig, durch die Anwendung dieser Kunst, d. h. mittels seines Bewusstseins oder seiner Gedanken und seines Willens, sich für die *erwünschten Zustände empfänglich* und für die unerwünschten Zustände *unempfänglich* zu machen, gleich einem beobachtenden Forscher, der seinen Scheinwerfer von dem sumpfigen, dunklen Tal zurückzieht und ihn auf den herrlichen Berg richtet. Aber das Ideal des erleuchteten Mystikers ist viel wertvoller und höher als das Heil seines Körpers anzustreben. Dennoch wird er auch darauf achten, seinen Körper gesund zu erhalten, da dieser sein Werkzeug ist.

Wenn wir unser Leben beobachten, sehen wir, dass wir selbst diese Kunst der Ablenkung täglich anwenden, bewusst oder unbewusst.

Wenn wir einem weinenden Kind etwas in die Hand geben oder einen Spiegel vor seine Augen halten oder etwas ihm Fremdes und Lockendes und es zum Erstaunen Bringendes zeigen, hört es auf zu weinen, d. h. es vergisst sich selbst. Wir haben damit seinen Geist oder seinen Bewusstseinsstrom von

244

ihm abgelenkt. Wir, die Erwachsenen, tun oft dasselbe. Wenn wir uns für etwas stark interessieren und uns in dasselbe vertiefen, so vergessen wir alle anderen Dinge, auch unsere Pflichten, Leiden, Freuden, sogar uns selbst. Die glühende Liebe liefert uns gewaltige Beispiele dafür.

Durch alle unsere Vergnügungen, Ausflüge und gesellschaftlichen Zeitvertreibe, wie Theater, Konzerte, Gastmahle, Sport und auch geistigen Unterhaltungen, üben wir unwillkürlich die Kunst der Ablenkung unseres Geistes, die Kunst des Sichvergessens. Wir versuchen, durch alle diese Handlungen, uns für einige Zeit von den ermüdenden und unbehaglichen Zuständen der Welt abzuwenden, d. h. unser eintöniges Leben zu vergessen und neue, aufbauende, befreiende und stärkende Kräfte in uns aufzunehmen.

Das mystische Sichvergessen ist dasselbe Verfahren, nur auf dem Gebiete der geistig-seelischen Tätigkeit, in der das volle Bewusstsein und die Willensaktivität bestehen bleiben. Der Mystiker gebraucht seinen Willen und sein Bewusstsein genau so und mit voller Freiheit, wie der Beobachter seinen Scheinwerfer. Er richtet sie, wann er will, wohin er will.

Bei diesem Sichvergessen spricht er zu seinem persönlichen Ich:

«Zieh dich zurück von mir, du mein Sorgenkind!
Heb' dich hinweg und verlasse mein Gebiet!

Denn ich will mit dem Gottesgeist allein sein
und mit Ihm in aller Ruhe Zwiesprache halten!
Ich will mich selbst finden und selig atmen,
in Gegenwart meines göttlichen Selbst!»

Mit diesem Sichvergessen zieht er seinen Willen und sein Bewusstsein aus seinem persönlichen Ich zurück und richtet sie auf sein wahres, göttliches Selbst.

Er macht also eine geistige Wanderung vom Irdischen zum Himmlischen, er lässt das Irdische zurück. Dies ist die geistige Himmelfahrt, die der erleuchtete Mystiker oder Meister in jedem Augenblick erleben kann.

*

Ich möchte noch erwähnen, dass die verschiedenen Heilungsverfahren und Methoden gleichfalls auf dieser geistigen Ablenkung oder Kunst des Sichvergessens beruhen. Wenn auch die Mittel und Wege dieser Heilmethoden von einander sehr abweichen, so haben im Grunde doch alle dieselbe Basis.

Diese Basis beruht auf der Ablenkung des Geistes oder Bewusstseins von Krankheit und Schmerz auf Gesundheit und Wohlbefinden, und wo diese Ablenkung am schnellsten geschieht, da tritt auch die Heilung am schnellsten ein. Diese Ablenkung wird aber nur dann wirksam, wenn ihr ein *fester Glaube* zugrunde liegt, denn ohne Glauben ist keine Heilung denkbar.

Bei der Entstehung, wie auch bei der Heilung der Krankheiten und des Leides überhaupt, sind noch andere Faktoren tätig, die ich in meiner Schrift «Die Ursachen des Leides» erklärt habe.

Der spirituell eingestellte Arzt, der mittels Arzneien eine Krankheit zu heilen versucht, weiss sehr gut, dass bei dieser Heilung neben der organischen Wirkung der Arznei der Glaube an die Genesung seitens des Kranken und des Arztes die grösste Rolle spielt.

Er ist davon überzeugt, dass nichts ohne diesen Glauben, sei er bewusst oder unbewusst, helfen kann. Wir wissen bereits, dass durch die Macht des Glaubens ein Gift heilend und ein Heilmittel vergiftend zu wirken vermag. Durch diesen unausgesprochenen, selbstverständlichen Glauben und dieses Vertrauen, üben beide, der Arzt sowohl wie der Kranke, die Kunst der Ablenkung des Geistes von der Krankheit und Hinlenkung zur Gesundheit aus.

Es ist gleichgültig, welche Methode der Heilung gebraucht wird, sei es Homöopathie, Allopathie, Psychoanalyse, Autosuggestion, Biochemie, christliche Wissenschaft, Magnetopathie oder geistige Heilung.

In all diesen Methoden ist der Glaube des Arztes und des Kranken der Hauptfaktor des Geheiltwerdens.

Die Krankheit entsteht entweder durch die Senkung oder durch Steigerung der Schwingungen der Atome der körperlichen Organe.

Durch den Glauben macht man nun die Bahn für den heilenden Strom des göttlichen Geistes im Menschen frei. Die spirituelle Energie dieses göttlichen Geistes durchflutet dann diese Organe und steigert oder vermindert, je nach dem Fall, die Schwingungszahl der Atome des erkrankten Organes, wodurch Gleichgewicht und Heilung entstehen.

Je stärker dieser Glaube ist, desto schneller und spontaner wird auch die Heilung stattfinden, wie es bei den Wunderheilungen der Fall ist.

*

Wir müssen weiter forschen und erkennen, dass diese erlösende Kunst des Sichvergessens und des Sichfindens, sowohl in Bezug auf den Körper, wie auch auf den Geist, *zwei Bedingungen* voraussetzt und aus zwei Funktionen besteht, nämlich der Ablenkung und der Hinlenkung oder der Abstossung und der Anziehung.

Erstens muss das Bewusstsein von dem erkrankten Organ oder bei der Meditation von dem persönlichen Ich und damit von der äusseren Welt, zurückgezogen werden. Dies ist die Ablenkung oder die Abstossung.

Zweitens muss das Bewusstsein sogleich auf das Höhere, bei dem Kranken auf die Heilkraft und Gesundheit und bei dem Meditierenden auf das höhere Selbst oder den Gottesgeist gerichtet werden. Dies ist die Hinlenkung oder die Anziehung.

Wir müssen aber immer von diesen zwei Funktionen *die positive betonen* und unser Bewusstsein auf diese allein konzentrieren, also nur die Hinlenkung vollbringen.

Wie zur Beseitigung der Dunkelheit das Anzünden des Lichtes genügt und die Dunkelheit von selbst verschwindet, so müssen wir auch hier handeln.

Wir müssen also die Krankheit, das negative Denken und das persönliche Ich, welche die Dunkelheit darstellen, nicht verneinen, sondern nur vergessen, indem wir unser Bewusstsein oder unseren Geist nur auf die Heilung und Gesundheit und auf das höhere, göttliche Selbst konzentrieren.

Bei der Ausübung dieses so wichtigen Punktes werden der Glaube und die Erkenntnis, welche die zwei Aspekte ein und derselben Energie sind, uns den grössten Dienst leisten können.

Und was ist im Grunde genommen dieser Glaube? Der Glaube an die Heilkraft ist jene bewusste oder unbewusste, geistige Einstellung, welche den Menschen die Überzeugung von dem Dasein und von der Wirksamkeit jener Heilkraft gewinnen lässt. Es ist also das *Ablenken des Bewusstseins* von der Krankheit und das Konzentrieren desselben auf die Heilkraft des Geistes und auf die Gesundheit. Und dies ist nichts anderes, als die Ausübung der mystischen Kunst des Sichvergessens.

Darum haben die Seher seit uralter Zeit verkündet, dass der Glaube eine gewaltige und schöpferische Kraft besitzt, die, wie auch Christus sagte, Berge von Hindernissen versetzen kann.

Man fragte einst Mohammed:

«Ein grosser Heiliger hat es vollbracht, auf dem Wasser zu gehen, wie ist dies möglich?» Er antwortete: «Ja, wäre sein Glaube noch stärker, so könnte er auch in der Luft schweben.»

248

Der Mystiker gebraucht in seiner Kunst des Sichvergessens, die er auf dem seelisch-geistigen Gebiet verwendet, nicht nur seinen *Willen* und seine *Gedanken*, sondern auch seine *Glaubenskraft*, die aber auf Erkenntnis gegründet ist, mit vollem Bewusstsein.

Bevor ich die Übung des Sichvergessens erkläre, wollen wir einen Hymnus *an den Glauben* aussprechen.

Wir setzen uns ganz bequem hin, halten den Körper ganz entspannt und ruhig und sprechen im Geiste aus:

> Dir weihe ich mein Leben!
> O Glaube, du kostbares Juwel
> aus Gottes reichem Schatz!

> Dir weihe ich mein Dasein,
> o du wunderwirkende Kraft
> göttlicher Erkenntnis!

> Dir weihe ich meine Seele,
> du Bote meines Geliebten,
> mein Licht auf dem Weg!

> O erfülle mich ewiglich
> mit deiner Glut und Kraft,
> mit deiner Flut und Macht!

> O komm und stärke mein Herz
> mit dem berauschenden Trank
> der lebendigen Wahrheit!

*

6. Die Wirkung des Sichvergessens und des Sichfindens auf die Seele

Nachdem wir uns die Wirkung und die Anwendung der Kunst des Sichvergessens auf dem physischen Gebiet klar gemacht haben, wollen wir lernen, wie der Mystiker diese Kunst und Kraft in seinem seelisch-geistigen Bestreben und in der Meditation oder Geistesschau verwendet.

In dem Kampf gegen das niedere oder dämonische Ich im Menschen hat der Mystiker aus drei Gründen mit mehr Schwierigkeiten zu rechnen als der Durchschnittsmensch.

Erstens wird der Mystiker durch seinen Entschluss, schon in diesem Leben durch Entfaltung seiner Tugendkräfte den Sieg über sich selbst zu erringen, alle bösen Kräfte, die in seinem Unterbewusstsein noch schlummern, wecken.

Zweitens wird er durch sein mutiges Betreten des Weges der Erlösung und durch seine tapferen Schritte, darauf unvermeidlich die Gespenster und Dämonen der Finsternis, die ihn am Rande des Pfades umlauern, erregen und zur Selbstverteidigung veranlassen, denn es geht für diese Dämonen um Leben und Tod.

Drittens muss der Mystiker auf einmal von allen seinen früheren moralischen Schulden befreit werden, d. h. sie bezahlen, denn sonst kann er die Höhe der Heiligkeit und der Vollkommenheit nicht erklimmen. (Siehe darüber meine Schrift «Die Ursachen des Leidens»).

Das ist der Grund, warum der Jünger der Mystik, der am Anfang des Pfades steht, mit Entsetzen fühlt, wie seine früher gehegten Laster ihn unerwartet überfallen. Es scheint ihm als ob alle seine längst überwundenen und erstorbenen Triebe und Begierden aus ihren Gräbern auferstanden wären und sich an ihm rächen wollten.

Das Schifflein seiner Hoffnung wankt und es droht in den Abgrund der Versuchung zu versinken. Ja, für einen Augenblick verschwindet vor seinen Augen das hell erleuchtende

Ufer des Friedens und der Erlösung, das er von weitem schon erschauen durfte.

Dennoch verliert er seinen Glauben und Mut nicht, denn er hat von dem Meister, unter dessen Führung er steht, schon häufig gehört, dass es so mit ihm geschehen würde. Er weiss nun, dass die Dämonen der tierischen Natur in ihm versuchen werden, mit aller Kraft um ihr Dasein zu kämpfen, *aber siegen werden sie nicht.*

Er weiss, dass diese Werkzeuge der Finsternis alle ihre Kräfte daran setzen werden, um das Schiff seines Glaubens in den Wirbel der Mutlosigkeit und des Zweifels hinabzuziehen; aber es wird ihnen nicht gelingen, wenn sein *Glaube* auf dem festen Felsen der *Erkenntnis* gebaut ist. Sein Herz ist von dem Lichte der Wahrheit erfüllt, und er ist gewiss, dass dem, der sich ständig bemüht, auch geholfen wird. Und wer von ganzer Seele Gott anruft, dem wird er auch antworten und sein Flehen erhören.

Er weiss, dass die Sehnsucht nach einem Ideal schon der Beweis dafür ist, dass man auch die Kraft besitzt, dieses Ideal zu erreichen.

Er weiss sogar, dass die Feindschaft und der Angriff der Dämonen, der Laster, der Triebe und der Leidenschaften für ihn notwendig sind.

Die Entwicklung beruht ja auf diesem ewigen Kampf zwischen den gegensätzlichen Kräften. Er wird absichtlich den Händen der Feinde ausgeliefert, damit er alle seine Seelenkräfte anspornt und alle seine Geistesfähigkeiten zur Entfaltung zu bringen, denn sonst bleiben diese immer schlummernd und verborgen.

Er weiss weiter, dass die Herrlichkeit des Zieles, d. h. das Sichfinden und das Schauen des Antlitzes seines göttlichen Geistes ihn alle seine Mühen und Schmerzen vergessen lassen wird.

Darum fühlt er in der Tiefe seiner Seele ein Dankgefühl gegenüber all seinen Leiden, Sünden und Feinden.

Weiter weiss er, dass im ganzen Universum keine Bewegung, keine Kraft und kein Opfer verloren geht, und dass seine Anstrengungen, seine Kämpfe und Entbehrungen unbedingt früher oder später Früchte tragen werden.

Er besitzt auch den vollen Glauben, dass das Licht endlich über die Finsternis *siegen* wird, und dass dies das Weltallgesetz und der Sinn der Schöpfung ist. Darum ist er überzeugt davon, dass, wenn er sich auf die Seite des Lichtes stellt und für die Wahrheit kämpft, er auch die nötige Kraft und Macht dazu erhalten und niemals untergehen wird.

Deshalb wandert er mutig und zuversichtlich auf seinem Wege und bietet allen Schwierigkeiten Trotz. Selbst wenn er mehrere Male hinfällt, so steht er immer wieder mit noch grösserem *Mut* und *Eifer* auf und geht mit unerschütterlichem Glauben weiter auf sein Ziel zu.

Wenn er ungeheuren Schwierigkeiten, Leiden und Versuchungen begegnet, weiss er, dass die Kräfte, die er zur Verfügung hat, um diese zu überwinden, tausendmal grösser und mächtiger sind. Es hängt nur von seinem Streben ab, diese Kräfte in sich zu erwecken und sie zu gebrauchen. Unter diesen Kräften ist der stärkste und göttlichste der *Gedanke* der *Einheit* und der *Allverbundenheit* sowie der schöpferisch göttliche *Wille*, mit deren Hilfe er sich ausrüstet und die Kunst des Sichvergessens oder der Selbstüberwindung ausübt.

Das Gleichnis vom Scheinwerfer müssen wir uns immer vor Augen halten, um diese Kunst des Sichvergessens besser zu verstehen.

Durch die Ausübung dieser Kunst wird der Mystiker, wie ich schon sagte, imstande sein, sich nach seinem *Willen* und Wunsch für irgend einen inneren oder äusseren Eindruck *empfindlich* oder *unempfindlich* zu machen. Wenn er zum Beispiel vor einer hässlichen Szene steht, kann er sich mittels des Scheinwerfers seines Willens sein Bewusstsein von dieser Szene zurückziehen und sich gegen ihren zerstörenden Eindruck unempfindlich machen. Er kann sozusagen etwas anschauen und es doch nicht sehen.

Wenn ihm ein Organ weh tut oder eine Operation nötig wird, kann er wiederum durch *gewollte* Zurückziehung seines Bewusstseins von diesem Organ dasselbe für den Schmerz so unempfindlich machen, als ob dieses Organ betäubt wäre. Er kann also alle seine Sinneskanäle gegen die äusseren, wie inneren Eindrücke nach seinem Willen in einem jeden Augenblick absperren.

Die grösste Wunderkraft dieser Kunst des Sichvergessens zeigt sich aber auf dem Gebiete der inneren, geistig-seelischen Zustände und Vorgänge.

Der Mystiker kann auf die erwähnte Weise sein Gemüt von den unerwünschten, auftauchenden Gefühlen, Erinnerungen und Gedanken reinigen und freimachen.

Wenn ihn ein Mensch, ein Gegenstand oder ein Wort an etwas Unangenehmes erinnert und in seinem Gedächtnis unerwünschte Rückerinnerungen erweckt, so kann er sein Bewusstsein von diesen Dingen zurückziehen und sein Herz für diese Erinnerungen verschliessen.

So wie man mit einem Brennglas die Strahlen der Sonne konzentrieren und sie in eine gewaltige Brennkraft verwandeln kann, so kann auch der Mystiker durch die Konzentration seines Bewusstseins ein so scharfes Geisteslicht schaffen, dass dasselbe die tiefsten Schichten aller Dinge *erhellt* und ihren Wesenskern *enthüllt.*

Er wird sicher auch fähig sein, die kraft- und freudespendenden Erinnerungen aus der Tiefe seines Bewusstseins hervorzuholen und damit sein Gemüt zu ernähren und zu stärken.

*

Bei uns Menschen ist im allgemeinen das Gedächtnis so automatisch tätig, dass, wenn wir etwas mit unseren Sinnen wahrnehmen, unsere Gedächtniskraft sofort alle Erinnerungen an die Erlebnisse, die mit diesen Eindrücken irgendwie in Beziehung stehen, wachrufen wird. So wird sie zum Vorschein bringen, ob wir es wollen oder nicht.

Diese Selbsttätigkeit des Gedächtnisses ist aber sehr oft störend, verbraucht viel Nervenkraft und hindert unsere volle Konzentration auf unsere Arbeit.

Dieses Unbeherrschtsein des Gedächtnisses stört besonders die Meditation.

Bei dem geschulten und erleuchteten Mystiker gehorcht aber auch die Gedächtniskraft seinem göttlichen Willen, so dass kein Bild oder keine Erinnerung ohne sein Wollen aus seinem Gedächtnis auftauchen kann.

Dies ist eine grosse Leistung, die er durch lange Schulung der Selbstbeherrschung errungen hat.

Kurz gesagt, ein solch erleuchteter Mystiker oder Meister hat die *Macht*, sein *Gedächtnis*, sein *Gemüt*, sein Unterbewusstsein, ja alle Zentren seines Gehirns zu regieren und sie seinem göttlichen Willen zu unterwerfen. Dies ist die Kunst des Sichvergessens auf dem geistigen Gebiet; sie ist die wahre Selbstüberwindung und die wirkliche Meisterschaft der Seele.

Das Gleiche ist auch bei dem Sichfinden, d. h. bei der Selbstverwirklichung der Seele der Fall, die den Gottesgeist in uns zur Offenbarung bringt.

Durch diese positive Kraft der Seele erheben wir uns bis zu unserem göttlichen höheren Selbst und vereinen uns mit ihm.

Da dieser göttliche Geist allwissend und allewig ist, können wir dann von ihm alles erfahren, was wir brauchen oder wünschen.

Diese Vereinigung gewährt uns die Erleuchtung, welche die Quelle aller höheren Erkenntnisse oder der Weisheit ist.

Durch diese Erleuchtung werden unsere Gedanken, unser Verstand, unser Wille und alle anderen geistigen Kräfte unserer Seele geschärft, gestärkt und verklärt.

Daraus werden die Kräfte der göttlichen Inspiration und Intuition in unserer Seele geboren, und sie werden uns das Tor zur höheren Erkenntnis öffnen.

Im Lichte dieser Vereinigung und Erleuchtung wird kein Problem und kein Geheimnis des Lebens für uns ungelöst und verborgen bleiben.

Auf alle Fragen des Lebens werden wir in uns selber von unserem göttlichen Geist, der nunmehr offenbar geworden ist, die richtige Antwort erhalten.

Die Herrlichkeit und Seligkeit, die man durch diese Kunst des Sichvergessens und des Sichfindens erreicht und erleben kann, ist fürwahr unbeschreiblich.

Wie kann man aber diese Kunst erwerben? Man kann sie durch diese selbst, d. h. durch das Sichvergessen erwerben. Das bedeutet: durch die *Überwindung* der triebhaften, dämonischen Natur im Menschen. Doch diese Überwindung erfordert unaufhörliches Ringen und unbedingt Opfer und immer wieder Opfer.

Glauben wir nicht, dass uns nur durch das Lesen einiger Bücher, durch das Hören einiger Vorträge oder durch das Aussprechen einiger Gebete oder Mantrams, diese göttliche *Macht* zuteil wird.

Hoffen wir nicht, dass wir ohne Opfer erreichen werden, in das Heiligtum des *Tempels* der Gottesgnade Zutritt zu erhalten.

O nein, bevor uns diese göttliche Macht geschenkt wird, müssen wir unser Herz, unser Gemüt und unseren Geist in dem Tiegel der *Selbstopferung* von allen Schlacken der Ichsucht gereinigt haben.

Bevor dieses zweischneidige Schwert in unsere Hand gelegt wird, müssen wir gelernt haben, es nicht zum Verletzen unserer Mitwesen, sondern nur für deren Heil zu verwenden.

Wenn wir in Gott leben und weben wollen, so müssen wir unser tierisches Leben opfern und verlassen. Wenn wir das himmlische Antlitz unseres höheren Selbstes, des Gottes in

255

uns mit Wonne und Berauschtsein anschauen wollen, müssen wir mit heldenhaftem Mut die dichten Schleier der Begierden von unseren Herzensaugen wegreissen. Dann erst werden wir fähig sein, die innere Erleuchtung und die Gottbeschaulichkeit erleben zu dürfen.

Lasst uns darum ständig nach Willenskraft verlangen, um unsere niedere Natur zu überwinden. Lasst uns oft mit Inbrunst anrufen:

O Du, in mir wirkender Geist Gottes!
O Du, mein wahres, höheres Selbst!
Stärke meinen geistigen Willen!

Auf dass ich meine niedere Natur
überwinde und mich befreiend,
in Dein Heiligtum Zutritt erhalte!

Lass mich schöpfen aus dem heiligen Born
Deiner Macht und Deiner Göttlichkeit,
Frieden, Harmonie und Seligkeit!

7. Wie der Mystiker in der höheren Meditation das Sichvergessen und das Sichfinden übt

Nun kommen wir zu der Frage, *wie* der erleuchtete Meister oder Mystiker diese göttlich-schöpferische *Kunst* des Sichvergessens oder Selbstüberwindens und des Sichfindens, d. h. der Selbsterkenntnis, welche die Aufgabe und die Frucht der vierten Stufe der Meditation ist, *übt*.

Wie ich im vorigen Kapitel sagte, bedingen die sieben Stufen der höheren Meditation einander, und eine jede Stufe ist die Folge und die Fortsetzung der vorhergehenden Stufe.

Die erste Stufe war die allumfassende *Liebe* und die zweite die *Bewunderung*. Man kann nun begreifen, dass erst, wenn diese beiden Stufen völlig erreicht sind, die Stufe der *Unterscheidung* und diejenige des *Sichvergessens* und *Sichfindens* betreten werden kann.

Nachdem der Mystiker die Liebe und die Bewunderung der Werke Gottes in der Natur und im Kosmos erlebt hat, wendet er sich zu seiner eigenen Natur und zu seiner eigenen Welt.

Er erforscht dann, vermöge des Lichtes der Unterscheidung, mit scharfen Geistesaugen sein eigenes Leben und Wesen. Er erkennt in sich die zwei Mächte des Lichtes und der Finsternis, d. h. das Irdisch-Vergängliche und das Himmlisch, Unvergängliche oder das Dämonische und das Göttliche, welche wir als persönliches Ich und als wahres, höheres Selbst erkannt haben.

Durch die Betrachtung der Natur und der Eigenschaften seines göttlichen, wahren Selbstes, wird er sich seiner göttlichen Abstammung, seiner Macht, seiner Mission und seines Zieles bewusst.

Er wird erkennen, dass sein wahres, höheres Selbst wahrlich würdig ist, dass ihm unbedingter Gehorsam geleistet und dass es geliebt werde. Dann wird er sich entschliessen, nunmehr einerseits sein persönliches kleines Ich zu beherrschen und zu vergessen und anderseits, sein höheres, göttliches Selbst zu suchen und Ihm nachzufolgen.

Ich will nun ein Erlebnis erzählen, in dem alle vier Stufen oder Zustände der Geistesschau, nämlich *Liebe, Bewunderung, Unterscheidung* und *Sichvergessen* und *Sichfinden* zum Ausdruck kommen.

Im Oktober 1931, als ich an der Neugeist-Lebensschul-Woche zu Hahnenklee im Harz teilnahm, ging ich eines Tages ganz allein auf den Bocksberg und ruhte mich, auf einem Stein sitzend, aus. Vor mir lag das Tal mit dem Spiegelsee, umgeben von einem kleinen Tannenwald und einige

Wiesen. Weiter war nichts zu sehen, weder Haus noch Hütte, die auf das Werk der Menschen hingedeutet hätten.

Ich war an der liebreichen, warmen Brust der Mutter Erde, ganz allein für mich. Sie war mit ihrer natürlichen Schönheit geschmückt, und ein bunter, grüngelber Herbstmantel umhüllte ihre Gestalt. Ich fühlte mich im Schosse der Weltallmutter geborgen, wie ein Kind in den Armen seiner Mutter. Das beseligende Gefühl der allewigen Verbundenheit mit der Natur, mit dem Universum und mit Gott, erfüllte mein Herz mit einer unbeschreiblichen Seligkeit. In diesem wonnevollen Bewusstsein *atmete ich tief* die reine und köstliche Luft ein, die mich umgab.

Es war Nachmittag und die Sonne vergoldete die Umgebung mit ihren warmen Strahlen. Die Knospe meines Herzens wollte sich unter der Wirkung dieses Lichtes und dieser Wärme voller Freude entfalten.

Als ich mich innig über meine segensvolle *Einsamkeit* und die eindrucksvolle Schönheit der *Natur* freute und meiner Dankbarkeit für die Gnade Gottes, die mich überhäufte, mit tiefem Schweigen Ausdruck geben wollte, hörte ich von weitem eine klangvolle Melodie, so rhythmisch und bezaubernd, dass ich dachte, es wäre ein himmlisches Orchester, das eine Weltallsymphonie spielte.

Die tiefrührenden Klänge, denen ich eine Weile innig lauschte, erinnerten mich an süsse Erlebnisse meiner Kindheit in meiner Heimat, wo die Karawanen und die Bauern, die ihr Obst auf den Rücken der Esel geladen hatten, es zu Markt bringen und in der *Morgendämmerung* durch die Stadt ziehen. Wie zauberhaft versetzten sie durch die Glocken ihrer Lasttiere die Herzen der schlummernden Bewohner der Stadt in himmlische Wonne.

Doch hier erinnerte nichts an eine solche Karawane und soweit ich schauen konnte, war nichts zu sehen. Aber die Klänge wurden immer deutlicher und kamen näher, bis ich schliesslich entdeckte, dass eine Schar von Kühen eine weit entfernte Wiese betrat.

Ich betrachtete sie und sprach zu mir:

«Siehe da, wie die Glocken dieser Kühe, von denen eine jede sich selbständig bewegt und dadurch einen besonderen Ton erzeugt, doch durch ihre verschiedenen Klänge eine vollständige Melodie, ein klangvolles Orchester bilden.»

Ja, so geschieht es auch im ganzen Universum. In meinem eigenen Körper bilden zum Beispiel alle undenkbar verschiedenen Schwingungen meiner Atome, Zellen und Organe zusammen meine *Lebensharmonie*, den rhythmischen Grundton meines Körpers.

Gleicherweise bilden auch meine Gefühle, Gedanken und Taten die Melodie meiner Seele und meines *Schicksals*.

Ja, so wie die verschiedenen Blumen, Dornen und Kräuter den Reiz eines Gartens ausmachen, so bilden auch die verschiedenen Eigenschaften, die Freuden und Leiden, die bunten Gefühle und Wünsche die Harmonie des Lebensgartens eines jeden Menschen.

So ist es auch mit jeder Familie und mit jedem Volk in denen die verschiedenen Mitglieder und Bürger mit all ihren unzählbaren Eigenschaften und Verschiedenheiten an Begabung, Beruf, Geschlecht, Alter und Entwicklung das gemeinsame Blut, das Leben und die Seele der Familie und des Volkes bilden. So ist es auch mit den menschlichen Rassen, die trotz all ihrer verschiedenen und oft gegensätzlichen Charaktere, Fähigkeiten, Veranlagungen, Eigenschaften, Bedürfnisse und sozialen Organisationen eine Einheit bilden, die Menschheitsfamilie. Das Gleiche ist auch mit allen Geschöpfen unserer Erde der Fall. Trotz der ungeheuren Unterschiede zwischen Steinen, Pflanzen, Tieren und Menschen, stellen sie doch alle zusammen eine grosse, harmonische Familie, die Kinder der Mutter Erde, dar.

Nicht anders verhält es sich auch mit den Planeten unseres Sonnensystems. Diese sind trotz ihrer grenzenlosen Entfernung, ihren verschiedenen Bahnen und ihren verschiedenen Lebensbedingungen doch durch ein geschwisterliches Band miteinander verbunden, und sie bilden alle, mit ihren verschiedenen Entwicklungsstufen, Bewegungen, Schwingungen und Stellungen in dem Weltenraum, eine Familie und eine vollkommene Harmonie, die Weltharmonie unseres Sonnensystems.

Aber noch weiter und höher ertönt diese göttliche Symphonie der Einheit und der Allverbundenheit in diesem majestätischen Gewölbe. Denn alle sichtbaren und unsichtbaren Welten, Sonnen und Universen sind ja das Werk einer einzigen *Hand* und bilden zusammen in dem grenzenlosen Raum der Ewigkeit eine einzige Familie, mit Gott als *Vater* dieser Familie. Durch ihre Herzschläge ertönt die Weltallmelodie, und ihre Atemzüge bilden die Harmonie der gesamten Schöpfung.

Meine Seele, ergriffen von unausdruckbarer Bewunderung, welche durch die Betrachtung in allumfassender Liebe in meinem Herzen geboren wurde, kniete vor dem heiligen Thron Gottes, des Schöpfers aller Welten nieder und rief in die stille Atmosphäre hinaus:

O Du Wonne der ewigen Einheit,
durchflute mich mit Deiner Glut!
O Du allmächtiger Schöpfer des Alls!
Wie gross ist Deine Macht!

Wie gewaltig ist Dein Wille
und wie erhaben Deine Weisheit!
Dir werde ewig gehuldigt
von Deinem dankbaren Kinde!

*

Ich schwieg eine Weile, dann fragte ich mich: Welche Stellung wohl die Erde inmitten dieses ewig kreisenden Weltenrades einnimmt? Was stellt die Menschheit in diesem Rade dar? Und was bin ich?

Die göttliche Inspiration oder das Erkenntnislicht der Wahrheit erleuchtete meinen Geist, und aus meinem Herzen ertönte folgende Antwort: Die Erde ist nur ein Tropfen in diesem uferlosen Ozean des Universums, die Menschheit nur ein Atom im Herzen dieses Tropfens und du selbst nur eine einzige Schwingung dieses Atoms!

O winzige Nichtigkeit!

Da erklang eine Stimme aus der Tiefe meiner Seele und sprach:

«O du in den Ketten des kurzsichtigen Intellekts gefesselte Seele, erkenne endlich die grosse Wahrheit, dass es vor den Augen des allmächtigen Gottes kein Kleines und kein Grosses, kein Niederes und kein Höheres gibt! Erkenne, dass auch dein Dasein in diesem Universum nötig ist, sonst wärest du nicht da!

Ja, deine Nichtigkeit ist eine Notwendigkeit, denn eine einzige Schwingung, wie du es bist, darf in der Weltallmelodie nicht fehlen, denn sonst wäre das Gleichgewicht des Ganzen gestört.

In dem Bau dieses Weltendomes stellt ein jeder Planet einen Stein und alle Lebewesen stellen die Stäubchen dar, aus denen dieser Stein zusammengesetzt ist. So bist auch du, o winziges Stäubchen, zu dem Bau dieses Weltendoms nötig und brauchbar, solange du dich «*eins*» fühlst mit allen anderen Stäubchen und dich mit ihnen vereinst. Du bist kein winziges Geschöpf, sondern eine Welt für sich, ja, noch mehr: Du bist ein Schöpfer im Kleinen. In dir schlummern alle schöpferischen Kräfte jener höchsten Macht, die alle Welten erschaffen hat! Du bist ein Strahl aus Seinem Licht, du bist Sein heiliger Geist und Sein Stellvertreter auf Erden!»

261

Unter dem gewaltigen Drang dieser grossen Wahrheit erbebte meine Seele in Ehrfurcht und Dankbarkeit, und ich rief aus:

Wie heilig ist Deine Liebe,
Du erhabener, allweiser Gott,
Du hast wahrlich kein einziges Atom
umsonst geschaffen!

Diese erlösende Wahrheit,
die Du mir gnädig geschenkt hast,
will ich in Demut und Dankbarkeit
der leidenden Menschheit darbringen!

Ich erhob meine Hände gegen diese Herde und sprach also von Herzen:

«Ich grüsse und danke euch, ihr meine stummen Brüder, die ihr mir diese wonnige Betrachtung geschenkt habt. Ich liebe euch innig und wünsche von Herzen, so *pflichttreu*, so *gehorsam*, so *fruchtbar*, so *sanftmütig* und so *friedvoll* zu werden, wie ihr.»

Da ertönte in meinem inneren Ohr eine Stimme, die Stimme der Gruppenseele der Kühe und sprach:

«Höre, Bruder Mensch! Da deine Seele die Tiefe unserer Herzen berührt und unsere Gefühle mitempfunden hat, so nimm von uns diese Worte als kleine Gabe an:

Unser Leben kann für dich und deine Mitmenschen ein Wegweiser zur Selbsterkenntnis und Weisheit werden. Siehe, wie wir jeden Morgen, sobald der Klang des Hirtenhornes ertönt, unseren Stall verlassen und uns auf die Felder oder Berge begeben, um unsere Tagesarbeit zu verrichten. Aus verschiedenen Ställen kommen wir heraus, wir warten aufeinander und ziehen dann alle zusammen dorthin, wo des Hirten Horn erschallt. Wir werden bald auf diese, an manchen Tagen auch auf andere Weiden geführt.

Wir suchen die Weide nicht selbst aus, sondern wir folgen gehorsam unserem Hirten, denn wir wissen, dass er für uns das Beste wünscht und aussucht, und er selbst weiss auch, dass wir ihm gehorsam sind und dass wir eifrig bestrebt sind, unsere Pflicht zu erfüllen und uns nützlich zu machen. Wenn wir eine Weide betreten, so verteilen wir diese Weide nicht unter uns, wir zanken nicht miteinander und wir berauben einander nicht. Wir kümmern uns auch nicht um den anderen Morgen, denn wir wissen, dass unser Hirte für uns sorgt, und er weiss auch, dass wir pflichtgetreu und dankbar sind.

Was wir von der Mutter Erde als Futter empfangen, das bezahlen wir doppelt durch unsere Arbeit bei der Bestellung des Bodens und dadurch, dass wir einen Teil unseres Futters in Milch verwandeln, die die Menschen als Nahrung benützen.

Können deine genialen Brüder, die Chemiker und Techniker, mit ihrem hochmütigen, stolzen Intellekt und ihren grossen Laboratorien aus den Pflanzen solche Milch erzeugen, wie wir es tun?

So vergeht unser Leben Tag für Tag in Fleiss und froher *Arbeit*, und wenn wir mehrere Tage lang wenig oder gar kein Futter bekommen, klagen und jammern wir nicht, denn wir haben volles Vertrauen in unseren Herrn und wissen, dass er uns liebt und ohne einen weisen Grund nicht leiden lässt.

So sind unser Herr und unser Hirte mit uns zufrieden und wir mit ihnen, und wir sind alle einander dankbar.

Könnt ihr Menschen, lieber Bruder, nicht auch so in Frieden, in der Fülle, im Glück und in der *Harmonie* leben, wie wir?»

Diese Worte versenkten mich wieder in tiefe Betrachtung. Ich dachte daran, wie glücklich die Menschen auf Erden leben könnten, wenn sie nur die *göttliche Liebe* und *Vernunft* walten lassen wollten. Wenn die Menschen nur ihrer göttlichen Abstammung und ihrer heiligen Aufgabe, Gott ähnlich zu werden, bewusst sein und ihr treu bleiben wollten! Wenn die Hirten der Völker sich ihrer Verantwortung bewusst und ihrer heiligen Pflicht kundig wären und dieselbe erfüllen würden, dann wäre das Himmelreich auf die Erde gekommen! Während dieser Betrachtung stiegen grauenvolle Bilder des Völkerhasses und der menschlichen Schlachtfelder vor meinen Geistesaugen auf. Erfüllt von dieser Wehmut, liess meine Seele ihren Weckruf in die Atmosphäre der Menschheit ertönen:

An die Menschheit!

Ihr stammt alle von ein und demselben Vater!
Ein und derselbe Geist belebt eure Seelen!
Eins ist euer Ursprung und eins euer Ziel!
Völker der Erde! – Kinder des Lichtes! –
Ihr sollt miteinander *brüderlich* leben!

Ihr seid zum Ebenbild Gottes erschaffen!
In euch harrt Gott Seiner Offenbarung!
Lasst Liebe, Weisheit und Frieden walten!
Völker der Erde! – Kinder des Lichtes! –
Ihr sollt miteinander *friedlich* leben!

Ihr seid miteinander ewig verbunden!
Trennung ist eitler Wahn, grösste Sünde!
Reichet euch brüderlich die Hand!
Völker der Erde! – Kinder des Lichtes! –
Ihr sollt miteinander *herzlich* leben!

Wachet auf, erkennet Gott in euch als Wahrheit!
Und offenbaret Ihn durch Gedanken, Wort und Tat!
Werdet hilfreich, gerecht und gut!
Völker der Erde! – Kinder des Lichtes !–
Ihr sollt miteinander *ehrlich* leben!

Befreit euch von der Knechtschaft der Habgier!
Werdet zu freien Menschen in Gott vereint!
Seid stark und glücklich durch Einigkeit!
Völker der Erde! – Kinder des Lichtes! –
Ihr sollt miteinander *harmonisch* leben!

Liebet einander wie Glieder einer Familie!
Beschenkt und beglückt euch aus vollem Herzen!
Schafft, um einander zu helfen und zu dienen!
Völker der Erde! – Kinder des Lichtes! –
Ihr sollt miteinander *glücklich* leben!

Trachtet nach Wahrheit, die allein kann erlösen!
Werdet erlöst und zum Erlöser für andere!
Dies ist der Sinn eures Lebens, eure Mission!
Völker der Erde! – Kinder des Lichtes! –
Ihr sollt miteinander *göttlich* leben!

Ich erging mich in weiteren Betrachtungen und gelangte
zu folgendem Gedanken: So wie die Kühe ihre Tage einmal
auf dieser und ein anderes Mal auf jener Weide zubringen,
bis sie ihr Leben vollbracht haben, so wandert auch die
menschliche Seele von einem *Erdenleben* zum anderen, von
einem Land und Volk zu einem anderen, bis sie ihr irdisches
Dasein auf diesem Planeten vollendet hat. Dasselbe geschieht
auch mit allen Völkern und Kulturen. Sie tauchen wie Was-
serblasen aus dem unendlichen Ozean der Entwicklung auf,
verschwinden wieder, um von neuem aufzutauchen. So folgt
ein Volk dem anderen, eine Rasse der anderen und eine

Kultur der anderen, einmal auf diesem und einmal auf jenem Kontinent. Aber die Seelen, die da kommen und gehen, aufbauen und zerstören, sind immer dieselben.

So wandern und pilgern die Völker denselben Weg der Höherentwicklung, nur mit dem *Unterschied*, dass sich einige noch auf dem unteren, andere dagegen schon auf dem oberen Teile des Weges befinden.

Die *Kulturvölker* sollten daher die noch unter ihnen stehenden Völker nicht unterjochen oder vernichten, sondern, wie jene Kühe auf ihre Kameraden harren, auf sie warten und ihnen *helfen*, damit auch sie heraufsteigen lernen.

So verhält es sich auch mit den Himmelskörpern und Planeten, die alle Schüler ein und derselben *Weltallschule* sind, mit ihren unendlichen Klassen. Ein Himmelskörper befindet sich in dieser und ein anderer in jener Klasse.

Wenn nun ein *Schöpfungstag* zu Ende geht, dann tritt die grosse Nacht der Ruhe ein, um den Geschöpfen Zeit zu geben, sich auszuruhen und sich zu stärken, das aufgenommene Licht und Leben zu verarbeiten und am nächsten Tage wieder verjüngt und erfrischt aufzustehen, um die Aufgaben des neuen Tages zu erfüllen. Dann ist es, als ob ein Trompetenstoss die Welten auferwecke, damit sie ihr Daseinskleid anlegen, um am *Abend* der *Entwicklung*, durch des Hirten Horn gemahnt, wieder in die nächtliche Ruhe einzugehen.

So dreht sich das Rad der Entwicklung in seiner Bahn, bis alles, was da ist, wieder zurück zu seinem *Ursprung*, in das Herz des Schöpfers, in die Brust der *Allmutter* Gottes eingeht.

Diese beseeligende Betrachtung hatte in meiner Seele eine unsagbare Wonne erzeugt. Sie hatte mich von meinem irdischen, persönlichen Ich losgelöst und mit dem Gottesgeist vereint. Ich fühlte mich eins mit der gesamten Menschheit, mit allen Kreaturen, mit allen Sternen und allen Sonnen! Ich war mit dem grossen All vereinigt und in Gott eingegangen.

266

Meine Seele fühlte sich so erlöst, dass sie weder von ihrer Hülle, dem Körper, noch von ihrem Aufenthaltsort, der Erde, etwas wusste. Sie weilte in der *Geisteswelt*, hatte das niedere Ich völlig *vergessen* und sich selbst gefunden in Gott und Gott in sich.

Ja, ich erlebte die Gottesebenbildlichkeit in mir und wurde mir bewusst, dass auch ich ein Funke aus Gottes Geist bin!

So atmete ich die Wonne des Sichvergessens und des Sichfindens und meine *Seligkeit* war ohne Grenzen.

Die Sonne neigte sich schon dem Horizont zu. Sie goss auf mich ihre letzten Strahlen und segnete mich, das *Taufkind* der Erde, mit dem himmlischen Lichte der Seligkeit.

Demütig und dankerfüllt hob ich meine Hände zum Himmel empor und rief von Herzen aus:

> O ewige Melodie des Weltalls,
> deine wundervollen Töne stillen
> meiner Seele tiefste Wehmut!

> O mein ungestüm aufwallendes Herz,
> sei still, geniesse des Himmels Ruh
> an der friedlichen Brust der Ewigkeit!

> Zu Dir, o Gott, schwingt sich empor
> meine Seele, erdengelöst und frei,
> tragend auf ihren Flügeln meinen Dank!

*

Siebentes Kapitel

DIE DREI LETZTEN STUFEN DER MEDITATION

«Wer den rauschenden Bach ansieht,
wird berauscht. Wer aber das wogende
Meer ansieht, versinkt in Schweigen!»
(Rumi, der grösste Mystiker Irans
im 13. Jahrh. nach Christus.)

1. Die Erleuchtung als fünfte Stufe der esoterischen Meditation

Die Erleuchtung ist die wichtigste Stufe der Meditation,
denn sie steht als Bindeglied zwischen den vier unteren und
den zwei oberen Stufen.
Sie ist die Brücke zwischen der physischen und der geistigen Welt. Sie ermöglicht das Herabsteigen des Lichtes der
göttlichen Erkenntnis oder der Wahrheit aus der Geisteswelt und die Aufnahme desselben durch die Seele und den
physischen Körper des Menschen. Die grössten Schwierigkeiten und auch die höchsten Seligkeiten der Meditation
liegen innerhalb dieser Stufe. Auf dieser Stufe wird der letzte
Kampf ausgefochten und der Endsieg errungen.
Die Vorgänge und Besonderheiten dieser Stufe können wie
folgt geschildert werden:
1. Am Ende dieser Stufe hören alle inneren Kämpfe auf,
denn bis dahin werden das persönliche Ich, der triebhafte
Wille und der hochmütige und kurzsichtige Intellekt vollständig geschult und gehorsam gemacht. Mit einem Wort:
Alle Kräfte der niederen Natur des Menschen werden end-
gültig geläutert und veredelt. Sie gehorchen nunmehr wie
treue Diener dem geistigen Willen der Seele. Es herrscht
im äusseren, wie auch im inneren Leben des Menschen eine
einzige Macht, die Macht des spirituellen Lichtes der Wahrheit oder des Geistes Gottes in ihm. Dann erst wird die Erleuchtung stattfinden und das ganze Leben des erleuchteten

271

Menschen wird von Frieden, Harmonie und Glückseligkeit durchdrungen sein.

2. Bis zu dieser Stunde wandert die Seele des Meditierenden in beiden Welten, und wie wir erkannt haben, gebraucht sie die Kräfte der vier ersten Stufen, nämlich die Kraft der Liebe, der Bewunderung, der Unterscheidung und des Sichvergessens für die Erforschung der Geschehnisse der beiden Welten. Von der fünften Stufe an wird aber ihr Wirkungskreis allein auf die Geisteswelt übertragen.

Von nun an, wird die erleuchtete Seele in der Geisteswelt einen dauerhaften Aufenthalt haben, d. h. sie wird nicht mehr als Zuschauer oder Durchreisender dort verweilen, sondern ist berechtigt, dort in voller Freiheit und Sicherheit wirken zu können.

Ihre geistige Schau wird nicht flüchtig und kurz, sondern dauerhaft und wirkungsvoll sein. Sie wird alle Kräfte, Gesetze und Bewohner der Geisteswelt erkennen und sie für die Erfüllung ihrer Mission auf der physischen Ebene gebrauchen können oder ihre Hilfe in Anspruch nehmen dürfen.

3. Von dieser Stufe an wird die Seele sehr oft in der Geisteswelt tätig sein, denn erstens ist sie von allen materiellen Fesseln der niederen Natur befreit und kann ohne Hindernisse in der Geisteswelt weilen, und zweitens wird das persönliche Ich nunmehr mit voller Fügsamkeit und Gehorsam ihren Willen auf dem physischen Plan, d. h. im äusseren, täglichen Leben ausführen.

Wie ein Vater sein Geschäft und sein Haus mit vollem Vertrauen seinem mündigen, begabten und vernünftigen Sohne übergeben, eine Reise unternehmen oder sich mit anderen Sachen beschäftigen kann, so wird auch die erleuchtete und befreite Seele mit dem persönlichen Ich handeln.

Sie überlässt die Erfüllung der Aufgaben des äusseren Lebens dem nunmehr mündig und vernünftig gewordenen, persönlichen Ich und begibt sich in die Geisteswelt, um dort wichtigere und höhere Aufgaben zu erfüllen.

Dennoch bleiben das persönliche Ich und das äussere Leben unter der Kontrolle und Führung der Seele.

4. Durch die Überwindung und Umwandlung des persönlichen Ichs, wodurch die Seele im eigentlichen Sinne erlöst worden ist, werden vor ihren Geistesaugen alle hindernden Schleier abfallen, und der Nebel ihrer Unwissenheit wird von den Strahlen der Sonne der Wahrheit aufgelöst.

Die Seele wird dann das spirituelle Licht der höheren Erkenntnis oder der Wahrheit empfangen und mit grösster Wonne die Herrlichkeit Gottes schauen dürfen.

Diesen unbeschreiblichen und beseligenden Zustand nennt man *Erleuchtung.*

Die Erleuchtung bedeutet also das Eintreten der Seele in das Heiligtum der Wahrheit, in die Halle der Initiation, um dort das spirituelle Licht zu empfangen und in das Mysterium des Lebens und der Schöpfung eingeweiht zu werden.

Diesen unausdrückbaren, herrlichen Zustand und diesen weihevollen Augenblick kann man mit Worten niemals schildern, er kann nur persönlich erlebt werden.

*

Wir müssen weiter erkennen, dass die göttliche Vorsehung für das Vollziehen dieser Einweihung und die Erleuchtung der Seele stets ein äusseres oder ein inneres Mittel gebrauchen wird, das die Geburt dieses göttlichen Lichtes im Innersten der Seele vollbringt.

Solche Erleuchtungen geschahen in früheren Zeitaltern innerhalb der alten Mysterientempel, durch die Zeremonie der Einweihungen. Heute geschehen sie in der inneren geistigen Welt.

Wie eine Kerze von aussen entzündet und ein elektrisches Licht mit einem Fingerdruck eingeschaltet wird, oder, wie eine Knospe sich durch die Wirkung eines inneren Impulses aufschliesst, wie die Henne die Schale ihres gereiften Eies mit dem Schnabel durchbricht, um ihrem Kücklein an das Licht und in die Welt hinaus zu verhelfen, so vollzieht sich auch durch einen ähnlichen Vorgang die Erleuchtung der Seele, wodurch sie in die neue spirituelle Welt eintritt und das Licht der Wahrheit empfängt. Die Knospe ihres Herzens wird sich aufschliessen und das göttliche Licht in sich aufnehmen.

*

Welches Mittel die göttliche Vorsehung für diesen Zweck, d. h. für das Vollziehen dieser Wiedergeburt der Seele gebrauchen und welchen Augenblick sie dafür wählen wird, ist individuell und bleibt Gottes Geheimnis.

Wenn die Seele aber reif geworden ist und die Stunde ihrer Erleuchtung geschlagen hat, wird die weise Hand Gottes irgend ein Mittel gebrauchen, um den Schleier wegzunehmen und das Licht der Wahrheit in ihrem Herzen zu entzünden und so ihre geistige Wiedergeburt zu vollbringen.

Aus dem Leben der Heiligen, der Mystiker und der Propheten wissen wir, dass sich diese Erleuchtung und Verklärung bei ihnen in verschiedenen Formen vollzogen hat.

Es sind für diesen Zweck von Gottes Vorsehung immer ungeahnte, uns als nichtig erscheinende und dennoch geheimnisvolle Mittel und Werkzeuge verwendet worden.

Manchmal hat sich die Seele schon in ihrem früheren Erdenleben für die Erleuchtung reif und würdig gemacht; sie durfte sie aber erst in diesem Leben empfangen.

Bei solchen Seelen kann es geschehen, dass der äussere Mensch, d. h. der Intellekt oder das persönliche Ich nichts davon weiss, und die Seele noch in seinen Fesseln hält. Da schlägt eines Tages die Stunde, und plötzlich werden die Mauern des Gefängnisses, worin die Seele sitzt, gesprengt, ihre Ketten abgenommen und siehe, die Erleuchtung ist wie ein Blitz in ihrem Herzen vollzogen worden. Sie ist erleuchtet und wiedergeboren.

So ist es bei Paulus und bei vielen Mystikern und Heiligen geschehen.

Wahrlich, das Mysterium der menschlichen Seele ist unbegreiflich und die Geheimnisse Gottes sind unerfassbar.

Bei der Erleuchtung der Seele wird auch der Körper einbezogen. Er wird von einem gewaltigen feurigen Strom erschüttert und durchflutet sein. Dieser Strom wird entweder im *Gehirn* oder im *Herzen* erzeugt, je nach dem Weg, den der Mystiker oder der Meditierende gegangen ist, d. h. den Weg der Erkenntnis oder der Liebe, mit anderen Worten: ob er das Gehirn oder das Herz als Zentrum seiner Sammlung und Konzentration gebraucht hat. Trotzdem wird dieser spirituelle, feurige Strom vom Herzen zum Gehirn oder umgekehrt überfliessen und auch den ganzen Körper durchfluten.

5. Durch die Erleuchtung wird die Seele in den Dienst der Geistigen Hierarchie gestellt. Der erleuchtete Mensch ist nunmehr ein Meister, ein eingeweihter Adept, ein Lichtträger der Wahrheit geworden.

Von nun an wird er als Werkzeug, als Sendbote oder Vertreter der Geistigen Hierarchie unter den Menschen leben. Er wird als würdiger und bewusster Mitarbeiter in die Lichtschar dieser Hierarchie aufgenommen und bei deren Führung, zum Wohle der Menschheit mitwirken.

Wie die Sonne das spirituelle Urlicht, die schöpferische Energie des Weltalls, in sich aufnimmt und sie in materieller Form auf die physische Welt überträgt, genau so nimmt auch die erleuchtete und vollkommene Seele das spirituelle Licht der Wahrheit in sich auf. Indem sie es in geistiges Licht verwandelt und mildert, bringt sie es in Form von göttlichen Ideen, Wahrheiten und Idealen der Menschheit dar.

Von hier an wird der Erleuchtete als untrennbares Glied der Lichtgemeinde der Geistigen Hierarchie betrachtet und verehrt werden.

Auf diesen Vorgang hat Christus hingewiesen, indem er sagte:

«Wer überwindet, den will ich machen zum Pfeiler im Tempel meines Gottes, und er soll nicht mehr hinausgehen; und ich will auf ihn schreiben den Namen meines Gottes und den Namen des neuen Jerusalem, der Stadt Gottes, die vom Himmel herniederkommt.» (Offenbarung 3, 12).

Mit diesem Tempel und diesem neuen Jerusalem Gottes ist die Geistige Hierarchie gemeint, die ihren Sitz im Himmel, d. h. in der Geisteswelt hat.

Bis zu dieser Erleuchtung war die Seele des Meditierenden nur Besucher und Zuschauer im Tempel Gottes, aber von nun an wird sie zum Pfeiler, d. h. zum Diener des Tempels und zum ewigen Mitglied der Geistigen Hierarchie.

6. Die Erleuchtung ist die geistige Wiedergeburt der Seele, inmitten des irdischen Lebens, von der viele Meister und Propheten und besonders auch Christus gesprochen haben. Sie ist die eigentliche *geistige Schau*, die man auch Kontemplation nennt. Sie setzt die vollständige Erlösung der Seele von den Fesseln der Materie voraus. Darum sagte Christus, dass ohne geistige Wiedergeburt niemand in das Himmelreich treten kann.

Erst auf dieser Stufe werden schöpferische Kräfte sowie Macht von der Geistigen Hierarchie auf die erleuchtete Seele übertragen. Denn erst, wenn die Erleuchtung vollzogen ist, hat die Seele die Sicherheit erlangt, dass sie die empfangenen Kräfte nicht missbrauchen und sich nicht mehr irren wird. Dementsprechend ist aber auch ihre Verantwortung für den Gebrauch der empfangenen Macht und Kraft gross und bedeutungsvoll!

7. Wir müssen aber erkennen, dass die gnadenreiche und segensvolle Gabe der Erleuchtung nicht ohne das Darbringen grösserer Opfer empfangen werden kann.

Wie hart muss die Seele erst mit den dämonischen Kräften in sich kämpfen, um diese zu bändigen und umzuwandeln.

Wie oft muss sie mit wunden Füssen durch den Sumpf der

Verzweiflung hindurchgehen, und wie oft muss sie in die Schlucht der Müdigkeit und Hilflosigkeit fallen und alle ihre Kräfte daran setzen, um sich wieder zu erheben. Wie oft muss sie auf dem Meere der Zeit die furchtbarsten Stürme mit der Kluft der Selbstaufopferung überwinden, bis sie das Ufer der Erlösung erreicht!

Wie oft hat sie grosse Schmerzen und Depressionen zu bekämpfen und Verfolgungen und herzbrechende Qualen zu ertragen, bis sie befreit ist!

Sie muss schwere Prüfungen bestehen und grosse Versuchungen überwinden, bis sie endlich das ersehnte Ziel der Erlösung erreicht.

Doch die Seligkeit, das Ziel erreicht zu haben, die sie am Ende des Weges empfinden wird, das berauschende Gefühl der Allverbundenheit und das beseligende Bewusstsein, dass sie nunmehr würdig ist, durch die Macht der Geistigen Hierarchie, der Wahrheit und der Menschheit zu dienen, werden alle ihre Mühen und Opfer belohnen. Die Wonne des gewonnenen Sieges wird sie alle ihre Schmerzen vergessen lassen.

Aus dem Herzen einer solchen erleuchteten Seele wird nun das Hohelied der erlösenden Wahrheit in die Atmosphäre der Menschheit hinaus erklingen:

Nun habe ich das ersehnte heilige Land,
das Land des Lichtes und des Heils erreicht!
Durch Deine gütige Führung und Macht
wurde, o Gott, in mir die Erleuchtung vollbracht!

Das ewige Licht der Weisheit und der Reinheit,
der Gerechtigkeit und der Barmherzigkeit,
der Opferwilligkeit und der Einheit,
wurde auf dem Altar meines Herzens entzündet!

Du hast meine Seele mit dem Lichtgewand
der Wahrheit und der Harmonie bekleidet
und mit der Glut Deiner allewigen Liebe
mein Gewissen und meinen Verstand gereinigt.

Ich will nun meine heilige Pflicht erfüllen!
Und meinen tiefen Dank zum Ausdruck bringen!
Ich will Dein tapferer Lichtträger werden!
Deinen Plan ausführen und Deinen Willen tun!

Ich gelobe das Licht der erlösenden Wahrheit,
das belebende Brot Deiner heilvollen Liebe
und die frohe Botschaft Deines Friedens
in Deinem Namen der Menschheit darzubringen!

2. Vor dem Ozean der geistigen Schau

Von dieser Stufe der Erleuchtung an führt der Mystiker
oder Meister ein ganz anderes Leben. Da er ein bewusster
Mitarbeiter der Geistigen Hierarchie geworden ist, wird er
sein äusseres Leben nicht mehr nach den Umständen der
Welt einrichten, sondern er wird nur jene Aufgaben erfüllen,
die die geistige Hierarchie ihm anvertrauen wird. Er wird
sein äusseres Leben so gestalten, dass es kein Hindernis für
die Erfüllung seiner inneren Mission bildet, sondern seine
geistige Aufgabe fördert und erleichtert.

Sein inneres Leben wird aber immer reicher an wunderbaren Kräften und Erlebnissen. Er wird im Heiligtum seiner
Seele oft die Gegenwart Gottes erleben und sich überirdisch
selig fühlen.

Darum möchte ich in der Schilderung der drei letzten

Stufen der Meditation nur von den inneren Erlebnissen der erleuchteten Seele sprechen.

Doch werden meine Schilderungen nur ein schwaches Bild von der Fülle dieser beseligenden und lichtvollen Erlebnisse vor Augen zu führen imstande sein.

*

Eine Mutter hatte ihrem Kinde ein Buch geschenkt. Darin sah das Kindlein ein Bild des Meeres mit vielen Schiffen, die darauf kreuzten. Das Kindlein freute sich sehr darüber und sagte: «Mutti, kaufe mir doch ein solches Meer mit solchen Schiffen.»

Die Mutter lächelte freudig und antwortete:

«Mein Kind, das wirkliche Meer kann ich nicht kaufen, weil es viel grösser ist als unser Haus und auch viel grösser als unsere Stadt. Ich werde es dir aber einmal zeigen.»

Das Kind konnte das Wesen des Meeres noch nicht begreifen, aber es war zufrieden und beglückt von dem Versprechen seiner Mutter, denn es glaubte feste daran, dass seine Mutter alles, was sie versprach auch halten würde.

Nach vielen Jahren, als die Mutter mit ihrem erwachsenen Kinde am Strande des grossen Meeres stand, sagte sie zu ihm:

«Mein Sohn, dies ist das Meer, das du als Kind von mir als Geschenk erhalten wolltest. Ich schenke es dir jetzt.»

Von der Grösse des Meeres ergriffen, schwieg die erwachte Seele des Jünglings. Denn in der Stunde, in der wir uns dem uferlosen Ozean der Gottinnigkeit nahen, tritt ein ehrfurchtvolles Schweigen in unsere Herzen ein.

Alles was wir über die letzten Stufen der Geistesschau denken, uns davon vorstellen oder zum Ausdruck zu bringen vermögen, wird immer sehr lückenhaft sein. Es wird in demselben Verhältnis zur Wirklichkeit stehen, wie das Bild des Meeres zu dem Meere selbst.

Ich kann daher nur ein Gleichnis von jenem uferlosen Ozean, den wir Geistesschau nennen, geben. Ich muss aber wieder vorausschicken, dass dieser Ozean weder nah noch fern, weder im Osten noch im Westen, weder über dem Himmel noch unter der Erde liegt, sondern allein in der Tiefe einer jeden Seele.

Durch unser Studium stehn wir jetzt am Ufer des gewaltigen Meeres der geistigen Schau und versuchen, soweit es unsere Geistesaugen vermögen, in die Tiefe des Meeres hinabzublicken und dessen wunderbare Schätze zu erschauen.

Wer aber noch tiefer eindringen und noch weiter forschen will, muss lernen hineinzutauchen oder sich ein geeignetes Fahrzeug dafür zu verschaffen.

Wenn die Gnade Gottes einem von uns die Macht verleihen würde, alle Wunder dieses Meeres erleben zu dürfen, so würde dieser uns mehr Kunde davon geben zu können, als es mir in diesem Augenblick gelingen wird.

Doch das Mysterium der menschlichen Seele ist unerforschbar und unerschöpflich. Die Menschenseele ist das Geheimnis Gottes und dieses Geheimnis ist Gott selbst!

Bevor wir in dieses Meer der Geistesschau, das in seiner Tiefe die himmlischen Schätze der Entzückung und der Wonne verbirgt, hineintauchen, heben wir unsere Seelen zum Himmel empor und flehen Gott, unsern allgütigen Schöpfer an, uns auf dieser Wanderschaft mit dem Licht Seiner Gnade zu begleiten und uns die Kraft zu geben, diese *Wanderung* mit einem unerschütterlichen *Glauben* und einem sonnenklaren Geist zu vollenden. Der Zweck dieser Wanderung soll aber der sein, aus der Tiefe des Ozeans der Gottesliebe die Perlen der Wahrheit und der Glückseligkeit herauszuholen und sie nach der Erlösung und Harmonie ringenden Menschheit *darzubieten*.

Lasst uns von ganzer Seele ausrufen:

> Urgrund aller Kräfte,
> Du erhabener Gott,
> ich verlange innig nach Dir!

Vor dem uferlosen Ozean
Deiner ewigen Herrlichkeit
stehe ich in voller Bewunderung.

Heilige Schauer des Staunens
durchbeben mein armes Herz
und ergötzen tief meine Seele.

Lenke Du mit Deiner Hand
den Wagen meiner Sehnsucht
auf dem Wege zu Deinem Heiligtum.

O schenke mir Deiner Liebe heisse Glut
als Licht auf diesem Pfade,
der mich zu Deinem Herzen führt!

3. Die Verzückung

Wenn das Sichvergessen und das Sichfinden, wie wir im letzten Kapitel gelernt haben, sich in einer Seele vollzogen und die Erleuchtung stattgefunden hat, d. h. wenn das kleine persönliche Ich gänzlich schweigt und gehorcht, und dagegen das höhere Selbst, der Gottesgeist im Menschen, redet und herrscht, dann empfindet die Seele nicht nur eine unsägliche körperliche Wonne, sondern auch eine seelisch-geistige Heiterkeit und Entzückung.

Das ist die köstliche Frucht der Erlösung und des inneren Friedens. Denn die Seele hat sich vollständig aus den Fesseln der niederen, gröberen Triebe, die das persönliche Ich auf sie gelegt hatte, befreit.

Da jetzt dieses dämonische Ich überwunden, d. h. umgewandelt worden ist und nunmehr der göttliche Geist allein im Menschen waltet, herrscht auch in seiner Seele Frieden und Harmonie.

Es gibt keinen Streit und keinen Kampf mehr in seinem Innern, weil sich darin nicht mehr zwei feindliche Mächte gegenüberstehen, sondern eine einzige Macht die Herrschaft übernommen hat und diese ist sein göttlicher Geist. Darum erlebt die Seele die hohe Wonne der Erlösung und des ewigen Friedens.

Diese unausdrückbare Empfindung nennt man *Verzückung* oder Ekstase. Sie ist von dem höchsten Grade der inneren Begeisterung und des Berauschtseins der Seele begleitet.

Die Verzückung, die als Folge des *Befreitwerdens* der Seele von den Banden der tierischen Triebe und der Verfeinerung der sinnlichen Begierden entsteht, drückt sich auf dem physischen Plan im äusseren Leben des Mystikers, je nach seinem Temperament und seiner geistigen Einstellung, in verschiedenen Formen aus.

Alles geschieht aber gemäss den Gesetzen der Natur, denn ein jeder handelt nach seinem inneren Impuls und seiner seelisch-geistigen Veranlagung, da ja alles in dieser Welt individuell und relativ ist.

Man sieht daher, wie die Mystiker, die den Becher des Sichvergessens und des Sichfindens aus der Hand der *Göttlichen Eingebung* erhalten und ihn ausgetrunken haben, ihre Entzückung in verschiedenen Formen zum Ausdruck bringen. Einige beginnen mit grösster Begeisterung zu reden, andere dagegen versenken sich in Schweigen und manche machen in ihrer Verzücktheit körperlich-rhythmische Bewegungen. Andere singen und jubeln laut vor Freude und wieder andere beginnen niederzuschreiben, was ihnen als Inspiration oder Intuition eingegeben wird. Alles, was innerlich empfangen wird, drängt nach aussen und will sich offenbaren; denn das ist sein Sinn und Zweck.

Die schönsten Schriften und Gedichte der Mystik bei allen Völkern sind in diesem seelischen Zustande der Verzückung geschrieben worden. Auch die erhabensten und göttlichsten Reden, Unterweisungen, Aussprüche und Predigten sind Früchte dieser Augenblicke der höchsten Verzückung.

Die Verschiedenheit der Ausdrucksformen oder der Offenbarungsweisen der Seele kann man im täglichen Leben immer wieder beobachten.

Wenn mehrere Menschen ein bewundernswertes Bild oder Denkmal betrachten, werden einige davon ihre Empfindungen durch Worte ausdrücken, andere werden darüber schreiben, während einige ihre Eindrücke und ihre Bewunderung für sich in ihrem Innern behalten und schweigen.

So verhält es sich auch im äusseren Leben des Mystikers, dessen Seele durch die Meditation von den Fesseln der irdischen Sinne befreit und durch den Heiligen Geist mit dem Lichte der Wahrheit erleuchtet worden ist. Im äusseren Leben und in seiner weltlichen Mission wird ein jeder Erleuchtete, je nachdem er sich von Gott berufen fühlt, die empfangene Gabe den Mitmenschen in dieser oder jener Form mitteilen.

Das Erlebnis der Verzückung wird allmählich nicht mehr auf die Zeit der Meditation beschränkt bleiben, es wird ein dauerhafter Zustand werden.

Denn die seelischen Schwingungen sind umgewandelt und gesteigert, der Spiegel des Gemütes ist ganz gereinigt und der Diamant des Herzens ist klar geschliffen worden. Und dies alles durch *Geduld* und *Ausdauer*.

Das berauschende Erlebnis der Verzückung nennt man in den ersten Stadien der Meditation wegen seiner zeitlichen Beschränkung einen *Zustand*, weil er nur kurz und unbeständig ist.

Aber durch die Wirkung der Ausdauer in der Übung wird dieser Zustand von Tag zu Tag öfter und leichter erreicht und jedesmal etwas länger dauern, bis er nach der Erleuchtung auf der fünften Stufe schliesslich zum ständigen Erlebnis und zur Veranlagung wird. Diesen andauernden Zustand nennt man dann die *Stimmung* der Meditation. Diese Stimmung der Entzückung und Seligkeit kann, je nach den geistigen Kräften oder der Einstellung des Mystikers, mehrere Stunden, Tage oder Monate andauern.

In diesem Zustand der Verzückung ist auch das niedere Ich ganz still und entzückt. Der Mystiker erlebt erst jetzt die Seligkeit des Sichvergessens und drückt diesen himmlischen Zustand wie folgt aus:

«Was für ein Wein war es, o Gott, den Du mir eingeschenkt hast und der mir meine Ichheit hinweggenommen hat? O wie herrlich ist diese Ichlosigkeit und dieses Sichvergessen! Seitdem mein inneres Ohr geöffnet wurde und ich die Töne Deines Namens vernommen habe, ist mir mein persönliches Ich verloren gegangen. Darum ertönt aus allen meinen Herzschlägen und meinen Atemzügen nur das schöpferische Wort *Du, Du, Du, Du!*

O Herr, schenke mir noch einen Becher von diesen himmlischen Trank, damit ich auch das Bewusstsein meiner Ichlosigkeit verliere und ewiglich allein in Dir lebe!»

So wollen wir auch unsere Sehnsucht nach diesem Losgelöstsein von unserem persönlichen Ich und nach unserem Vereintsein mit unserem wahren höheren Selbst, wie folgt, zum Ausdruck bringen:

Lass mich, o Gott, eintauchen
in den Ozean der Ichlosigkeit!

Lass mich die beseligende Wonne
der Entzücktheit erleben!

Lass mich in dem Wunderlande
meines göttlichen Selbst wandern!

Auf dass ich die herrlichen Blumen
der Wahrheit und der Weisheit
als Deine Gaben in Demut
der Menschheit darbringen kann!

4. Die Verschmelzung als sechste Stufe

Die Beständigkeit der Stimmung der Verzückung führt die Seele allmählich zur nächsten Stufe der Meditation, nämlich zu der Verschmelzung.

Verschmelzung bedeutet, im allgemeinen Sinne, von einem gröberen Zustand in einen feineren Zustand übergehen, um sich darin aufzulösen. Im symbolischen Sinne bedeutet die Verschmelzung das Ablegen des dichten schweren Daseinskleides und das Anziehen eines neuen, leichteren und durchsichtigen Gewandes.

Was versteht nun der Mystiker unter Verschmelzung? Und wie übt er diese aus?

Der Mystiker versteht darunter eine zweifache *Umwandlung*, die auf der physischen Ebene vollzogen wird. *Erstens* vollbringt die Verschmelzung auf dem physischen Plan die Verwandlung der gröberen Triebe und der sinnlichen Begierden in feinere, geistige Kräfte. Anders ausgedrückt, sie besteht in der Reinigung, Verfeinerung und Veredlung des tierisch-irdischen Ichs, damit sich dasselbe emporheben und mit der Seele, dem höheren, *Göttlichen Selbst* im Menschen vereinen kann.

Zweitens geschieht derselbe Vorgang auf der geistigen Ebene zwischen der Seele und dem Gottesgeist, dem Christus im Menschen.

Durch die Übung des Sichvergessens vermag der Mystiker das persönliche Ich nur zu veredeln und gehorsam zu machen, nicht aber völlig umzuwandeln. Um die wahre Erlösung der Seele zu vollbringen, muss dieses Ich aber vollständig umgewandelt werden, denn sonst wird die Vereinigung der Seele mit dem göttlichen Geist unmöglich.

Der Dämon im Menschen muss in einen Engel verwandelt werden, denn nur dann kann die Seele in Frieden leben und befreit von allen Fesseln bis zum Gottesgeist emporsteigen und mit Ihm eins werden.

Die Überwindung und Umwandlung des persönlichen Ich oder des Dämons im Menschen hat Mohammed in folgender Weise zum Ausdruck gebracht:

«Im Herzen jedes Menschen wohnt ein Satan, also auch in meinem Herzen. Mein Satan hat sich aber zum Islam bekehrt und ist mir nun untertan.»

Für die Erreichung dieser zweifachen Umwandlung müssen wir die Kunst der Verschmelzung üben. Darum vergleicht der Mystiker das kleine, persönliche Ich des Menschen mit einem Stück Eis, einer gröberen Form des Wassers. Wenn nun dieses Stück Eis lebendig werde, sich hingeben und mit dem Wasser, seinem Ursprung, vereinen soll, dann muss es sich durch Feuer oder Hitze *schmelzen* lassen.

Wenn das Wasser selbst wiederum höher steigen und sich mit der Luft, die viel feiner ist als es selbst und den Gottesgeist darstellt, vereinen will, muss es noch eine grössere Hitze erdulden und sich in die feineren Elemente des Dampfes umwandeln.

So geschieht es auch bei der mystischen Verschmelzung auf dem physisch-astralen Plan, wo sich die unreinen Schlakken der gröberen Triebe und Leidenschaften mit Hilfe des Feuers der Entsagung und der Sehnsucht nach Erlösung verfeinern und veredeln lassen.

Das menschliche Herz ist jener Tiegel oder jenes Laboratorium, in dem diese seelisch-geistige Alchimie, die man auch als geistige Sublimierung oder im religiösen Sinne als die Transmutation bezeichnet, d. h. Verwandlung der Materie stattfindet. Man könnte sagen, dass diese spirituelle Verschmelzung eine Dematerialisation oder *Vergeistigung* ist.[1]

[1] Über die seelische Alchimie siehe in meiner Schrift: «Die Heilkraft des Schweigens» - das Kapitel: Wie man die Laster in Tugenden verwandeln kann.

Die meisten Menschen vergeuden entweder die Quelle ihrer sinnlichen Kraft, die zur schöpferischen Geistesenergie umgestaltet werden sollte, oder lassen sie vertrocknen. Beides ist unheilvoll und ungöttlich.

Der Mystiker wandert aber auf der mittleren Strasse der Weisheit und verwandelt diese physische und schöpferische Substanz in göttlich-spirituelle Energie.

Wahrlich, im Innern des Menschen gibt es ein wunderbares chemisch-spirituelles Laboratorium, in dem der göttliche Geist, das höhere *Selbst*, die magische Kunst der Verwandlung der Materie in Energie ausübt.

Durch das glühende Feuer der göttlichen Liebe, des *Willens* und des *Glaubens*, verwandelt er im Tiegel des Herzens die unedlen Metalle aller niederen Triebe in das reine Gold der schöpferischen *Energie*, woraus die Erkenntnis, die Weisheit, die Intuition und die Gottesliebe hervorgehen.

Die moderne Wissenschaft weiss nur, dass eine solche Verwandlung im menschlichen Körper vor sich gehen kann, aber sie weiss noch nicht, wie und wo es geschieht. Diese Erkenntnis ist dem aufdämmernden neuen Zeitalter vorbehalten.

Je mehr diese Verschmelzung oder Verfeinerung des niederen Ich bei dem Mystiker verwirklicht wird, desto schneller und leichter wird seine Seele frei und fähig sein, höher und höher emporzusteigen und sich mit dem Gotte in sich zu vereinen.

Das Wort *Verschmelzung* birgt gleichzeitig einen tiefen, esoterischen Sinn in sich, indem es uns zeigt, dass die niederen, gröberen Triebe nicht *vernichtet und ausgerottet*, sondern nur geschmolzen und verwandelt werden sollen.

Wie bei der Ernährung des Körpers unser Organismus die tierischen, pflanzlichen und mineralischen Elemente, die wir als Speisen und Getränke aufnehmen, in feinere Elemente, wie Blut, Milch und andere Säfte sowie in das Nervenfluidum verwandelt, so verarbeitet auch der Geist des Meditierenden mit grosser Genialität seine sinnlichen Triebe und Stoffe und verwandelt sie in geistige Ströme der Inspiration, der Intuition, der Erleuchtung, der Gottesliebe usw.

Mit diesen feinstofflichen Speisen ernährt dann die Seele alle ihre geistigen Kräfte, wie Gedächtnis, Verstand, Wille, Vorstellung, Unterscheidung, Urteilskraft, Sittlichkeitssinn, Glauben usw.

Aus diesem Grunde wird es ganz klar, dass diejenigen, die ihre Triebe verschwenden oder sie mit Gewalt unterdrücken, falsch und zu ihrem Schaden handeln.

Wie soll nun diese Umwandlung zustande kommen? Die Verfeinerung und Verwandlung der gröberen Triebe soll durch die Ausweitung dieser Triebe geschehen, d. h. sich nicht auf persönliche Interessen und Vorteile beschränken, sondern die Triebe sollen unpersönlich und allumfassend werden. Dies ist genau so, wie wenn ein starkes Parfum, das ausgestäubt wird, sich ausdehnt und seine Umgebung durchdringt.

Wie in dem angeführten Gleichnis vom Eis die Verwandlung desselben durch die Ausdehnung seiner Moleküle und deren Verbreitung im Raum in Form des Wassers geschieht, so vollzieht sich ein ähnlicher Vorgang auch bei dem Mystiker, der seine gröberen Triebe verwandeln will. Durch Ausdehnung seiner Liebe auf alle Menschen und Wesen oder durch Übertragung seiner Liebe auf seinen Meister, seinen Heiland oder Gott, verfeinert und verwandelt der Mystiker alle materiellen Stoffe seiner sinnlichen Triebe in den schöpferischen Strom der *spirituellen Liebe*. Er lässt den Born seiner Triebe nicht austrocknen und er verstopft auch die Kanäle nicht, die diesen Born ernähren, aus Furcht, dass er überfliessen könnte, sondern er schafft neue Kanäle und Ausflüsse, um einerseits seinen Born immer frisch und lebendig zu erhalten und anderseits die auf diese Weise verfeinerten und verdünnten Stoffe der Triebe für die Ernährung und Kräftigung seiner spirituellen Zellen zu verwenden.

Wie eine Fabrik die groben Rohstoffe verarbeitet und daraus feinere und nützliche Gegenstände herstellt, und wie ein Dichter oder ein Künstler die *Eindrücke* der Aussenwelt und die *Impulse* der Natur in sich aufnimmt, sie in dem Laboratorium seiner Vorstellungskraft und Liebe mit der Macht seines Genius bearbeitet und uns dann in Form bezaubernder Dichtung oder grosser Kunstwerke zurückgibt, so tut es auch der Mystiker mit seinen Trieben. Seine Kunst ist aber tausendmal feiner und wertvoller, denn sie ist *spiritueller Art*, weil sie den Stoff in Kraft und die Materie in *Geist verwandelt*.

O wie wunderbar ist die Weisheit Gottes, und wie gross ist die Macht, die Gott dem Menschenkind geschenkt hat!

Nach dieser Schilderung der Kunst der Verschmelzung der niederen Triebe können wir es jetzt besser verstehen, warum bei allen Propheten, Heiligen und grossen Mystikern die Liebe zu Gott, zur Natur und zu den Menschen *so gewaltig gross* gewesen ist.

Diese begnadeten und erleuchteten Seelen waren jene, wahrhaft *göttlichen Magier* und Alchimisten, die imstande waren, die grobe Materie ihrer tierischen, erdenhaften Triebe durch die Glut ihrer Sehnsucht, ihrer Liebe und Hingebung zu verschmelzen und aus derselben jenes reine Gold der allumfassenden Gottesliebe zu machen, welche der Quell aller schöpferischen Eingebungen und aller göttlichen Erleuchtungen und Offenbarungen ist.

Das ist der Grund, warum alle diejenigen Heiligen und Mystiker, welche das Gelübde der *Keuschheit* und *Enthaltsamkeit* abgelegt und die Kunst der geistigen Alchimie ausgeübt haben, eine so grosse Liebe besassen und sie in tausendfacher Art zur Offenbarung brachten. Einige von ihnen hatten sich Gott in Liebe ergeben, andere ihrem Heiland und noch andere ihrem lebenden Meister.

Ja, es kommt im ganzen Universum nur auf die Liebe an. Der Gegenstand der Liebe kann verschieden sein, aber dahinter steht immer Gott als das Ziel aller Ziele, als Geliebtester aller Geliebten.

Ein iranischer Dichter sagt:

«Die Erdenklösse Adams wurden mit dem Tautropfen der Liebe geknetet und darum ist die Welt vom Liebesrausch erfüllt. Durch hundert Stiche der Liebe, welche die Ader der Seele erduldete, entsprang ein Tröpflein, und dieses Tröpflein wurde Herz genannt.»

Ein anderer Dichter hat also gesprochen:

«Die Liebe allein soll in dir vom Beginn bis zum Ende deines Lebens regieren, und unzählbar sollen deine Liebesopfer sein. Denn am Auferstehungsmorgen des jüngsten Tages wird jede Seele, die nie geliebt hat, vor Gottes Heiligtum zurückgewiesen.»

Ja, wenn einst dieses kosmische Drama, das wir Leben nennen und das auf der Bühne der Erde gespielt wird, zu Ende geht, werden alle Lichter ausgelöscht, nur das eine nicht, das Licht der Liebe!

Wenn die Seele, dieser himmlische Tonkünstler, ihre Finger von der Harfe des Körpers zurückzieht, werden alle Töne des irdischen Lebens verklingen, nur der eine nicht, der Ton der Liebe!

Wenn durch die Verwüstung der Mächte der Unwissenheit in der Tiefe der Seele alle Quellen der Hoffnung, des Glaubens und des Mutes versiegen, wird doch noch ein Quell sprudeln, der Quell der Liebe!

Wir wollen darum von Herzen aussprechen:

Lass, o Seele, den schöpferisch wirkenden Ton
der Liebe aus deinem Herzen erklingen!

Denn selbstlose, allumfassende Liebe allein
kann wahrlich die Menschheit vom Leid erretten!

Reine göttliche Liebe ist das Allheilmittel,
das Du der leidenden Menschheit schenken kannst!

Sie ist der Rettungsanker, die letzte Hoffnung,
die erlösende Kraft, das Licht und das Heil!

5. Die Vereinigung als siebente Stufe der esoterischen Meditation

Der iranische Mystiker und Märtyrer, Mansur-al-Halâj aus dem 9. Jahrhundert nach Christus, betete oft also: «Dieses, mein Ich stellt sich, o Gott, zwischen Dich und mich. Entferne, o Gott, in Deiner Gnade dieses Ich aus unserer Mitte!»

Wenn sich der Vorgang der Verschmelzung des kleinen Ich vollzogen hat, dann kann die Vereinigung stattfinden. Das Wort Vereinigung bedeutet das Zusammenschmelzen zweier Dinge oder Kräfte.

Welche Kräfte oder Prinzipien verschmelzen sich nun bei dieser mystischen Vereinigung durch die Meditation?

Hier vereint sich die vom Joch des persönlichen Ich befreite und erleuchtete Seele mit dem höheren, göttlichen *Selbst*, dem Christus oder dem Heiligen Geist im Menschen. Diese Vereinigung ist es, die in der Sprache der Mystik mit dem symbolischen Ausdruck: «*Mystische Hochzeit*» oder «*Vermählung mit dem himmlischen Bräutigam*» beschrieben wird.

Alle grossen Mystiker und Heiligen des Ostens und des Westens haben von dieser mystischen Vermählung gesprochen, dieselbe erlebt und in sich verwirklicht.

In dem gereinigten Körper des Mystikers vollzieht sich in der Tat eine physische und in der Tiefe seiner Seele eine spirituelle Vermählung. Die physische Vermählung besteht darin, dass die verfeinerten groben Moleküle der sinnlichen Triebe, gleich den verdunsteten Wassertropfen emporsteigen und von den hochfeinen, geistigen Molekülen des Gehirns angezogen und assimiliert, und von da aus in Form von Nervenfluidum in alle Organe des Körpers verteilt werden.

Daraus entsteht eine Fülle von geistiger Energie, von Nervenkraft, Frische und Heiterkeit und folglich blühende Gesundheit.

Wir müssen erkennen, dass zwischen diesen stofflichen und geistigen Molekülen des menschlichen Körpers immer eine magnetische und gegenseitige Anziehung besteht. Aber bei dem Durchschnittsmenschen wird durch diese Anziehung die Vermählung beider Arten von Molekülen nicht hervorgerufen, weil die Moleküle der niederen Triebe zu grob und zu schwer sind und nicht leicht verschmolzen nach oben gezogen werden können! Anderseits sind die geistigen Moleküle nicht stark genug, um die ersteren anzuziehen und zu assimilieren. Darum sagt der erleuchtete Weise: «Der Mensch muss durchgeistigt werden.»

Bei dem geschulten Mystiker wird aber durch den Vorgang der *Veredelung* und *Verfeinerung* der niederen Moleküle diese Vermählung beider Kräfte mit Leichtigkeit stattfinden.

So wie durch die Annäherung der beiden Pole der Elektrizität der elektrische Strom entspringt, so entsteht auch bei der Verschmelzung dieser beiden Arten von Molekülen eine sehr verfeinerte Substanz im Gehirn, die alle Hirnzentren ernährt, belebt und stärkt und so dem Menschen eine gesteigerte Lebensenergie gibt. Dies ist der Vorgang der physischen Vermählung im menschlichen Organismus.

Die *Wirbelsäule* und die bewusste tiefe Atmung spielen bei dieser materiellen Umwandlung eine sehr wichtige Rolle.

Die Folge dieser Umwandlung ist die Vereinigung des niederen persönlichen Ichs mit der Seele.

Nun kommen wir zu der noch wichtigeren, *spirituellen Vermählung*. Wie ich schon sagte, findet diese zwischen der erleuchteten und befreiten Seele und dem höheren Selbst, d. h. dem Gottesgeist oder dem Christus im Menschen statt.

Im Laufe der Zeit und durch die Macht der Ausdauer in der Ausübung der Meditation wird von der Seele schon auf der vierten Stufe vollständig von den Fesseln der niederen Natur befreit. Ihre Geistesaugen werden geöffnet und sie wird die Wahrheit in voller Klarheit erkennen. Sie wird sich ihres Ursprungs, ihres Wesens, ihrer Aufgabe und ihres Zieles bewusst. Sie wird also zur Selbstbewusstheit und zur Selbsterkenntnis gelangen.

Sie wird erkennen, dass sie immer nach oben streben und nach dem Lichte der Wahrheit suchen muss, und dass sie einen Herrn, ja, einen himmlischen Geliebten hat, dem sie gehorchen, den sie lieben und mit dem sie eins werden soll.

Dieser Geliebte ist der heilige Geist Gottes, der Christus in jedem Menschen, der seit Ewigkeit nach Offenbarung durch jede Seele verlangt und ihrer harrt.

Die Entwicklung des *Bewusstseins* der Seele wird allmählich so weit fortschreiten, dass der grosse Abstand und der Unterschied zwischen *ihrem Willen* und *dem Willen ihres Geliebten*, des Gottesgeistes oder Christus, immer kleiner und kleiner werden, bis sie schliesslich völlig verschwinden. Symbolisch ausgedrückt: Die Seele als *Sohn* wird im Charakter immer mehr Gottvater ähnlich. Dann wird der Wille des Sohnes mit dem des Vaters in Einklang stehen und der Vater ihn als sich selbst betrachten und ihm das *Vertrauen* und die *Vollmacht* schenken, in seinem Namen zu handeln, denn er kann ja nur noch den Willen des Vaters tun.

Dies ist der mystische Sinn der erhabenen Worte Jesu, des Menschensohnes, als er sprach: «Ich und der Vater sind eins», und «wer mich gesehen hat, hat auch den Vater gesehen.» Die Seele Jesu hatte also den Christus, den Heiligen Geist Gottes als ihren himmlischen Vater erkannt, sich zu ihm emporgeschwungen und war mit ihm eins geworden. Dies ist die Aufgabe und das Ziel einer jeden Seele, denn der Heilige Geist oder Christus wohnt in jeder Seele und ist ihr himmlischer Vater; in der Sprache der Mystik, ihr himmlischer Bräutigam.

Mohammed hat, als er von seiner Himmelfahrt, die er zu seinen Lebzeiten in der Nacht ausführen durfte, zurückkehrte diese Vereinigung der Seele mit Gott klar dargelegt und gesagt:

«Als ich vor Gott stand und mich nur ein Lichtschleier von Ihm trennte, habe ich Seine Stimme gehört, welche sprach: «O Mohammed, du selber bist der Rufende und der Antwortgebende und du selber bist der Liebende und der Geliebte!»

Dieser wunderbare und gewaltige Gedanke erinnert uns an die Worte des Psalmisten: «Ihr seid Götter und allzumal Kinder des Höchsten» (Psalm 82/6). Christus hat diesen Gedanken bestätigt und dieselben Worte wiederholt (Joh. 10/34).

Ja, die Menschenseele ist wahrlich von göttlicher Abstammung und befindet sich hier auf Erden nur auf der Wanderschaft. Sie stellt den verlorenen Königssohn dar, der nach vielen Irrungen und Leiden zur Selbsterkenntnis erwacht und zu seinem Vater zurückkehrt, um sein Erbe anzutreten und ein König, ja, ein Schöpfer zu werden, wie sein Vater!

Wie wir sehen, handelt es sich bei allen mystischen Erlebnissen bei allen Völkern um die *Vereinigung* oder Vermählung des höheren Selbst oder des *Geistes Gottes* mit der menschlichen Seele. Darum hat Christus als Heiliger Geist, in einigen seiner Gleichnisse mit dem Wort «himmlischer Bräutigam» sich selbst gemeint. Er hat auch in seinem Gleichnis von dem Bräutigam und den klugen und den törichten Jungfrauen auf diese Vermählung hingewiesen.

Der Bräutigam stellt in diesem Gleichnis den Geist Gottes, den Christus, das höhere Selbst des Menschen dar; die Jungfrauen stellen die Seelen dar, ihre Lampen versinnbildlichen die Herzen und das Oel die reine, glühende Liebe.

Die Seelen, welche ihre Herzen nicht mit der Glut und dem Licht der Liebe und der Erkenntnis gefüllt haben, werden der Umarmung des himmlischen Bräutigams, des Gottesgeistes beraubt bleiben. Dagegen werden die erleuchteten Seelen im Lichte der Erkenntnis sich ihrer Göttlichkeit bewusst.

Diese höhere Erkenntnis ist aber von göttlicher Liebe und Weisheit untrennbar.

Wir begreifen nun, dass in der Vereinigung der Seele mit dem Gottesgeist oder Christus die Quelle des ewigen Friedens und der göttlichen Harmonie liegt. Denn alle Friedlosigkeit und Disharmonie entstehen aus der Zweiheit, aus dem Kampf zwischen dem Willen Gottes und unserem triebhaften, eigensinnigen Willen. Wenn dieser Kampf mit dem Sieg des höheren Selbst endet und die Zweiheit zur Einheit wird, dann hören Friedlosigkeit und Disharmonie auf, und wir leben in Einheit, Frieden und Harmonie mit uns, mit der Welt und mit Gott.

Die Mystiker des Ostens haben, um den mystischen Vorgang der *Verschmelzung* und der *Vereinigung* zu versinnbildlichen, ein anderes Gleichnis angeführt, das sie der Natur entnommen haben. Es ist das Gleichnis von der *Wasserhose*, die man auch Trombe oder Wettersäule nennt. Diese wunderbare Naturerscheinung wird durch einen Wirbelwind hervorgerufen. Sie ist eine Säule von trompetenförmiger Gestalt, die sich aus den Wolken zum Meeresspiegel herabsenkt und gleichzeitig hebt sich eine ähnliche Bildung aus dem Meere empor. Die beiden ziehen einander an, umschlingen und vereinigen sich in der Luft und gewinnen eine gewaltige Kraft.

Das Wasser des Meeres versinnbildlicht die Seele des Menschen, weil sie einerseits wie Wasser ständig beweglich und anderseits gleich dem Wasser erdgebunden und vom physischen Körper gefesselt ist. Und wie das Wasser die Bilder seiner Umgebung widerspiegelt, so spiegelt auch die Seele das Bild und die Herrlichkeit des Gottesgeistes wider. Die Wolke stellt das höhere Selbst, den Gottesgeist im Menschen dar, weil es ihre Natur ist, immer in der Höhe zu bleiben und den befruchtenden Regen herabzusenden.

Diese beiden Elemente, Wasser und Wolke sind im Grunde eins. So sind auch Seele und Geist in ihrem Wesen eins, denn beide haben denselben Ursprung, das spirituelle Urlicht der Gottheit.

Bei der Wasserhose geht die Anziehungskraft von beiden Seiten aus und ist so überwältigend, dass beide Elemente gegen ihre Natur handeln müssen. Das Wasser wird sich in die Luft erheben und die Wolke herabsenken, um sich gegenseitig zu umarmen und miteinander zu vereinigen. Wir sehen, wie hier die Natur ein wunderbares Beispiel vor unsere Augen stellt. Wer sehende Augen hat, kann in jeder Naturerscheinung die Herrlichkeit und die Weisheit Gottes erschauen und bewundern.

Ein solch herrliches Phänomen vollzieht sich auch in der menschlichen Seele, wenn eine glühende und wahre Liebe zwischen ihr und dem Gottesgeist in ihrem Innern besteht.

Die seelische Anziehung ist gleichfalls gegenseitig, denn der Gottesgeist oder unser höheres Selbst neigt so viel zur Vereinigung, wie unsere Seele und der Treffpunkt oder die Hochzeitskammer, ist das menschliche Herz.

Die Erkenntnis, dass unser höheres Selbst, der Gott in uns, uns gleichfalls liebt und uns die Hände reicht, um sich mit unserer Seele zu vermählen, schenkt uns unaussprechliche Seligkeit und eine unversiegbare Opferwilligkeit.

Im Herzen unseres himmlischen Bräutigams, des Heiligen Gottesgeistes oder Christus, flammt ein grösseres Feuer der Sehnsucht nach uns, als wir es uns vorstellen können. Wie ein verlassener Geliebter heftet Er Seine Augen auf uns, und die Strahlen Seiner Liebe umhüllen unseren Körper. Er sucht nach uns mit ebenso heisser Sehnsucht, wie wir nach Ihm. Wir sind uns nicht bewusst, wie Er uns in Gefahren schützt, sich für uns opfert und für uns leidet. Denn Er wartet geduldig, bis wir endlich mit unseren Geistesaugen auf Ihn blicken, Ihn erkennen, uns zu Ihm emporschwingen und uns an Seiner himmlischen Brust bergen.

Er strebt dauernd danach, uns Seine Stimme vernehmbar und Seine Liebe begreiflich zu machen.

Wenn wir nur Ohren zum Hören und Augen zum Sehen hätten, könnten wir aus der Tiefe unseres Herzens das hohe Lied unseres göttlichen Selbstes, unseres Heilandes hören und sein herrliches Antlitz erschauen. Wir könnten dann vernehmen, mit welcher Innigkeit Er uns Seine Arme entgegenstreckt, indem Er uns zuruft: «Komm, Mein Kind, zu Mir, wachse und erkenne, wie ungestüm Mein Herz für dich pocht!»

Wahrlich erhaben sind die Geheimnisse Gottes!

Nun wollen wir unsere Seele zu diesem göttlichen Meister, unserem wahren höheren Selbst, dem Gottesgeist in uns, emporheben und Ihn anrufen:

O Du ewiger Gottesfunke in mir,
o Du Ziel meiner heissen Sehnsucht,
o Du mein Meister, mein Heiland,
erlöse mich von meinem Ich,
und ziehe mich, o Geliebter zu Dir empor!

Zu Dir hebe ich meine Hände auf!
Nach Dir verlangt mein Herz!
An Deiner Brust finde ich Frieden!
Mich dürstet nach Deinem Blick!
O Du liebereicher Gott!

Ich will eins werden mit Dir!
Ich will eingehen in Dich!
Ich will vollkommen werden, wie Du es bist!

Lass mich Dein Licht empfangen,
um ausgerüstet mit Deiner Macht,
der Erleuchtung der leidenden Menschheit,
in Demut und Dankbarkeit zu dienen!

6. Die Einheit der Seele mit dem Gottesgeist als Endziel

Die Vereinigung führt zur *Einheit*, welche das Endziel der Geistesschau oder der esoterischen Meditation ist.

Einheit bedeutet das vollständige Einswerden der Seele mit dem höheren Selbst, dem Innengott des Menschen, d. h. mit dem heiligen Gottesgeist in ihm.

Auf der vorangegangenen Stufe der Vereinigung blieb immer noch das Bewusstsein der Zweiheit bestehen, weil der Begriff der Vereinigung das Vorhandensein von mindestens zwei Dingen, zwei Wesen oder zwei Kräften erfordert.

Auf der Stufe der Einheit verschwindet auch das Bewusstsein, dass eine Zweiheit und Getrenntheit vorhanden war.

In der Sprache der Mystik vergleicht man die Seele auf diesem höchsten Punkt mit dem Wassertropfen, der sich vom Meer getrennt hat und über Felder und Hügel, durch Gebirge und Täler wandert, bis er schliesslich nach vielen Erfahrungen und Umwandlungen verdunstet und emporsteigt, um sich wieder als Regen in den Meeresschoss, in den Schoss seiner Mutter fallen zu lassen, um dort die ewige Ruhe zu geniessen.

Im Schosse des Meeres wird er so innig mit demselben vereint, dass er das Bewusstsein seines Gesondertseins verliert und sich nicht mehr an die frühere Trennung erinnert.

Einen solchen Zustand erlebt die Seele des Menschen, wenn sie sich mit dem höheren Selbst, dem Gottessohn in sich vereint. Sie verliert das Bewusstsein ihrer Ichheit, denn sie ist nunmehr ins All, in Gott eingegangen und geniesst die ewige Seligkeit der Einheit.

Da das höhere Selbst, der Christus oder Gottesgeist im Menschen, der Quell aller Wahrheit, allen Lichtes und Lebens ist, ertönt aus dem Munde eines Menschensohnes, der mit seinem Vater, dem Innengotte eins geworden ist, der überwältigende Ausruf oder das Wort der göttlichen Erkenntnis:

«Ich bin die Wahrheit! Ich bin das Wasser des Lebens und ich bin das Licht der Welt!»

Die geistige Finsternis der Menschheit wird aber solange dieses Licht der Wahrheit nicht erkennen, bis ihre Geistesaugen durch das Elixier der göttlichen Liebe und Erkenntnis sehend geworden sind. Dieses Elixier empfängt jede Seele im Tempel der Einheit, zu dem allein die höhere Meditation Zutritt verschafft.

Die in den Gehirnkästen eingemauerten und mit den Ketten des kurzsichtigen Intellektes gefesselten Seelen werden das Geheimnis dieses Ausrufes noch nicht begreifen und den Gottessohn, der sich mit dem Menschensohn vereinigt hat, kreuzigen.

Diese armseligen Menschen werden nicht verstehen können, dass wo kein sterbliches Ich und kein Ichbewusstsein vorhanden ist, auch kein Leid und kein Schmerz existieren kann. Da wird das Kreuz zum Kranz, der Schmerz zur himmlischen Freude und das Leid in ewige Seligkeit verwandelt.

Darum rief einst ein islamischer Mystiker und Märtyrer in der Ekstase, dem höchsten Grad der Geistesschau, aus:

«Tötet mich, o Freunde, tötet mich, denn im Tod liegt das Leben aller Leben.»

Ich will mit einigen Worten über den Weg und das Wesen dieser Einswerdung mit dem göttlichen Selbst im Menschen die Schilderung dieses unbeschreibbaren inneren Zustandes der *Einheit der Seele mit Gott* beenden.

Nachdem der Jünger der Mystik davon überzeugt ist, dass der Meister oder der Heiland, der in ihm wohnt, ja Gott *selbst* sein höheres Selbst darstellt und dass dieses höhere Selbst unsterblich und der Quell aller Freude, alles Friedens und aller Seligkeit ist, wird er beginnen, *diesen Gott* in sich zu suchen und zu lieben. Je mehr er Ihn suchen wird, desto mehr wird er Seiner Herrlichkeit und Schönheit kundig, und je mehr er Ihn lieben wird, desto mehr wird er die Gunst Seines Geliebten empfangen, denn wahre Liebe kann niemals einseitig sein und bleiben.

Die Liebe, die mit der Einswerdung mit dem Geliebten gekrönt wird, offenbart und verwirklicht sich in sieben Stufen, wie es auch bei der irdisch-sinnlichen Liebe der Fall ist.[1]

Zuerst entsteht eine *Zuneigung*, eine Sympathie und eine Anziehung durch den Geliebten, das höhere Selbst, den Gott im Menschen, d. h. die erwachte Seele.

Dann wird die Seele danach suchen, ihrem Geliebten Gefälligkeiten zu erweisen und so zu handeln, dass ihr Geliebter Freude daran hat. Hierzu wird sie Ihn immer innig betrachten, um Seinen Wunsch und Seinen Willen zu erkennen, und sie wird bestrebt sein, dieselben zu erfüllen.

Dann wird die Seele dem Gottesgeist mit Freude und von Herzen dienen. In diesem Dienen wird sie schon eine grosse Wonne und ein tiefes Entzücken finden. O welche Herrlichkeit liegt in *diesem Dienen*.

Dann wird sie Ihm *nachfolgen*, d. h. sich die Eigenschaften ihres Geliebten aneignen und alles vermeiden, was dem Geliebten missfallen könnte. Erst von dieser vierten Stufe an

[1] Ueber die sieben Uebungen der Liebe siehe das letzte Kapitel des Buches: «Der Weg zur Lebensweisheit und Glückseligkeit.»

wird die Seele verspüren, dass auch ihr Geliebter sie *liebt*, nach ihr sucht und sie überall führen und schützen will.

Diese Feststellung wird den Glauben im Herzen der Seele stärken, ihren Eifer steigern und ihr eine innige Freude schenken.

Dann wird sie den Pfad des *Gehorsams* betreten und all das, was sie gegen den Willen des Geliebten tun wird, wird sie in *Traurigkeit* und in *Reue* versetzen. Sie wird mehr und mehr bestrebt sein, ihre Worte, Gedanken und Taten rein und göttlich zu erhalten und es vermeiden, ihrem Geliebten durch Sünde, d. h. durch unreine Gedanken und Missetaten, Leid zu bereiten.

Dann wird sie sich völlig dem Geliebten *hingeben*, ständig an Ihn denken und Ihn anrufen. Sie wird sich gern von Ihm führen lassen und ihren eigenen Willen dem Willen des Geliebten unterwerfen.

Auf dieser letzten Stufe des Eingehens in den Geliebten, wird die Seele bereit sein, ihre eigenen Wünsche und ihr *Ich zu opfern*, um in völliger Harmonie und Einheit mit dem Geliebten zu leben. Alles auf Erden wird ihr von ihrem Geliebten Kunde geben. Sie wird überall und in allen Dingen nur den Geliebten schauen, Seine Stimme hören und Seine Winke wahrnehmen.

Alle die ihr begegnen, wird sie als *Boten* des Geliebten und alles was sie hört, als dessen Botschaft betrachten.

Mit einem Wort, die Seele wird so in ihren Geliebten, den Gottesgeist eingehen, dass kein Unterschied mehr zwischen ihr und dem Geliebten sein wird. Sie wird nur das fühlen, denken und wollen, was der Geliebte fühlt, denkt und will.

Dies ist der höchste Punkt der Einheit und das Endziel der Meditation. Hier angelangt, ruft die berauschte Seele in ihrer Ekstase aus: «O Wonne aller Wonnen! O Seligkeit aller Seligkeiten!»

Ein Meister ging in Meditation und Schweigen vertieft mit seinen Jüngern eine Strasse entlang. Aus einem Haus tönte das Bellen eines Hundes. Der Meister rief plötzlich aus: «Ja, Herr! Ja, Herr!»

Die Jünger waren sehr erstaunt und als sie heimkamen, fragten sie den Meister nach dem Grund seiner Antwort auf das Bellen des Hundes. Dieser sagte: «Wenn ich in Betrachtung, in das Antlitz meines Geliebten vertieft bin, sehe ich nur *Ihn* und höre nur *Seine* Stimme. Ausser Ihm existiert für mich nichts. Er offenbart sich mir in *allen* Dingen und Er spricht zu mir aus *allen* Wesen. So habe ich im Bellen des Hundes *Seinen* Anruf gehört und mit ‚Ja, Herr!' geantwortet.»

Auch wir müssen lernen, durch die Macht der Meditation mit Gott innig und ewig verbunden zu sein. Dann sind wir mit Ihm eins und wir werden als Gefässe Seines Lichtes und Seines Segens unter den Menschen leben und für ihr Heil wirken. Mögen wir diese Gnade und Seligkeit bald empfangen!

Möge Gott einem jeden von uns Kraft schenken, diesen heiligen Pfad bis zu Ende zu gehen, um ein bewusstes, geeignetes und würdiges *Werkzeug in Seiner Hand zu werden!*

Lasst uns unsere Beobachtung mit folgendem Dankgebet schliessen:

Geliebter Gott, der Du in mir wohnst!
Nimm meinen tiefen, innigen Dank,
den ich Dir demütig darbringe, an!

Meine Seele jubelt vor der Erkenntnis,
dass Du mich immer geliebt hast!
Dass Du nicht ausserhalb von mir bist!

Deine gütige Hand hat mich geführt!
Und Du hast mich durch Wahrheit erlöst!
Mein Herz erbebt voll Dankbarkeit zu Dir!

Stärke meinen Willen und meinen Glauben
Damit ich meine heilige Mission
in Treue und Demut vollbringen kann!

Lass mich für Deine allewige Liebe
ein reines, heiliges Gefäss werden!

Gib, dass ich für Deine tiefe Weisheit
ein würdiger Verkünder werde!

Lass mich für Deine erlösende Wahrheit
ein Lichtkämpfer und Lichtspender werden!

7. Die Meditation und der Weltfrieden

Wir müssen als höchste Gabe der Meditation die Erkenntnis erlangen, dass die Erwerbung dieser göttlichen Kunst nicht die Selbsterlösung der erwachten Seele, sondern die Erlösung aller Menschenseelen bezweckt.

Die erleuchtete Seele, die ihr persönliches Ich überwunden, umgewandelt, in sich aufgelöst hat, und die sich nun im *Heiligtum der Einheit* befindet, wird sich vollständig eins fühlen mit allen anderen Seelen. Wie kann sie aber inneren Frieden, himmlische Verzückung und Harmonie geniessen, wenn sie weiss und sieht, dass Millionen ihrer Geschwister im Sumpfe des materiellen Lebens stecken und um Rettung ringen und flehen.

Kann eine irdische Mutter sich mit köstlichen Speisen sättigen, während sie sieht, dass ihre Kinder oder Brüder und Schwestern neben ihr hungern und um ein Stück Brot flehen? Wie dies undenkbar und unmöglich ist, so ist es auch mit der Seligkeit und Verzückung der erleuchteten Seele.

Darum haben viele erhabene Seelen das Himmelreich verlassen und sind in die Hölle dieser Erde herabgestiegen, um ihre Geschwister zu retten. Einige vollkommene Seelen haben sich freiwillig wiederverkörpert und leben auf Erden, um der Menschheit zur Erlösung zu verhelfen.

Deshalb möchte ich jedem nochmals ans Herz legen, dass wir die Meditation nicht als Ziel, sondern nur als Mittel zum Zweck und Ziel betrachten sollen.

Unser Zweck soll sein, uns zu vervollkommnen und ein Erlöser für andere zu werden.

Denn für seine eigene Erlösung zu ringen ist Selbstsucht und allzu menschlich; aber sein Leben für die Erlösung der anderen Seelen hinzugeben, ist edel und göttlich. Darin liegt auch die grösste Seligkeit.

Dienen und helfen ist der einzige göttliche Sinn unseres Lebens und Daseins.

Wenn der Sinn des Lebens darin bestünde, sich Tag und Nacht zu bemühen, um seinen Körper zu ernähren und seine sinnlichen Gelüste zu befriedigen, dann wäre wahrlich das Leben nicht wert, gelebt zu werden. Der Wahlspruch des erleuchteten Weisen und Mystikers lautet daher: Dienen in Demut und Dankbarkeit ist mein Lebensziel und meine Seligkeit!

Darum müssen wir die Meditation als Ausrüstung betrachten, mit der unsere Seele sich fähig machen soll, ein tapferer Lichtkämpfer und Lichtträger der Wahrheit zu werden.

Denn die Wahrheit allein kann die Menschheit erlösen, und wer ein Erlöser sein will, der muss sich selbst zuerst von allen Lastern und Fesseln befreit haben.

Wer Lichtspender der Wahrheit sein will, muss zuerst Lichtträger und Lichtkämpfer der Wahrheit werden.

Die Wahrheit, welche die Ausstrahlung des Willens Gottes ist, sucht in der heutigen kritischen und wichtigen Wende in der Entwicklung der Menschheit und der Erneuerung der

Welt nach den erwachten, heldenmütigen Seelen, damit in diesem harten Kampf des göttlichen Geistes gegen die Geistlosigkeit, das Licht der Wahrheit über die Finsternis der Unwahrheit oder Unwissenheit siegen kann.

Die Meditation überzeugt uns von dieser Wahrheit, erlöst unsere Seele von ihren Fesseln, rüstet uns mit göttlicher Macht aus und schenkt uns Erleuchtung und Seligkeit durch Gottverbundenheit.

Dies alles müssen wir aber in Demut und Ehrfurcht auf dem Opferaltar der Menschheit als bescheidene Gabe hinlegen und uns für diese Gnade Gottes würdig erweisen. Lasst uns selbstlose Lichtspender der Wahrheit werden, um in opferfreudiger Liebe zur Erlösung der Menschheit beitragen zu können.

Darum möchte ich diese Schrift mit einer höheren Meditation beschliessen, die, wenn sie von einer grossen Gemeinde oder einem Volk regelmässig geübt wird, eine gewaltige Wirkung auf die Gemüter und Herzen der Menschen ausüben wird und eine geistige Umwandlung und Wiedergeburt in der Seele der Menschheit hervorrufen kann.

*

Eine höhere Meditation

In dieser höheren Meditation verlässt die Seele in vollem Bewusstsein, durch Versenkung in die Stille, die materielle Welt und befindet sich in der Geisteswelt. Sie bleibt aber durch einen silbernen Lichtfaden im Herzen mit dem Körper verbunden, wie dies auch jede Nacht im Traumleben geschieht.

Befreit von allen materiellen Fesseln, erlebt sie in der Geisteswelt eine innere Schau, taucht in das Unendliche ein und sieht, wie Gott Seine Liebe als allerfeinste spirituelle Strahlen über das Universum ergiesst.

In ihrem Herzen wird ein heisses Verlangen nach Vereinigung mit Gott geboren. Beschwingt und gestärkt durch die Macht dieser Sehnsucht, steigt sie immer höher und wird vom Gottesgeist angezogen. Sie taucht dann in Gott, den Lichtquell der Wahrheit ein. Dort erlebt sie das heilige Mysterium der Gegenwart Gottes und Seiner Liebe. Sich eins fühlend mit Gott, schliesst ihr Herz alle Geschöpfe in ihre Liebe ein, und ihre Geistesaugen durchdringen das Weltall. Ihre Augen bleiben auf einem Punkt des Weltalls haften und das ist die Erde. Dies erweckt in ihrem Herzen allmählich die Selbstbewusstheit und eine unsagbare *Zuneigung zur Erde* wird in ihrem Herzen geboren. Sie erkennt nun, dass sie doch dieser *Erde und der Menschheit angehört* und ihr gegenüber zu Liebe und Selbstaufopferung verpflichtet ist.

Die glühende Flamme des Opfermutes entfaltet sich in ihrer Brust und aus der Tiefe ihres *Herzens erklingt* das heilwirkende Wort: *O erlösende Seligkeit der allumfassenden Liebe! Wie gerne möchte ich dich in das betrübte Herz der Menschheit ergiessen!*

Alle diese bildhaften Darstellungen sind aber nur Hilfsmittel zur Erleichterung der Meditation. Sie schildern die verschiedenen Zustände und Erlebnisse der Seele und dienen als Vorbereitungsübungen für den höchsten Grad der Meditation, in welchem alle Bilder und Symbole, wie auch alle Worte und Vorstellungen wegfallen.

In diesem beseligenden höchsten Grade der Meditation versinkt die meditierende Seele sogleich in die innere Schau und erlebt unmittelbar die Vereinigung mit Gott. Dies ist das grösste Erlebnis in der esoterischen Meditation, und es lässt sich durch Kontemplation (innere Schau), Verzückung, Erleuchtung und Einswerdung mit Gott (Unio Mystica) bezeichnen. Alles, auch die Stimme der Stille schweigt, und das Erlebte bleibt ewig unausdrückbar.

Dennoch ertönt im Universum die bezaubernde Weltall-symphonie der allumfassenden Liebe, der Harmonie und der Einheit und findet in Herzen und Seelen berauschenden Widerhall.

Lasst uns darum eingedenk bleiben, dass Übung allein den Meister macht und dass volle Hingabe, Beharrlichkeit und Ausdauer allein zum Ziel und Sieg führen können!

*

Die zehn Sprüche der höheren Meditation

Nach jedem Spruch soll der Meditierende eine Minute innehalten und im Herzen ein- bis zweimal das Amen aus-sprechen, so, dass er mit A tief einatmen, dann einige Sekun-den den Atem anhalten und mit E tief ausatmen kann. Das Ausatmen soll möglichst länger sein als das Einatmen. Das ganze soll aber vollständig entspannt und ohne Überanstren-gung geschehen.

Während des Aussprechens der ersten neun Sprüche soll man die Hände in Schalenform auf die Knie legen und beim Aussprechen des letzten Spruches sie langsam seitwärts hoch-heben bis zum Worte Liebe, dann umdrehen und ihnen die Segnungsstelle geben, als ob man den empfangenen Heil-strom über die Erde ergiessen würde.

Ich suche meine Zuflucht in der inneren Stille und löse mich von der äusseren Welt.

Der schöpferische Hauch der Liebe erfüllt sogleich mein Herz und diese schwingt in Einheit mit aller Kreatur.

Eingetaucht in die innere Schau des Unendlichen, schwin-det das Bewusstsein meines persönlichen Daseins.

Alle Bande, die mich an die Materie fesselten, werden gelöst.

Ich sehe wie Gott Seine Liebe und Gnade über das Uni-versum ergiesst.

Gestärkt durch Sehnsucht nach Gott, gehe ich in Ihn, den Lichtquell der ewigen Wahrheit ein.

Ich empfange das unaussprechliche Mysterium des Einswerdens mit Gott.

Im Heiligtum Seiner Gnade erlebe ich die Entzückung göttlicher Liebe.

Eins geworden mit Gott, umfasst mein Herz das Weltenall.

O erlösende Seligkeit der allumfassenden Liebe! Wie gerne möchte ich dich in das betrübte Herz der Menschheit giessen!